사장은
약해지지
않는다

어떤 어려움도 이겨 내야 할 사장들에게 전하는 메시지

사장은 약해지지 않는다

© 최송목 2025

인쇄일 2025년 4월 15일
발행일 2025년 4월 22일

지은이 최송목
펴낸이 유경민 노종한
책임편집 권혜지
기획편집 유노북스 이현정 조혜진 권혜지 정현석 **유노라이프** 구혜진 **유노책주** 김세민 이지윤
기획마케팅 1팀 우현권 이상운 **2팀** 이선영 최예은 전예원 김민선
디자인 남다희 홍진기 허정수
기획관리 차은영
펴낸곳 유노콘텐츠그룹 주식회사
법인등록번호 110111-8138128
주소 서울시 마포구 월드컵로20길 5, 4층
전화 02-323-7763 **팩스** 02-323-7764 **이메일** info@uknowbooks.com

ISBN 979-11-7183-100-5 (03320)

어떤 어려움도 이겨 내야 할 사장들에게 전하는 메시지

사장은 약해지지 않는다

최송목 지음

유노
북스

희망이 있는 한
당신은
약해지지 않습니다

먼저 롤러코스터 같았던 저의 이야기를 잠깐 들려드릴까 합니다. 저는 쌍문동에서 600만 원짜리 반지하 전세로 신혼살림을 시작했습니다. 땅 반 하늘 반인 창문 너머로 가끔 지나다니는 이웃집 꼬마의 다리가 보였고, 시도 때도 없이 연탄보일러 끓는 소리가 펑펑 들렸습니다. 조리, 세탁, 샤워를 전부 한 수도꼭지에서 해결했습니다. 부엌과 천장에 쥐들의 쿵쾅거리는 소리에 잠 못 이룬 밤이 많았고, 여름이면 집안 곳곳에 온갖 벌레가 오갔지만 세상 사람이 다 그렇게 사는 줄로만 알았습니다.

시골에서 땀으로 뒤범벅된 아버지처럼 농사짓기 싫어 서울로 왔고 그래서 저는 반드시 성공하고 싶었습니다. 기댈 곳 없던 제가 가난에서 벗어나는 유일한 출구는 월급과 주식뿐이었습니다. 1980년대 초부터 일찌감치 시작한 주식 투자로 나름 큰돈을 벌었습니다. 안양의 작은 아파트로 이사를 갔고 갭 투자로 아파트 두 채를 더 마련했습니다. 하지만 모두 입주도 못 해 보고 다시 주식으로 날렸습니다. 오히려 3억 원의 빚까지 더해지는 바람에 하루하루 이자 내기도 벅찬 최악의 직장 생활이 시작됐습니다.

빚과 빈곤으로부터 탈출하기 위해 낮에는 직장을 다니고, 퇴근 후에는 액세서리 가게를 하며 4년간 투잡 생활을 이어 가다가 새로운 희망을 찾아 사업에 뛰어들었습니다. 운 좋게도 창업 7년 만에 코스닥 상장까지 하게 됐고, 남들이 가장 힘들어했던 IMF 때 자산 100억 원(지금 기준으로 약 1,000억 원)을 거머쥘 만큼 큰 성공을 거뒀습니다.

우리 회사 ㈜한국교육미디어 '케이스'는 3억(1995년), 30억(1996년), 70억(1997년), 122억(1998년), 204억(1999년), 288억(2000년) 원이라는 경이적인 매출 성장을 보였습니다. 자회사 포함하여 총 매출 880억 원 규모로, IMF 당시 우리는 업계의 신화였습니다. 카이스트 경영 대학원 MBA 과정의 성공 스터디 사례로 활용되기도 했고 성공 사례 강연 발표도 여러 번 가졌습니다.

하지만 오래 지속되지 못했습니다. 혜성처럼 나타나 성공의 날갯짓 몇 번만에 추락한 '반짝 성공'에 그쳤습니다. 경영자간 내분, 신규 시장 진출 실패 등으로 점차 성장이 둔화됐고 경영권도 몇 차례 바뀌면서 결국 10년을 채우지 못하고 몰락했습니다.

회사를 경영한다는 것은 하루하루 살얼음판을 내딛는 긴 여정입니다. 이 책은 끝인 줄 알았던 팬데믹 경기 침체 바닥에 이어 지하 1층 또 다시 지하 2층, 3층의 고충을 겪고 있는 사장님들이 저의 아쉬운 과거와 모진 풍파를 반면교사 삼아 위기를 극복하길 바라는 마음으로 써 내려갔습니다.

저는 저의 얄팍한 지식이나 경험을 나누자고 이 글을 쓰고 있지 않습니다. 먼저 사장 해 봤다고, 먼저 성공해 봤다고 그리고 실패의 터널을 먼저 지나왔다고 지혜가 더 업그레이드되는 것도 아닌 것 같습니다. 어차피 닥쳐올 미래는 누구에게나 처음이고 똑같이 새롭습니다. 오히려 잡다한 낙서로 얼룩진 저보다 백지의 여러분이 더 나을지도 모릅니다. 마라톤이라면 제가 먼저 구간에 들어서서 달린 것뿐이죠. 다만 먼저 달리면서 뼈저리게 경험한 교훈들 중 한두 가지쯤은 도움될지도 모른다는 작은 기대는 갖고 있습니다. 그래서 여러분의 지금 상황을 좀 더 수월하게 극복하는 데 하나의 작은 영감으로 작용하기를 바라는 마음입니다.

영화 〈덩케르크〉에 이런 장면이 나옵니다.

"수고했네."
"그냥 살아서 돌아온 것뿐인데요."

전장에서 막 돌아온 병사들에게 담요를 나눠주던 노인과 병사들의 대화입니다. 이 영화는 1940년 제2차 세계 대전 당시, 프랑스 덩케르크 해안에 고립된 연합군을 구하기 위한 탈출 작전을 그린 실화입니다. 전쟁에서 철수는 승리가 아니지만 이 영화에서 철수는 승리입니다. 사업 역시 성공하기 위해 시작하지만 때로는 살아남는 것, 망하지 않고 끝까지 생존하는 것만으로도 승리가 될 수 있습니다. 수십 년간 사업으로 일궈 논 재산이 크지 않아도 그동안 자식들 잘 키웠고 가족이 건강한 것처럼 말이죠.

잠시 하늘을 보십시오. 태양은 늘 우리를 비추고 있습니다. 가끔 구름에 가려 보이지 않을 때가 있습니다. 희망도 그러합니다. 잠시 가려질지언정 희망이 없는 순간은 한순간도 없었고, 앞으로도 그럴 겁니다. 부디 잘 견뎌 내서 살아남기를 바랍니다. 살아 있는 개가 죽은 사자보다 낫다는 말이 있습니다. 오직 살아 있는 자에게만 희망이 주어집니다. 존재는 희망이고 승리입니다. 희망을 품고 살아가는 한 당신은 결코 약해지지 않을 것입니다.

드라마 〈폭싹 속았수다〉 속 모진 풍파에도 굳건히 살아가는 엄마 해녀의 묵직한 한마디가 퍼뜩 가슴을 파고 들어옵니다.

'살민 살아진다.'

부디 약해지지 마세요. 살면 살아집니다. 이른 새벽부터 늦은 밤까지 악전고투하고 있는 사장님들에게 이 책을 바칩니다.

차례

1장
아무도 사장의 마음을 모른다
사장이란 이름의 사람들

2장
넘어져도 다시 일어서는 법
깊은 좌절감에서 벗어나는 마인드

3장
무너지는 순간에도 지켜야 할 것
사람과 사업을 위한 판단

4장
힘들고 외로워도 앞장서야 할 때
큰 변화를 만드는 움직임

5장
끝날 때까지 끝난 게 아니다
결국 살아남는 사장의 저력

아무도 사장의
마음을 모른다

사장이란 이름의 사람들

사장도
혼자는
서글프다

서울 성수동 연무장길은 2010년대 초만 해도 대림창고를 가운데에 두고 길 양편으로 700개에서 800개에 달하는 신발 공장과 공방, 제화점 및 제화 부자재 상점들이 늘어서 있었습니다. 하지만 지금은 화려한 카페와 팝업 스토어들이 장악하고 있습니다.

56년 구두 인생을 걸어온 서울시 구두 명장 1호 이 씨는 최근 가게를 성수역 북쪽의 다소 외진 곳으로 옮겼습니다. 천정부지로 치솟은 임대료 때문에 벌써 몇 번째 이사인지 모릅니다.

돈 때문에 어려움을 겪는 자영업자들은 이 씨뿐만이 아닙니다. 박 씨는 최근 아침 8시부터 해가 질 때까지 은행과 카드사, 대부

업체에서 40여 통의 빚 독촉 전화를 받는 게 일상입니다. 2019년 말 남편과 함께 카페를 차렸지만 지금은 매출이 반토막 났습니다. 매출로 운영비를 낼 수 없다 보니 부모나 친구 등 주위에 손을 벌리다 결국 은행에서 대출을 받았고, 심지어 차량 담보 대출과 불법 일수까지 끌어다 써 1년 동안 1억 원에 가까운 빚이 쌓였습니다. 전기세, 카드값, 차량 할부까지 모두 밀렸습니다.

박 씨는 "하루 종일 빚 독촉 전화를 받다 보니 아침이면 눈뜨기가 싫어요"라고 말합니다. 몇 번이고 폐업 생각을 했지만 인테리어 철거비도 만만치 않아 버티다 보니 이 지경이 됐다고 합니다.

사정이 어려운 사장들은 TV에서도 봅니다. 〈사장은 아무나 하나〉라는 TV 프로그램이 있습니다. 2025년 2월 4일에 높은 매출에도 폐업을 고민하는 사장이 출연했습니다. 가게는 일주일 매출만 1,355만 원. 일 매출이 100만 원 이하였던 적이 없을 정도로 안정적으로 잘 운영되고 있었죠. 월 매출 1억 원도 찍은 적이 있을 정도로 잘 되는 가게지만 정작 사장의 통장 잔고는 9원뿐입니다. 대출액이 2억 1,400만 원으로 이자만 매달 700만 원이니 영업할수록 빚이 늘어나는 구조입니다.

돌연 자취를 감춘 창업자도 있습니다. 2024년 11월 20일, 서울 가산디지털단지의 코멕스산업 본사는 평일 업무 시간임에도 문을 굳게 닫아걸고 있었습니다. 창립 53주년을 맞은 이 회사는 밀폐 용기 코멕스(KOMAX)로 널리 이름이 알려졌지만 부도가 나

영업을 하지 않고 있습니다. 회사가 어려워지자 창업자인 대표가 사라진 것이죠. 파산 절차도 제대로 밟지 못해 직원들은 월급도 퇴직금도 챙기지 못한 채 발만 동동 구르고 있습니다.

악전고투는 해도 고군분투는 하지 마라

상황이 좋지 않습니다. 얼어붙은 내수가 좀처럼 회복되지 않을 것 같습니다. 자영업자, 사장들은 모두 한결같이 악전고투 중입니다. 그중에는 숨만 겨우 붙어 있는 이도 있고, 발버둥 치는 이도 있고, 이미 시장이라는 무대에서 사라진 이도 있습니다.

한국경제인협회가 2025년 2월 시장조사 전문 기관 모노리서치에 의뢰해 자영업자 500명을 대상으로 설문 조사한 결과, 응답자의 72.6퍼센트가 지난해 매출이 2023년에 비해 감소했다고 대답했습니다. 또한 자영업자의 44퍼센트는 3년 이내에 폐업을 고려하며 10명 중 6명은 올해 매출이 지난해보다 쪼그라들 것으로 전망하며 걱정하고 있습니다.

저도 경험자로서 여러 사장님의 아픔을 백번 공감하며 걱정이 앞섭니다. 하지만 아쉽게도 제가 여러 사장님의 악전고투에 명쾌하게 드릴 수 있는 답이 없습니다. 하지만 한 가지, 비록 악전고투하더라도 고군분투는 하지 말라는 말은 꼭 전해드리고 싶습니다. 사장이라고 해서 책임자라서 혼자 온전히 그 고통을 다 떠안으려 하지 마시라는 겁니다.

　가능한 한 여러 사람과 머리를 맞대고 해결책을 마련해 보십시오. '기쁨은 두 배로, 슬픔은 반으로'라는 말도 있지 않습니까. 고진하 시인은 "자연계의 식물과 동물은 서로 손잡지 않고는 살아남을 수 없다"라고 말했습니다. 어려울 때일수록 결코 자신을 고립시키지 말아야 합니다. 함께하는 직원도 있고, 힘을 주는 친구 동료도 있고, 가족도 있습니다. 이 세상 모든 것이 당신 것이 아니듯 고민 또한 모두 당신 것이 아닙니다. 지금 당장 친구를 만나십시오. 그리고 그 고통을 반으로 쪼개십시오.

폐업하고 싶어도
돈이 없어서
못 한다

대전에서 노래방을 하던 김 씨는 최근 노래방을 접고 푸드 트럭을 운영 중입니다. 지난해 노래방을 폐업하려 했지만 복구를 위한 철거 비용만 500만 원이었고, 대출 연체금을 갚을 만한 형편도 안 돼 월세를 내며 수개월을 버티다가 낸 아이디어입니다. 김 씨는 "폐업도 자금 사정이 좋아야 할 수 있는 배부른 소리다. 수개월째 대출금을 갚지 못해 신용 불량자 될 위기"라고 말합니다.

서울 송파구에서 12년째 찌개 전문 음식점을 운영하는 이 씨는 지난해 직원을 다 내보내고, 아내와 둘이 일하고 있습니다. 올해 초부터 점심이 지나면 아내는 인근 식자재 마트에서 일합니다. 이같이 폐업 대신 영업시간을 단축하고 다른 곳에서 아르바이트

하거나, 개점휴업 상태로 월세를 내며 새로운 직장을 찾는 '좀비 자영업자'가 늘고 있습니다. 대출 상환 문제에서 피해를 최소화하기 위해 '울며 겨자 먹기'로 업종을 바꿔 개인 사업자 자격을 유지하기도 합니다.

"건물주가 '자리를 먼저 비워 주면 2,000만 원을 주겠다'고 해서 순진하게 나왔는데 끝내 받지 못했어요."

서울 성수동 최 씨는 최근 17년 음식 장사를 권리금 한 푼 받지 못하고 빈손으로 마무리했습니다. 소위 발가벗겨져서 쫓겨난 것이죠. 코로나19의 직격탄으로 빈사 상태에 몰렸던 그는 건물주의 '임대료 5퍼센트 인상' 요구로 월세가 660만 원까지 치솟았습니다. 설상가상으로 권리금도 한 푼도 받지 못하고 무일푼으로 쫓겨났습니다.

자기 사업 외에 다른 일을 하는 경우도 있습니다. 경남 창원에서 미용실을 하는 박 씨는 요즘 자신의 미용실은 6개월째 개점휴업하고 인근 미용 학원으로 출근해 학생들을 가르치며 월급을 받고 있습니다. 미용실 월세와 대출 원금·이자 상환에 매달 들어가는 600만 원을 충당하기 위해서지요. 박 씨는 "가게 문 닫고 싶은데 돈이 없어 못 한다"라고 이야기합니다. 폐업하면 대출금 일부를 조기 상환해야 하고, 앞으로 정부의 원리금 상환 유예 같은 소상공인 금융 지원도 못 받기 때문입니다.

또 다른 사장님 이야기를 해 보겠습니다. 오후 7시, 저녁 식사를 마치자마자 정 사장은 출근을 서두릅니다. 안양 시내의 번화가가 그의 새 직장입니다. 지난 9월부터 대리 운전을 시작했습니다. 그는 한때 잘나가던 기업 홍보물 제작자였지만 지인의 소개로 폐기물 처리 사업에 뛰어들었습니다. 서울시에서 정수 슬러지를 공급받아 건축 자재를 생산하는 사업이었습니다. 서울시와의 협약서를 근간으로 자금을 유치하고 대지를 샀습니다. 융자를 받아 공장을 짓고 폐기물 업체 허가까지 받았습니다.

그런데 공장 가동을 몇 달 앞두고 계약했던 시에서 슬러지 공급을 거부하는 바람에 3년 동안의 고생이 한순간에 물거품이 됐습니다. 공장은 경매에 붙여져 지난 2월 제삼자에게 넘어갔습니다. 결국 회사는 서울시와의 계약 불이행 손해 배상 소송 중에 있고, 사장이었던 그는 대리 운전으로 하루하루를 연명하고 있습니다.

스타트업 대표도 사정이 좋지는 않습니다. 경영난으로 지난해 임직원을 모두 정리 해고한 스타트업 대표 강 사장. 파산 절차를 알아봤지만 투자사 여덟 곳 중 한 곳에서 파산을 강력하게 반대하면서 이러지도 저러지도 못하는 처지가 됐습니다. 현재 매달 수천만 원의 이자를 부담하면서 속을 끓이고 있습니다.

그래도 폐업은 계속되고 있습니다. 2024년 12월 26일 한국경영자총협회가 발표한 〈최근 폐업사업자 특징과 시사점〉 보고서에 따르면 지난해 폐업한 사업자는 98만 6,000명으로, 통계가 작성된 2006년 이후 최대치를 기록했습니다.

또한 서울시 상권 분석 서비스 통계에 따르면 서비스업과 외식업, 소매업 등 '생활 밀접 업종'의 2024년 개업 업체는 6만 307개인 반면 폐업한 업체는 7만 4,897개로, 서울시가 2019년 통계 집계를 시작한 이래로 폐업 업체가 개업 업체를 추월한 건 처음입니다.

잡을 수 없어도 분명히 존재하는 나의 희망

자영업자들이 폐업을 고민하면서도 쉽게 결정을 내리지 못하는 이유는 다양합니다.

첫 번째로 대출금 상환입니다.

대출금 상환은 가장 큰 문제입니다. 사업자 자격이 상실되니 자동적으로 그동안의 대출금을 일시에 상환해야 합니다. 가뜩이나 쪼들리는데 폐업과 동시에 큰돈을 마련하기 쉽지 않지요.

두 번째는 권리금 문제입니다.

2021년 전국 상업 시설 권리금 비율은 54퍼센트로 조사됐습니다. 상가 시설의 절반 이상에서 권리금이 있습니다. 사람들은 속도 모르고 "가게를 팔면 되지 않나?"라는 말을 쉽게 합니다. 하지만 경기 침체로 인해 가게를 인수하려는 사람을 찾기가 어렵지요. 2023년 조사에 따르면 자영업 가게 중 30퍼센트 이상이 권리금을 포기해도 팔리지 않는다고 합니다.

세 번째는 보증금 문제입니다.
계약 잔여 기간 동안의 위약금이나 보증금 문제도 폐업을 주저하게 합니다.

네 번째는 복구 비용입니다.
'원상 복구' 의무에 따른 원상 복구 비용도 걸림돌입니다. 적게는 200만 원에서 많게는 1,000만 원 정도 소용됩니다.

이외에도 자잘한 문제에 얽혀 많은 자영업자, 1인 사업자가 폐업을 쉽게 결정하지 못하고 있습니다. 정부 지원 프로그램이 있기는 하지만 어려울 때는 이런 정보도 잘 보이지 않습니다.

사실 저는 여러분이 지금 어떤 상황인지 정확히 알지 못합니다. 여러분이 쉽게 폐업하지 못하는 진짜 이유도 잘 모릅니다. 또 어떤 올무에 걸려 있는지 어떤 악몽을 꾸고 있는지, 어느 정도 고통인지도 알 수 없습니다. 하지만 당신이 어떤 상황이든 어떤 처지이든 이 작고 소박한 글들이 하나의 작은 빛이 되기를 간절히 소망합니다. 그래서 꼭 당신이 원하는 미래에 무지개가 활짝 피어나면 좋겠습니다.

무지개란 무엇일까요? 왜 무지개는 비가 온 후에만 나타나는 것일까요? 창세기에 의하면 무지개는 약속이고, 그 징표입니다. 대홍수의 생존자 노아에게 '다시는 홍수로 멸하지 아니할 것'이라고 한 성경의 언약입니다.

무지개는 빗방울과 특정한 각도를 이룰 때만 보입니다. 그래서 사실상 그것은 보는 사람의 '개인적인 무지개'라고도 할 수 있습니다. 즉 무지개는 보는 사람이 움직일 때 무지개도 따라 움직인다는 뜻이죠. 당신이 무지개를 향해 걸어가는 것은 당신이 본 처음의 무지개를 형성한 빗방울의 위치를 지나가는 것이며 이때 머리 위를 쳐다봐도 무지개를 볼 수는 없습니다. 각도가 달라졌기 때문이죠.

당신이 아직도 멀리서 무지개를 볼 수 있는 것은 새로운 위치에서 적당한 각도로 새롭게 형성된 당신의 무지개를 보는 것입니다. 그렇게 교묘히 달아나는 무지개를 아무도 잡을 수 없지만 분명 당신 것입니다. 우리는 항상 각자의 무지개를 봅니다. 희망도 그러합니다. 그 희망은 오직 당신의 희망입니다.

쫄지 마라,
불황이라고
다 망하지 않는다

우리는 일이 잘 풀리면 흥이 나고 즐겁습니다. 하지만 성공과 성취감이 일상화되면 기쁨은 무뎌집니다. 행복은 휘발하기 쉬운 속성을 가졌기 때문이죠. 그래서 잘되면 긴장이 풀리고 자연스럽게 매너리즘에 빠져 일상이 졸립니다.

반대로 불황을 맞거나 사업이 어려워지면 '혹시 이러다 망하는 게 아닐까?', '돈을 까먹지 않을까?', '거리로 나앉게 되는 거 아닌가?' 하는 불안감으로 멘탈이 쪼그라듭니다.

"호황에 쫄지 말고, 불황이라고 쫄지 마라."

말이 쉽지 실제로 닥치면 실천하기 어려운 말이죠. 그러나 실패했을 때, 낙담에 빠졌을 때 다른 건 몰라도 '악착같이 살아남아야겠다는 의지'는 그 무엇보다 중요합니다. 물론 마음을 고쳐먹는다고 금세 마음이 단단해지기는 어렵지요. 뭐든 의지대로 잘 되지 않는 게 현실이니까요.

실용적인 방법 한 가지를 소개하겠습니다. 목표를 가까운 곳에 두십시오. 목표를 너무 멀리 두면 금방 맥이 빠지고 빠르게 지칩니다. 저는 가끔 등산을 갑니다. 출발하기 전에는 의욕이 넘치지만 막상 산에 다다르면 초입부터 의지가 꺾이고 '괜히 왔나? 여기서 쉬다가 내려가서 밥이나 먹고 갈까?' 하는 오만가지 유혹에 빠지기도 합니다.

이때 제가 쓰는 마인드 컨트롤 방법이 있습니다. 바로 "10분만 더 가 보자"와 "100미터만 더 올라가 보자"라는 다짐으로 스스로를 등 떠미는 것이죠. 지치고 의욕이 떨어졌을 때일수록 산의 정상을 생각하면 결코 정상에 오르지 못합니다. 멀리 있는 정상보다는 바로 눈앞의 열 계단, 열 걸음만 더 오른다고 생각해야 계속 걸음을 뗄 수 있습니다.

회사 경영도 마찬가지입니다. 매출도 바닥이고, 손님도 없고, 월세 독촉으로 마음이 무거울 땐 하루하루가 지옥입니다. 이때 앞으로의 1, 2년을 걱정하고 염두에 두면 답이 없습니다. 그냥 캄캄할 뿐이죠. 장기 계획도 좋지만 상황이 어렵다면 당장 머리에 들어오지 않습니다. 눈앞의 현실에 아무런 도움이 되지 않습니다. 이럴 땐 당장 내일, 모레, 일주일만 버틴다 생각하고 오늘을 견뎌야 합니다. 그러면 조금은 평정심을 찾을 수 있습니다. 천천히 안개가 걷히며 뭔가가 보일 겁니다. 그때 다시 용기를 내서 다음 발걸음을 내딛으세요.

사장의 표정이 곧 회사의 상태

"언제 자금이 들어올 수 있나요?"

조 사장의 물음에는 조심스럽지만 다급한 마음이 느껴졌습니다. 그의 회사는 정부 조달 PC 납품 업체로 어느 정도 입찰 자금만 확보되면 시장 점유율을 확대할 수 있는 유망한 중소기업입니다. 추가 자금 조달이 필요해 투자를 유치하는 과정에서 조 사장이 컨설턴트에게 한 말입니다.

조 사장은 무척 솔직하고 정직한 사람입니다. 그러나 미팅이 끝난 다음 날 저는 투자하기로 한 투자사로부터 "혹시 그 회사, 경영상 다른 문제는 없는지요?"라는 확인 전화를 받았습니다. 조 사장의 다급함과 불안감이 투자자에게 전달돼 괜한 의심을 키운 것이죠. 결국 다 된 밥에 코 빠트린 격이 되며 투자가 무산됐습니다. 조금만 태연하고 안정적인 모습으로 차분히 응했더라면 좋은 결과를 얻었을지도 모릅니다.

사장에게는 때로 허장성세가 필요합니다. 조 사장의 경우 그의 초조함이 투자사에게 회사를 자금 부족의 부도 직전 상황으로 오인하게 만들어 투자를 주저하게 만들었습니다. 사장은 배가 아무리 흔들려도 어느 정도 침착함을 유지하며 표정 관리를 할 필요가 있습니다. 설령 배가 침몰할지언정 여유 있게 뒷짐을 지고, 가라앉는 순간까지 평정심을 유지하는 선장의 모습을 유지해야 합니다. 그래야 주위 사람들이 신뢰를 갖고 안심하며 움직입니다. 죽음을 목전에 두고도 "나의 죽음을 적에게 알리지 말라"라고 한 이순신 장군의 명언을 되새겨 볼 필요가 있습니다. 힘들다고 너무 쫄지 마십시오.

외부적으로도 그렇지만 내부적으로도 사장은 멘탈 관리가 필요합니다. 의사 결정의 맨 꼭대기에 있는 사장은 늘 외롭습니다. 그 또한 사람이기에 감정과 멘탈을 균형 있게 유지하는 데 분명 어려움이 있을 테지요.

약한 멘탈은 호황일 땐 큰 문제가 없지만 불황일 땐 문제가 됩니다. 감정이 크게 동요되면서 직원들에게 들킬 수 있습니다. 사장의 표정은 항상 직원들의 관심사입니다. 직원들은 사장의 일거수일투족, 특히 표정에 각별한 관심을 갖습니다. 그의 심기에 맞춰 행동하기 때문이죠. 자칫 표정 관리에 실패하면 직원은 마음속으로 '이번 달 월급은 제대로 받을 수 있을까? 사장님 표정 보니 두세 달 넘기기 힘들 것 같은데 다른 직장을 알아봐야 하나?' 하며 불안감을 느낄지도 모릅니다.

호황과 불황 사이의 기회를 봐야 할 때

한류와 난류가 만나는 곳에는 큰 어장이 형성됩니다. 플랑크톤이 풍부해지고 한류성 어종과 난류성 어종이 함께합니다. 사업은 호황기라 해서 모든 사장이 호황을 누리지는 않습니다. 반대로 불황기라 해서 모든 사장이 어려움을 겪는 것도 아닙니다. 기회는 오히려 호황에서 불황으로, 불황에서 호황으로 넘어가는 혼돈의 교차점에서 더 활발하게 나타납니다.

예나 지금이나 신흥 부자들은 이런 경제의 변곡점에서 탄생합니다. 이 시기에는 대부분의 사람들은 자산이 축소되는 과정을 겪습니다. 하지만 아이로니컬하게도 새로운 부자들은 이 시기에 생겨나지요. 변화의 순간을 잘 활용해 부자가 됐다는 의미입니다.

과거에는 땅이나 주식, 아파트 등으로 서민들도 대박 기회가 있었지만 지금은 '부의 사다리'가 치워진 시대로, 많은 사람이 '이제는 부자가 될 기회가 사라졌다'고 체념합니다. 아무리 노력해도 부자 되기가 어렵다는 것이죠.

수많은 신흥 부자를 직접 만나 인터뷰하고 정리한 《2000년 이후, 한국의 신흥 부자들》의 저자는 그런 편견을 깨뜨립니다. 한국 경제가 저성장의 시대로 접어들었음에도 불구하고, 중산층 혹은 경제 빈곤층의 사람들 중에서도 새롭게 부자가 된 사람들이 많다는 것입니다. 실제 사례들입니다. 웨이터였던 사람, 빚보증을 잘못 서서 통장 잔고가 1만 원인 사람, 평범한 가정주부, 달동네에 거주하던 실업자 등 누가 봐도 부자가 되기 힘든 사람들이 실제로 큰 부자로 재탄생하였습니다.

여기서 핵심은 위기의 순간 트렌드를 읽고 기회를 포착하는 것입니다. 호황에 너무 느슨해져서 매너리즘에 졸지 말고, 불황에 너무 없어 보인다거나 긴장해서 쫄 필요도 없습니다. 호랑이 굴에 들어가도 정신만 차리면 무슨 방법이든 생깁니다.

기회는 모든 순간에 존재합니다. 이 말이 믿기지 않는다면 과거 역사의 모든 변곡점을 한번 면밀히 살펴보십시오. 모든 변화는 기회입니다. 호황도 기회, 불황도 기회입니다. 99퍼센트가 아니라 100퍼센트 그렇습니다.

갑작스런 공격에
속절없이
당할 수만은 없다

바다 위 하늘을 날던 새가 순간 시속 96킬로미터로 폭격기처럼 바닷속에 있는 정어리 떼를 습격합니다. 아프리카 케이프타운 서쪽 해안의 작은 섬 버드 아일랜드에 서식 중인 '케이프가넷'이라는 바닷새입니다. 정어리 떼는 물속 돌고래들의 위협에만 정신을 쏟고 있다가 물 밖의 갑작스러운 습격에 속절없이 당하고 맙니다. 바닷속의 삶이 전부인 정어리에게 수면 위 하늘은 알 수 없는 미지의 세계죠. 자기와 무관하다고 여겼던 예측 불허의 공간으로부터 침입을 받은 것입니다.

경영에서 케이프가넷 같은 예측 불허의 리스크가 발생하면 사건이 일어나고 나서야 비로소 깨닫고 대책 수립을 합니다. 예컨대 2020년 일본의 반도체 제조 공정에 필수 세 개 품목에 대한 수입 규제 조치, 화이트 리스트에 한국을 배제한 사건 등은 평소에 전혀 고려하지 않았던 돌발 상황입니다. 2021년 3월 수에즈 운하 마비 사고도 그렇습니다. 전 세계 물류의 약 10퍼센트가 수에즈 운하를 통과하는데, 이 사고의 여파로 해상 운임은 물론 항공 운임 급등으로 이어져 석유, 커피, 자동차 등 실물 경제에 전방위적 피해가 확산됐습니다.

지난 2024년 12월 3일 윤석열 대통령의 비상계엄에 따른 각종 경제적 정치적 혼란도 그렇고, 2025년 1월 트럼프 대통령이 재집권하면서 일어난 이른바 '트럼프 스톰'도 그렇습니다. 트럼프 집권 이후 멕시코만을 미국만으로, 파나마운하 통제권 요구, 전통 우방국 캐나다와의 갈등, 중동의 가자지구를 휴양지로 개발, 우크라이나 종전 협상 등에서 과거와는 전혀 다른 미국의 모습을 보여 주고 있습니다. 그동안 당연했던 질서와 기준이 당연하지 않게 변하고, 마치 웹툰처럼 전개되고 있는 현실에 다들 놀라움과 당혹감으로 휘청거리고 있습니다.

화산 폭발 신호를 무시한 폼페이의 부자들

오래전 이탈리아 폼페이의 베수비오 화산 폭발 유적지를 여행한 적이 있습니다. 서기(A.D) 79년 8월 24일 베수비오 화산의 폭발로 도시 전체가 폐허가 된 역사적 현장입니다. 영화 필름이 돌아가다가 갑자기 멈춘 것처럼 그야말로 '얼음' 상태의 모습이었지요. 그 미라들을 보고 있으면 마치 타임머신을 타고 2,000년을 거꾸로 온 기분이 들었습니다.

위기는 언제 올지 모르고, 그래서 다들 대비하기 힘들다고 말합니다. 하지만 큰 위험이든 작은 위험이든 위험은 신호를 하고 옵니다. 큰 변화에는 항상 징조가 있습니다. 그 당시 2만 명의 폼페이 시민들은 몇 번의 경고를 설마설마하며 무시했다고 합니다. 가진 것 없는 노예들은 그 자리를 떴지만 권력과 명예심 가득한 2,000여 명의 귀족과 부자 상인들은 마지막까지 저택에 남았다가 모든 것을 잃었습니다. 예나 지금이나 위험의 신호가 없어서가 아니라 욕심 때문에 위험의 결과를 고스란히 떠안은 것이죠.

예고 없는 위험은 없다

흔히 이미 경고된 위험은 더는 위험이 아니라고 합니다. 하지만 그건 준비된 자들에게나 그렇습니다. '위험하지 않은 위험'은 없습니다. 위험은 위험입니다. 그리고 위험은 항상 징조나 예고가 있습니다. 화산이 폭발하기 일주일 전에 구름 모양이 달라지고 동물들은 공포에 떨며 곤충들이 이동을 시작합니다.

마찬가지로 조직이 무너지기 전에도 이런 징조가 나타납니다. 가령 이직률이 높아지고, 핵심 간부가 퇴사합니다. 그리고 직원들의 불만도가 높아지면서 사기가 낮아지고, 긴장도가 떨어져 사소한 사고가 잦아지며, 출퇴근이나 청결 상태가 불량해집니다.

이런 위험을 피하는 최고의 방법은 위험 요소를 제거하는 것이지만 피할 수 없는 위험이라면 이를 늘 주시하고 관리해야 합니다. 위험한 공사 현장이 있다면 우회하든지 아니면 안전모를 쓰고 조심히 지나가야 합니다. 위험도를 줄이는 것이죠.

물론 위험의 징조인 줄 알았으나 무성한 소문과 실체 없는 공포로 끝난 사례도 있습니다. Y2K 바이러스, 광우병 사태는 한때 온 나라가 시끌벅적했지만 결국 아무 일도 일어나지 않았습니다. 그러나 분명한 건 그 위험을 대하는 태도입니다.

예컨대 119 화재 신고를 받고 나서 진짜인지 가짜인지 구별한 뒤 출동하는 태도는 곤란합니다. 무조건 출동해야죠. 자칫 '회색 코뿔소'가 될 수도 있습니다. 이는 코뿔소가 몸집이 커서 멀리 있어도 눈에 잘 띄며 진동만으로도 충분히 움직임을 예측할 수 있지만 막상 들이닥치면 꼼짝없이 당한다는 것을 비유한 말입니다.

미래를 낙관적으로 보는 태도는 좋지만 행동까지 낙관 상태로 유지하며 방심해서는 곤란합니다. 막연한 낙관과 방심은 엄청난 재앙을 부릅니다. 특히 사장 개인의 주관적이고 근거 없는 낙관은 회사와 가족을 갑작스러운 쓰나미에 몰아넣을 수도 있습니다.

넘어지지 않는
인생은
없다

/ / / / / / / / / / /

서점에 가면 실패하지 않는 방법을 제시하는 책들을 흔히 볼 수 있습니다. 책의 홍보 문구만 보면 마치 실패 없이 성공하는 길이 있는 것 같습니다. 그래서 사람들은 생각합니다. '나도 실패 없이 성공할 수 있을 것'이라고. 하지만 이것은 엄청난 착각이죠.

이 세상에 실패하지 않고 성공하는 경우는 없습니다. 인큐베이터에 갇혀 살다가 바로 무덤으로 간다면 모를까, 살면서 도전하는 모든 것에 실패는 필연입니다. 우리는 살면서 크고 작은 도전을 합니다. 그래서 실패를 경험하지 않는 방법은 없습니다. 실패를 피하는 방법은 딱 한 가지입니다. 바로 숨만 쉬고 가만히 있는 것입니다.

이 세상에는 두 부류의 사람이 있습니다. 실패에 머물러 있는 사람과 실패의 테두리를 벗어난 사람입니다. 실패를 벗어난 사람은 성공으로 나아가는 과정에서 실패를 과거로 밀어낸 사람입니다. 이처럼 실패는 삶에 갑자기 던져진 골칫거리가 아니라 삶의 일부이자 성공의 일부입니다. 그래서 실패 없이 뭘 해 보겠다는 말은 성립할 수 없습니다. 실패를 줄이고 실패에서 얼마나 빨리 회복하느냐가 더 중요합니다.

누구나 넘어지지만 관건은 누가 빨리 일어나느냐다

"실패를 줄이는 게 성공이다."

국내 최초 로봇 바리스타 개발 공급 회사인 라운지랩의 황성재 대표가 TV 인터뷰에서 한 말입니다. 고교 시절 댄스 그룹을 만들어 활동하던 그의 성적은 32명 중 32등 꼴찌였습니다. 겨우 입학한 광운대학교에서 "광운대학교는 서울대학교를 이길 수 없지만 광운대학교 학생은 서울대학교 학생을 이길 수 있다"라고 말해 준 은사의 말을 가슴에 새겼다고 합니다.

황 대표는 ㈜플런티, ㈜피움, ㈜육그램 등 다양한 기술을 기반한 회사를 공동 설립했으며, 이 중 플런티는 2015년 국내 스타트업 최초로 삼성전자에 인수됐습니다. 지금 그는 수십 편의 논문과 수백 건의 특허를 보유한 발명가이자 창업자, 그리고 투자자로 활동 중입니다. 지속적으로 발전해 가는 그의 인생사 덕분에 그는 '현대판 장영실', '한국의 에디슨'으로 불립니다.

스타벅스의 하워드 슐츠 회장은 이렇게 말했습니다.

"성공의 비법이나 사업에서 실패할 염려 없이 성공을 가르쳐 줄 수 없다."

그 사람이 어떻게 살아왔는지는 실패 후 곤경에 처했을 때 가장 잘 드러납니다. 특히 막대한 부를 축적했거나 큰 조직을 움직였던 화려한 이력의 지도자인 경우, 실패 후 어떻게 행동하느냐에 따라 그의 진면목이 드러나지요. 진퇴와 자기희생, 실패 과정을 견디는 방법, 주변 사람에게 처신하는 태도에 그의 성공 자질이 담겨 있지요. 실패의 미학입니다.

넘어지지 않는 인생은 없습니다. 넘어져야 인생입니다. 도전의 횟수가 많을수록 실패도 그 수만큼 늘어납니다. 야구에서 출루가 잦으면 병살타나 삼진 아웃이 많이 생길 수밖에 없습니다. 실패가 제로가 되려면 출루하지 않고 대기해야 합니다. 이는 갓 태어난 아기가 요람 안에서만 지내다가 바깥세상은 구경도 못 해 보고 삶을 마감하는 것과 같습니다. 안전함을 추구하다가 숨만 쉬며 죽어 가는 것이죠.

실패도 성공도 인생의 통과 지점이다

산이 있으면 반드시 골짜기가 있고, 산이 높을수록 골짜기는 깊습니다. 골의 깊이가 두려워 높은 산을 오르기 망설이는 사람에게 정상의 성취감이란 없습니다. 오직 능선만 있을 뿐이죠. 그렇다면 정상에 도달한 사람들은 어떤 행동을 취할까요? 성공한 사람들은 그가 바라던 대로 만족하고 행복하게 살아갈까요? 인간에게 어느 정도의 부가 쥐어지면 보통은 세상 모든 욕망을 추구하기에 바쁩니다. 대개는 육체의 욕망과 눈의 욕망과 살림살이의 과시를 즐기다가 부에 도취되어 늙거나 병들어 죽어 갑니다.

사람들은 통상 부가 넘쳐 나면 온 세상을 가진 양 우쭐댑니다. 급기야 돈을 숭배하는데, 돈을 최우선 가치로 두고 가난한 사람을 업신여기며 교만에 빠져 배려와 겸손을 잊어버립니다. 돈을 인격과 동일시하는 태도, 오만함, 특권 의식은 몰락의 단초가 되어 불행의 길로 향합니다. 모두는 아니지만 대개 그렇습니다. 이들은 돈으로 출발해 돈으로 끝납니다. 돈으로 성공해서 돈으로 몰락하는 것이죠. 명예와 권력도 맥락은 같습니다. 언론에 보도되는 회장, 사장, 장관, 시장, 의원, 고위 공직자들의 갑질 논란이 그 사례입니다.

끊임없는 노력과 도전으로 '값진 실패'를 하든 성공과 부를 달성하고 교만에 빠져 몰락하는 '오만한 실패'를 하든 종착지는 같습니다. 성공하기 위해서 실패는 필연이지만 성공한 후에 자기만의 계획, 정체성, 철학이 부족하면 다시 실패로 돌아가기 때문입니다.

성공한다고 다 똑같은 성공도 아닙니다. 베스트셀러 작가 사토 카츠아키는 유연한 금욕주의자라는 의미인 책《ゆるストイック》에서 일본 복싱계의 '몬스터'로 불리는 이노우에를 '성공의 성공' 사례로 들었습니다. 보통 복서들은 챔피언이 되면 연습량도 줄고 생활도 느슨해지면서 왕좌를 지키는 것이 최우선이 되지만 이노우에는 달랐다고 합니다. 그는 세계 챔피언이 되고 나서도 10대 때와 같은 속도로 성장을 계속했습니다. 그는 챔피언이 되는 것조차도 하나의 '통과 지점'으로 생각했던 거지요.

지속적인 성공, 성공의 완성은 높은 수준의 도덕성과 절제력을 요구합니다. 실패는 회복 과정에서 피나는 재기의 노력이 필요하지만 지속 성공은 그것을 유지하기 위해서 끊임없는 자기 절제가 필요합니다. 왜 지속 성공이냐고요? 그것은 행복과 연결되어 있기 때문입니다. 그래야 성공 후 행복할 수 있습니다.

많은 이가 인생을 마라톤에 비유하곤 합니다. 인생 전체 구간인 42.195킬로미터를 뛰면서 한 번도 고비가 없었다면 거짓입니다. 우리는 인생의 고비가 없는 사람을 순탄한 인생을 살았다고들 표현하며 '괜찮은 삶', '행복한 삶'이라고 말합니다.

하지만 제 생각은 좀 다릅니다. 만약 50세까지 한 번도 실패한 적 없는 사람이 있다면 그가 가장 위험한 인물입니다. 곤경에 처했을 때 가장 빠져나오기 힘든 연령대라는 거지요. 차라리 젊을 때 실패하면 다시 일어설 수 있는 자생력이라도 있지만 50대 이

후에 넘어지면 회복 불능입니다. 별다른 기복 없이 살아오다가 난생처음 겪는 실패다 보니 우왕좌왕하거나 극히 초보적 대응을 하게 되는 것이죠. 한마디로 '리스크 매뉴얼' 자체가 머릿속에 없기 때문입니다.

그동안 고통이 없었다면 다행으로 여기며 앞으로 감사와 겸손으로 살아가야 할 것이고, 고통을 겪는 중이라면 미래의 희망을 향해 지금을 견뎌야 합니다. 그러나 이 세상에 영원한 실패와 고통은 없습니다. 우리가 당하는 고통도 무한히 계속되지는 않습니다. 반드시 시작과 끝이 있습니다. 시간이 모든 걸 해결해 줄 것입니다. 신은 항상 우리가 견딜 만큼의 시련만을 안겨 주니까요.

가만히 있지 않고
발을 구르면
원하는 곳에 간다

／ ／ ／ ／ ／ ／ ／ ／ ／ ／ ／ ／

실패의 좌절과 바닥을 치는 고통보다 더 나쁜 것이 '일이 술술 잘 풀리고 있는 것'이라고 말하는 이도 있습니다. 《이동규 교수의 두줄칼럼》의 저자 이동규 교수입니다. 그는 한 강연에서 "일이 잘 풀리고 있으면 신이 당신을 버렸다고 생각해라"라고 말했습니다.

사람들은 상황이 좋아서 잘되는 것을 실력이 좋아서 잘되는 것으로 착각하는 경우가 많습니다. 잘될 때는 실력과 무관하게 웬만하면 돈을 벌지요. 인생도 마찬가지입니다. 과도하게 잘 풀리는 건 좋은 게 아닙니다.

장애물이 있고 시련을 느끼고 있다는 것은 살아 있음을 증명하는 하나의 명백한 증거입니다. 그리고 실패, 좌절, 고생을 하나하나 극복하고 축적할 수 있어야 오히려 겸손을 배우고 다음에 어려운 상황을 만나도 의연하게 대처할 수 있습니다.

모든 시련은 당사자에게 가장 뜨겁고 심각한 고통입니다. 하지만 제삼자가 보기에는 강 건너 불구경에 불과합니다. 그래도 시련은 공통적으로 시간이 지나면 추억거리입니다. 그러니 시간이 좀 흐른 사람에게만 "역경을 즐겨라"라는 말을 던지는 게 좋겠습니다.

바닥에서 벗어나려면

"매년 시드를 걱정하며 경기했는데 이제 2년간 시드 걱정을 덜어 정말 기쁩니다."

2021년 4월 9일 한국여자프로골프(KLPGA) 투어 교촌 허니 레이디스 오픈에서 우승한 곽보미 선수가 한 말입니다. 프로 데뷔 11년 차, 정규 투어 86번째 대회 만에 거둔 첫 우승입니다. 나이 서른이 주는 부담감과 무관의 설움이 겹쳐 그는 "올해까지만 해보고 접자고 마음먹었다"라고 합니다. 포기 직전의 승리입니다.

가수 브레이브걸스 역시 데뷔 10년간 이렇다 할 히트곡을 내지 못해 포기한 상태였습니다. 반복되는 실패에 멤버들은 바리스타 자격증을 따고, 취업을 준비했습니다. 그런데 포기를 선언하기

하루를 앞두고 기적이 일어났습니다. 4년 전 브레이브걸스가 참여한 군부대 공연들을 편집한 영상 중 〈롤린(Rollin')〉이란 노래의 무대 영상이 유튜브에서 갑자기 주목받게 된 것입니다.

"나는 내가 빛나는 별인 줄 알았어요.
한 번도 의심한 적 없었죠.
몰랐어요 난 내가 벌레라는 것을
그래도 괜찮아 난 눈부시니까."

147일간의 노숙, 20년의 무명 가수 황가람이 〈나는 반딧불〉로 일약 위로의 아이콘으로 자리 잡았습니다. 〈나는 반딧불〉은 'N포세대(연애, 결혼, 출산 등 N가지를 포기한 세대) 남성의 대변자'를 자처하는 인디밴드 중식이가 2020년 처음 발표한 곡이죠. 황가람은 데뷔 후 100개 이상의 곡을 발표했지만 단 한 곡도 대중의 주목을 받지 못했습니다. 30대 후반 오디션을 통해 극적으로 밴드 피노키오의 보컬 가수로 합격했으나 3개월 만에 코로나19가 터지면서 그는 큰 좌절감을 느꼈습니다. 하지만 그는 굴하지 않고 택배상하차, 고깃집 불판 닦기 등 아르바이트로 생활비를 벌고 서강대교, 영등포 육교를 건너다니면서 노래 연습을 했습니다.

"나는 제가 뭘 해도 기본은 하는 사람이라고 생각하며 살았는데 어느 날 노래를 해 보니 너무 못한다는 걸 깨닫고 충격을 받았다."

황가람은 신문 인터뷰에서 이렇게 말했습니다. 그의 처지와 가사가 딱 맞아떨어지면서 무명 가수 생활 20년 만에 결국 빛을 보게 됐습니다.

곽보미 선수와 가수 브레이브걸스, 황가람은 닮은 점이 많습니다. 이들은 끊임없이 연습하고, 무대를 찾고, 좋은 작업 결과를 선보이며 내공을 쌓은 덕분에 행운을 기회로 만들었습니다. '한 방'의 성공이 아니라 하루하루를 쌓아 가는 장기적인 '축적'의 결과입니다.

바닥에서 벗어나려면 바닥에 반항해야 합니다. 바닥에 순응해 아무것도 하지 않으면 아무 변화도 생기지 않습니다. 이때 행운을 기대해야지 요행을 기대해서는 안 됩니다. 요행은 노력 없이 얻는 불로 소득이지만 행운은 노력이 전제돼야 가질 수 있는 근로 소득입니다.

요행은 나도 모르게 갑자기 와서 갑자기 사라지지만 행운은 내 손길이 닿는 곳에 나타나 나에게 머뭅니다. 오리 배를 타고 가만히 있으면 바람이 부는 대로 흘러가지만 페달을 밟고 방향을 틀면 내가 원하는 장소로 갈 수 있는 것처럼 행운을 기회로 잡아야 합니다. 끝까지 희망을 가졌던 곽보미 선수의 우승과 포기 직전 브레이브걸스의 역주행, 20년 무명 황가람의 재조명은 그래서 더욱 돋보입니다.

어두워도
빛은
보인다

／　／　／　／　／　／　／　♦　／　／　／　／　／　／

　여기 축구 경기장이 하나 있다고 가정해 보겠습니다. 이곳에는 목적이 각기 다른 세 부류의 사람이 모여 있습니다. 선수, 주최자, 관객입니다. 선수는 자신의 명예를 위해 경기에 참여합니다. 경기의 주최자는 표를 팔아서 경제적 이윤을 추구합니다. 관객은 자신이 좋아하는 경기를 보기 위해 기꺼이 돈을 지불하고 경기를 관람하고 있습니다.

　이때 관객은 경기가 시작되고 열기를 더해 가면서 신기한 경험을 맛보게 됩니다. 마치 자신이 경기를 뛰고 있는 운동선수와 하나가 된 것 같은 경험이죠. 관객은 운동장에서 뛰고 있는 선수의 눈으로 보기도 하고, 관객의 눈으로 경기를 보기도 합니다. 선수의 상황도 됐다가 관객의 상황도 되는 것이죠. 우리는 이처럼 다양한 입장에서 바라볼 수 있는 눈, 관조가 필요합니다.

눈을 감으면 보이는 것들

'어둠 속의 대화(Dialogue in the dark)'는 앞이 보이지 않는 완전한 어둠 속에서 100분 동안 감각만으로 세상을 경험하는 체험 전시입니다. 눈은 뭔가를 보고 판단하는 중요한 감각 기관임은 틀림없지만 역설적으로 시각을 배제할 때 평소 보이지 않던 것들이 보인다는 발상이 이 전시의 출발점입니다.

인간을 두고 흔히 '만물의 영장', '영적 존재'라고 말합니다. 하지만 사실 우리는 시각 중심의 사고에 갇혀 있습니다. 플라톤이 그의 저서 《국가》에서 말하는 '동굴의 우화' 같은 것이죠. 플라톤에 따르면 '우리는 어두운 동굴에 감금되어 있는 죄수들이고 그래서 오직 동굴 벽에 일렁이는 그림자를 현실의 전부로 인식한다는 것'입니다. 시각의 편견에 사로잡혀 살고 있다는 뜻이죠. 바깥세상을 볼 수 있는 주 통로가 눈으로 한정돼 있고, 이조차 그동안 봐왔던 데이터의 울타리를 벗어나지 못하는 겁니다. 하지만 시각을 제거하면 새로운 세상이 펼쳐집니다. 이때 세상은 광활한 카오스가 됩니다. 한편으로 자유인 셈이죠.

그동안 시각으로만 채운 경험과 편견으로 자리 잡은 생각들은 미래에는 유효하지 않습니다. 예컨대 미래의 자동차는 바퀴로 굴러다니지 않을 수도 있습니다. 앞으로는 현대, 벤츠, 아우디, 도요타 등 자동차 기업끼리 경쟁하지 않을 것입니다. 애플, 보잉, 구글처럼 전혀 다른 업종들과 경쟁하게 될 것입니다. 한마디로 분야의 경계가 모호하고 다차원이 공존하는 시대가 오고 있습니다.

지하철에 창문을 만든 이유

우리가 매일 타는 지하철은 1863년 1월, 영국에서 최초로 만들어졌습니다. 지하철을 설계할 당시만 해도 창문을 낼 것인가 말 것인가를 고민했다고 합니다. 칠흑 같은 터널로만 운행하는 지하철에 창문이 무의미했기 때문이죠. 하지만 결국 창문을 내기로 했습니다. 사람들은 실제로 콘크리트 벽밖에 보이지 않을지라도 창문을 바라보며 보이지 않는 풍경을 상상하고 싶어 했기 때문이죠.

매일 마주하는 지하철 창문은 평소에는 아무것도 보이지 않는 검은색의 창문일 뿐입니다. 하지만 누군가에게는 그 창문이 특별한 영감의 원천입니다. 누구는 두 눈을 뜨고도 희망을 보지 못하지만 누구는 눈을 감고도 희망을 봅니다. 누구는 찬란한 태양 아래서도 빛을 보지 못하지만 누구는 칠흑의 갱도 속에서도 빛을 봅니다. 저도 지하철을 타면 가끔 멍하니 창을 바라봅니다. 그러다 보면 현실의 풍경이 아니라 상상 속의 뭔가가 보입니다. 만약 지하철에 창문이 없으면 어땠을까요? 희망은 지하철 창문을 바라보는 것과 같습니다.

위기가
곧
기회다

《손자병법》에 '이우위직 이환위리(以迂爲直 以患爲利)'라는 말이 있습니다. 2022년 10월 21일 최태원 SK그룹 회장이 '2022 CEO세미나'에서 계열사 CEO들에게 폐막 연설을 통해 인용함으로써 널리 알려진 말이죠.

"다른 길을 찾음으로써 유리한 위치를 선점하고, 고난을 극복해 오히려 기회로 삼는다."

경쟁이나 장애물이 있으면 우회하면서 직진하는 것과 같은 효과를 만들어 환란을 오히려 유리하게 변화시킨다는 뜻입니다.

바라보는 관점의 중요성

이환위리는 일종의 발상의 전환입니다. 예컨대 해태제과가 2023년 8월 여름 냉만두를 출시한 것처럼 말이죠. 만두는 통상 추운 겨울이 성수기인데, 고정관념을 뒤집은 것입니다. 모기는 통상 여름에 극성이고 여름에 퇴치하는 것이 상식입니다. 하지만 서울 마포구가 2024년 3월까지 여름철 모기 발생을 최소화하고자 월동모기 퇴치 작전을 벌였습니다. 최근 이상 기후와 난방 여건 개선 등 생활 환경의 변화로 겨울철에도 모기 활동이 지속돼 '겨울철 모기 유충 한 마리를 구제하면 여름철 성충 모기 500마리를 박멸하는 효과가 있다'는 게 관계자의 말입니다.

겨울보다 여름에 더 많은 돈을 버는 스키장도 있습니다. 일본 '하쿠바 이와타케' 스키장은 2016년과 2017년 사이에 기록적으로 적은 적설량으로 스키장 방문객이 급감하자 각종 아이디어와 혁신으로 불과 2년 만에 겨울보다 여름에 더 많은 돈을 버는 스키장으로 변모했습니다. 코로나19의 영향에도 불구하고 2021년 그린 시즌 방문객은 역대 최고치인 13만 4,000명(2014년 대비 609퍼센트)을 기록했으며, 2022년에는 18만 명(2014년 대비 818퍼센트)을 넘어섰습니다.

와다 유타카 사장의 저서 《스키장을 여름에 찾게 하라!》에서 이 스키장은 소녀 하이디를 연상시키는 '초대형 그네', 산 정상의 전망대에 '대도시 인기 베이커리' 유치, 초보자를 위한 '산악자전거 코스'를 개발했다고 설명합니다. 스키장을 '스키장'으로만 보지 않고 숨겨진 자산을 발굴하는 데 주력한 것이죠. 기존 자산을 활용하기 때문에 비용과 시간도 절약할 수 있었습니다. 스키장은 불과 4년 만에 100여 개에 달하는 TV 프로그램에 소개되는 등 일약 유명 스키장이 됐습니다.

애물단지 낙과가 '합격 사과'로 변신한 이야기도 있습니다. 일본 아오모리현은 일본 사과 재배의 51퍼센트를 점하는 사과의 고장입니다. 1991년 가을 큰 태풍으로 사과의 90퍼센트가 땅에 떨어져 최악의 상황이 됐습니다. 다들 태풍을 원망하고 한탄하고 있을 때 한 농민이 떨어지지 않고 매달려 있는 사과에 주목했습니다. 강한 태풍에서도 절대 떨어지지 않는 합격 사과가 탄생하게 된 배경입니다. 태풍으로 상처투성이가 된 사과가 무려 10배나 비싼 가격으로 불티나게 팔렸습니다.

"섬으로 들어간다 생각하니, 두려움보다 설렘이 앞서는구나! 호기심 많은 인간에게 낯선 곳만큼 좋은 곳이 또 어디 있겠는가?"

영화 〈자산어보〉에서 정약전이 흑산도로 유배를 떠나면서 동생 정약용에게 다음과 같이 말했습니다. 보통 사람 같으면 비탄에 빠져 눈물을 흘리고 유배를 막막하게 생각했겠지만 정약전은 위기와 변화를 대하는 마음이 남달랐던 것 같습니다. 바라보는 관점에 따라 세상은 달리 변합니다.

잠시 가려졌을 뿐
희망은
늘 존재한다

"여기 들어오는 자들이여! 모든 희망을 버려라."

단테의 《신곡》에서 묘사하는 지옥의 모습입니다. 지옥은 희망이 없는 곳, 절망의 장소입니다. 우리는 희망이 없으면 하루도 살아갈 수 없습니다. 그래서 우리는 늘 희망을 추구합니다. 그런데 절망(絶望)은 희망이 있어야만 존재합니다. 희망이 있으니 희망을 끊는 절망이라는 말이 생겨난 것이죠.

사장은 직원들이 절망에 빠졌을 때, 지쳐 있을 때, 모두가 가능성이 없다고 말할 때 희망을 만들어 내야 하는 사람입니다. 사장은 나뭇가지 위의 새와 같습니다. 나뭇가지가 부러질까 걱정하면서 가지에 앉아 있는 새는 없습니다. 새가 해야 할 일은 오직 자기 날개가 온전한지 추스르고 살펴보는 것입니다. 먼저 당신의 날개부터 믿으십시오. 그래야 희망을 향해 날아갈 수 있습니다.

희망으로 가는 네 가지 방법

첫 번째, 잽을 자주 날리세요.

아주 작은 희망, 별로 큰 힘 들이지 않고도 달성할 수 있는 작은 목표부터 시작하십시오. 권투의 잽처럼 짧은 펀치를 자주 내지르십시오. 이는 성공 확률도 상당히 높습니다. 처음부터 욕심만 앞서서, 혹은 화려한 과거를 잊지 못해서 희박한 희망으로 큰 펀치를 뻗지 마십시오. 작고 달성하기 쉬운 목표를 단기간에 추진하십시오. 아무리 작다고 해도 달성은 달성입니다.

잽은 자신감을 회복하는 데 큰 도움이 됩니다. 한두 개의 잽이 쌓이다 보면 자신감에 탄력이 붙습니다. 특히 아주 큰 좌절과 실의에 빠졌을 때 효과적입니다. 시간이 흐르고 작은 성공들이 하나둘 쌓일 즈음, 그다음 목표의 크기와 난이도를 점차 높여 가는 거지요.

두 번째, 여러 개의 일을 동시에 시작하세요.

앞서 잽의 횟수에 초점을 뒀다면 이번은 잽의 종류를 늘리는 방법입니다. 한 분야가 아니라 여러 분야로 나눠서 작은 목표들을 동시에 추진하십시오. 멀티태스킹입니다. 여러 종류의 작은 성공 습관이 자리 잡히도록 훈련하는 것이죠. 그러다 보면 스스로를 매우 바쁘게 만드는 효과도 있습니다. 실패의 늪에서 잠시 빠져나와 다른 일에 몰입하다 보면 과거에 겪었던 실패의 두려움을 빠르게 몰아내고 희석하는 효과를 기대할 수 있습니다.

세 번째, 목표에 도달할 시간을 짧게 잡으세요.

장기보다는 단기적인 목표 달성에 치중하는 것이 좋습니다. 단계별로 목표를 수립하되 쉽게 달성 가능한 단기적인 목표부터 반복해서 이뤄 보는 겁니다. 그러다 보면 짧은 시간 내에 자신감을 회복할 수 있습니다. 처음부터 길고 거창한 목표를 세우면 쉽게 지치고 열정을 지속하기 어렵습니다.

네 번째, 구체적인 목표와 날짜를 정하세요.

막연한 희망, 바람은 그림의 떡일 뿐이죠. 손에 잡히지 않는 희망은 10년이 지나도 소용없습니다. 희망을 손에 잡히도록 현실화하는 것이 계획입니다. 계획은 미래를 현재로 가져오는 것이죠. 목표를 이루려면 구체적인 내용과 데드라인을 적시해야 합니다.

예컨대 '2027년 12월 31일까지 1억 원을 저축한다'처럼 구체적으로 명시하는 겁니다. 전체 목표와 세부 내용을 각각 열거하고 데드라인에서 출발해 거꾸로 우선순위를 하나하나 작성해 봅니다. 머릿속으로만 그리지 말고 반드시 종이 위에 써 보십시오. 그리고 책상, 화장실에도 붙여 보십시오. 남들이 볼까 봐 쑥스럽다면 지갑에라도 넣어 다니십시오. 그래야 마음에 새겨집니다. 시각과 멘탈은 연결돼 있습니다. 그러니 하루에도 몇 번씩 꺼내 보십시오. 내 희망이 온전히 잘 지내고 있나 안부하는 거지요.

우리의 일상은 너무나 많은 유혹과 쾌락에 둘러싸여 있습니다. 목표를 이루려면 이런 순간의 유혹과 쾌락을 잠시 뒤로 미루거나 포기해야 합니다. 계획이란 미래를 위해 지금 뭔가를 하는 것입니다. 그 계획에 들어갈 핵심 내용은 자신의 열망, 우선순위, 자원, 데드라인 등이죠. 이것들을 하나하나 종이에 써 가며 보완하고 다듬어 가는 것이 희망을 만드는 시작입니다.

흔히 태양이 뜬다고 말하지만 정확히 이야기하면 태양은 움직이지 않고 제자리를 지킵니다. 그러므로 태양은 뜨는 게 아니라 우리가 움직이는 것이죠. 태양은 늘 그 자리에 고정돼 있고 지구는 매일 엄청난 속도로 자전과 공전을 반복하고 있습니다. 그 덕분에 사계절이 있고, 일출과 일몰을 볼 수 있습니다. 결국 우리가 매일 아침에 맞이하는 태양은 우리가 만든 생각이며 시각 중심의 사고가 가져온 편견입니다.

희망은 태양과 같습니다. 살아가는 동안 우리는 간혹 태양을 보지 못할 때도 있지만 이는 태양이 없어진 게 아닙니다. 구름에 가려 보이지 않았을 뿐이죠. 태양은 늘 같은 자리에서 우리를 비추고 있습니다. 희망도 늘 존재합니다. 다만 지금은 뭔가에 가려져 있을 뿐입니다. 당신이 살아 있다면 희망도 살아 있습니다.

그렇다면 포기라는 말은 당신에게 존재할 필요가 없는 단어가 아닐까요?

아스팔트
사이에서도
자라는 잡초들

"어떻게 견디셨나요?"

사람들이 파산한 저에게 가장 많이 하는 질문입니다. 주로 강의
나 저자 인터뷰 때 단골 질문이죠. 저는 답합니다. 길 위 잡초에
서 희망을 봤고, 그래서 힘을 얻었다고 말입니다. 길 위의 척박한
블록 사이를 비집고 올라온 잡초에서 저는 희망의 단초와 악착같
은 삶의 의지를 발견했습니다.

파산 초기에는 남대문 시장이나 전통 시장을 돌아다니면서 장
사하시는 분들의 강인하고 악착같은 불굴의 정신을 보며 위로받
고 마음도 가다듬었습니다. 그런데 어느 날 길을 가다가 문득 아

스팔트 사이로 삐죽이 나온 잡초와 꽃들을 보면서 저는 가슴이 뭉클해지는 걸 느꼈습니다. 그리고 스스로를 위로했습니다.

'하잘 것 없는 잡초도 이렇게 힘차게 자라는데….'
'누가 물을 주는 것도 아니고, 매일 행인들에게 밟히고, 걷어 차이고, 이파리가 잘려 나가고도 저리 무성하게 살아 있다니!'
'저 잡초가 나보다 강하구나.'

저는 길 위의 잡초들을 존경의 시선으로 바라보게 됐습니다. 그들에게서 악착같은 의지와 희망의 단초를 본 것입니다.

사람들이 좌절에서 가장 많이 찾는 것

사람들이 힘들 때, 바닥으로 내동댕이쳐졌을 때 가장 먼저 찾는 게 뭘까요? 아마도 '술'이겠죠. 물론 못 드시는 분도 있지만 대체로 술입니다. 그렇다고 술이 다 해결해 주지는 않습니다. 작은 고민은 술로 어느 정도 해결이 가능하겠지요. 화풀이, 울화통, 불만 같은 일상적인 것들입니다.

하지만 큰 고민 걱정거리는 술로 감당하기 힘듭니다. 역시 가장 많이 찾는 것이 희망입니다. 희망의 가장 대표적 상징물이 등대 빛이죠. 하지만 등대는 저 멀리 찬바람 가득한 해변에 있습니다. 소설 《하얼빈》을 쓴 김훈 작가가 신문 인터뷰에서 다음과 같은 말을 남겼습니다.

"희망은 멀리서 빛나는 등대가 아니라, 내 속에서 가물거리는 호롱불이라고 나는 느꼈다. 내 속에 빛이 없다면 어디에 빛이 있겠는가."

저는 이 말이 참으로 와닿았습니다. 어린 시절 호롱불 밑에서 콧구멍 까맣게 그을려 가며 밤새 만화책을 읽은 기억이 새록새록 합니다. 어쩌다 문풍지 사이로 바람이라도 들이치면 꺼져 버리던 연약한 호롱불 빛입니다.

우리는 막연하게 희망을 외부에서 찾고, 막연하게 '희망을 가져라, 희망을 잃지 말라'고 말합니다. 그 말 듣고 진정으로 위로가 받는 이가 몇이나 될까요? 아마도 겉도는 위로가 될 것입니다. 인사치레로 주고받기에 딱 좋은 말이죠. 진짜 위로와 희망은 스스로 찾고, 스스로에게 셀프 위로해야 합니다. 꺼질 듯 가냘프게 흔들리는 호롱불로 여명의 빛을 기다리는 것입니다.

좋은 스펙에도 평범했던 사람에게 생긴 변화

우리는 기도하면서 마지막에 보통 '아멘(amen)'이라고 끝맺습니다. 그 내용에 동의하거나 그것이 이루어지기를 바란다는 뜻입니다.

"의심하면서 시험 삼아 오른쪽으로 꺾는 것이나, 믿고 단호하게 오른쪽으로 꺾는 것이나, 그 운명은 똑같습니다."

《인간 실격》 저자로 유명한 다자이 오사무가 단편 《달려라 메로스》에서 한 말입니다. 비록 확실하지 않은 게 희망이긴 하지만 오락가락 의심하는 희망과 확신을 갖고 믿는 희망의 결과는 크게 다릅니다.

《나는 자기계발서를 읽고 벤츠를 샀다》의 저자 최성락은 한국에서 소위 말하는 명문 대학교인 서울대학교를 졸업했습니다. 오랫동안 공부해서 박사 학위까지 받았습니다. 그리고 괜찮은 직업을 갖고 있습니다. 상식적으로 봤을 때 이 정도 경력이면 경제적으로 잘살아야 하는 게 맞습니다. 그런데 그가 살아온 궤적은 일반적인 학력에 일반적인 직장을 다니는 보통 사람과 경제적으로 별 차이가 없었습니다.

그의 삶에 경제적인 변화를 가져온 것은 자기계발서를 꾸준히 읽은 이후부터였습니다. 명문 대학교에서 박사 학위를 받고도 살 수 없었던 고급 외제차를 자기계발서가 말하는 대로 살아 본 지 2년 만에 구입하게 된 것이죠. 재미 삼아 자기계발서를 읽기 시작했고, '속는 셈 치고 한번 따라 해 볼까' 하고 실천에 옮긴 결과입니다.

그렇습니다. 이왕 희망을 품으려면, 꿈을 가지려면 확신을 갖고 품어 보시는 게 좋겠습니다. 그리고 반드시 행동으로 옮기셔야 합니다. 결과는 놀랍습니다. 지금 그는 벤츠를 넘어 100억대 부자로 살고 있습니다. 저자로부터 직접 강연에서 들은 이야기입니다.

힘들어도
결국
다 지나간다

제가 회사를 인수할 당시 양도자 측의 부외 부채로 곤욕을 치른 적이 있었습니다. 그 일로 저는 회생과 파산을 겪게 됐고 10년의 긴 시간을 실패의 뒤치다꺼리로 보냈습니다. 저를 위험에 빠뜨린 강 사장을 한동안 무척 미워하고 원망했지만 한편으로는 그 일이 제게 긍정적인 영향도 미쳤습니다.

저는 바닥에서 탈출하기 위해 보험 설계사, 부동산, M&A, 세일 즈 영업을 하면서 그동안 몰랐던 세상살이를 알게 됐습니다. 또 한 각종 전문가, 컨설턴트가 되기 위한 교육과 경험을 통해 다양 한 컨설팅 능력을 갖출 수 있었습니다. 결과적으로 이 모든 것이 복합적으로 작용해 저의 첫 책《사장의 세계에 오신 것을 환영합니다》를 출간하는 결정적인 동력이 됐고, 베스트셀러 작가라는 이름으로 지금까지와는 다른 생각, 사람, 세계와 교류하는 계기가 됐습니다.

그 이후 저는 강 사장을 다시 만나고 있습니다. 그가 저를 다시 만나는 이유와 제가 그를 다시 만나는 이유는 다릅니다. 그는 미안함 때문이고 저는 고마움 때문입니다. 저를 사지로 밀어 넣었던 과거를 돌이켜 보면 분명 밉지만 지금까지 전개된 상황을 보면 고마움이 큽니다. 그 사건을 다른 측면으로 이해하고 받아들이게 된 것이죠. 결과적으로 그는 저를 새로운 세계로 들어서게 했고, 인생을 깨닫게 했으며 마음의 평안을 알게 한 가이드였습니다.

인생은 새옹지마

혹시 여러분도 지금 누군가로 인해 손해를 입거나 치명적인 고통을 겪고 있나요? 그렇다면 당연히 그가 죽도록 밉고 원망스럽겠지요. 그러나 이 모든 고통은 지나고 보면 오히려 삶의 전환점이 되고 인생을 성찰하는 계기가 됩니다. 분명 제가 의도하지 않았지만 부정을 긍정으로 전환하는 기술을 저절로 익히게 된 것입니다.

저는 학교 다닐 때 외운 '새옹지마(塞翁之馬)'라는 고사성어가 이렇게도 제 인생에 딱 맞아떨어질 줄 몰랐습니다. 가끔 주변 지인들에게 "그때 건물 하나 남겨 두지 그랬어요?", "시골에 땅이라도 사 두지 그랬어요. 도움이 됐을 텐데" 등의 말을 듣습니다. 하지만 제가 땅을 샀든 건물을 남겨 뒀든 시간만 조금 지체됐을 뿐 결과는 지금과 크게 다르지 않았을 것이라고 생각합니다. 망할 때는 자산의 크기와 상관없이 상황의 문제로 망합니다. 망하는 상황에서는 상황을 막아야지 돈이 이를 해결해 줄 수 없습니다.

제가 이렇게 말할 수 있는 건 도(道)를 깨우쳤기 때문이 아니라 그저 담담해졌기 때문입니다. 한때의 폭풍이 지나간 뒤 지금은 새옹지마의 끝자락에서 평안을 찾았을 뿐입니다. 어려운 과정이 있었기에 지금 저의 인생이 좀 더 깔끔하게 정리되고 생각의 수준도 다소 맑아졌습니다. 마치 쓰나미가 모든 쓰레기를 앗아가는 바람에 깨끗해진 것처럼 말이죠.

요즘 저는 어떤 어려움이 닥치거나 상황이 좋지 않거나 고민거리가 생기면 "아, 뭔가 또 변화가 있으려고 하는구나. 과거에도 그랬듯이 무슨 일이 벌어질지는 잘 모르겠지만 그래서 더 괜찮은 앞날이 전개되겠지. 아니면 새로운 날이 전개되려나?" 하고 생각하는 긍정적인 버릇이 생겼습니다.

순간순간 미운 사람, 나쁜 사람, 원망스러운 사람이 생기면 시간이 흐르고도 이런 감정이 언제까지 지속될지 스스로에게 질문을 던져 보곤 합니다. 좋지 않은 상황이 벌어지면 긴 시간을 두고 지속될지, 그 감정의 면적과 부피가 어느 정도쯤일지 생각해 봅니다. 느긋한 마음가짐은 원망의 시간을 빠르게 흘려보냅니다. 원망의 부피는 시간에 반비례합니다. 시간이 흐르면 원망의 감정도 점차 희석돼 빛이 바랩니다. 그러니 긴 호흡으로 바라보십시오.

· 2장 ·

넘어져도
다시 일어서는 법

깊은 좌절감에서 벗어나는 마인드

긍정적인 면과
부정적인 면을
동시에 생각하라

한국은행의 최근 경제 전망에 따르면 2025년 1분기 실질 국내 총생산(GDP) 성장률은 전기 대비 0.2퍼센트에 머물 전망입니다. 1960년 통계 작성 이후 처음입니다. '2025년 EY한영 신년 경제전망 세미나'에 참석한 국내 주요 기업 경영진 311명을 대상으로 회계 법인 EY한영이 설문 조사를 실시한 결과, 전체 응답자의 91퍼센트가 올해 국내 경제 전망을 '부정적'이라고 평가했습니다. 국내 기업의 경영진 10명 중 9명이 올해 한국 경제 전망에 대해 '부정적'일 것이라고 응답한 것입니다. 지난해 같은 조사에서 부정적이라고 답한 응답률(76퍼센트)보다 15퍼센트포인트 높은 결과입니다. 한마디로 장기 불황과 고금리 직격탄을 맞은 중소기업이 파산·폐업 공포에 시달리고 있습니다.

3고(고물가·고금리·고환율)에 장기 불황, 중국산 저가 공세, 미국발 수출 리스크, 인력난, 최근에는 트럼프 스톰까지 겹치면서 중소기업 생태계 전체가 8중고 늪에 빠져 허덕이고 있습니다.

이런 부정적인 상황과 전망에 대비되는 단어가 '장밋빛 전망'입니다. 장밋빛 전망이란 확실한 근거가 없는 낙관적인 시각 또는 삶에 대한 긍정적 전망을 뜻합니다. 현실을 왜곡하여 긍정적인 면만 강조하는 상황을 가리키는 표현이죠. 사업에서 과도하게 낙관적으로 전망하면 희망을 가진다는 측면에서는 긍정적이지만 현실을 왜곡하고 문제를 인식하지 못하는 위험에 직면할 수 있습니다. 사업은 긍정만으로 '지속 경영'을 할 수 없습니다. 긍정과 부정의 두 가지 시나리오를 동시에 갖고, 긍정 마인드로 실천하는 게 사업입니다.

긍정의 편향과 부정의 편향

긍정이란 아직 나타나지 않은 일을 희망적으로 생각하는 것입니다. 희망과 긍정은 이웃입니다. 희망은 긍정을 바탕으로 현실에 점차 접근합니다. 사실 긍정에는 엄청난 에너지가 숨어 있습니다. 역사적으로 수많은 사람이 긍정 덕분에 고통에서 벗어나 새로운 힘을 얻고 성공을 이뤘습니다. 긍정이 있었기에 모험을 할 수 있었고 결과적으로 문명의 발전을 이룩했습니다. 만약 긍정

없이 늘 이성적이고 합리적인 판단만 했더라면 세상은 이렇게 비약적으로 발전하지 못했을 것입니다. 무모한 긍정주의자들의 엉뚱한 상상과 도전이 이 세상을 바꿔 여기까지 오게 된 것이죠.

그러나 《보안으로 혁신하라》의 저자는 막연히 '다 잘될 거야'라는 사고방식이 편향적 사고로 이어져 냉정한 대책을 외면한다고 했습니다. 자신은 물론 따르는 무리까지 죽음의 계곡으로 몰고 가는 것인데, 실제로 사이비 종교 지도자들은 '내 말만 믿어라', '걱정 마라' 같은 말로 신도들을 파멸시키고, 악덕 사업가들은 투자자들을 파산으로 내몰며, 독재자는 민중을 선동해 학살과 전쟁으로 이끌었습니다.

미국의 소설가 퍼트리샤 하이스미스의 《리플리》에서 유래된 '리플리 증후군'은 자신의 현실을 부정하면서 마음속으로 꿈꾸는 허구의 세계를 진실이라 믿고 거짓된 말과 행동을 반복하는 반사회적 성격 장애입니다. 이것 역시 지나친 긍정의 부작용입니다.

기업도 정치와 비슷한 행태를 취합니다. 흥할 때는 추락이나 실패 가능성을 줄여 보고하거나 아예 입에 담지도 않습니다. 계속되는 성공 신화에 도취해 권력이라는 견고한 아성에 둘러싸이게 되면 '추락', '감소', '하락', '실패' 등의 단어들은 권위에 움츠러들어 금기시됩니다. 이처럼 한쪽의 극단적인 긍정만 강조하다 보면 다른 한쪽의 위험 관리조차도 부정적인 사고로 인식하고 외면하거나 비난합니다. 재난 시나리오조차 실종되는 극도의 편향 현상이 발생할 수도 있습니다.

망할 때도 편향이 발생합니다. 손님의 발길이 뚝 끊기고 매출이 반토막 나는 등 갑자기 사업이 기울면 허둥대는 바람에 상황을 더 악화시킵니다. 이성을 잃고 모든 걸 쉽게 포기하는 상태에 이르지요. 또 내 사업이 멀쩡해도 주변에 망하는 회사가 많으면 '이러다 나도 망하는 게 아닌가' 하는 집단적 불안 심리까지 가세해 상황을 악화시킵니다.

사장은 흥할 때나 기울어질 때나 항상 멘탈의 균형을 잡아야 합니다. 하지만 현장에서는 몸과 감정이 앞서다 보니 이론과 다르게 움직입니다. 긍정적인 면과 부정적인 면을 동시에 생각하면서 균형 잡는다는 게 쉽지 않지요. 하지만 이를 미리 습관화해 두면 임기응변으로 대처하는 것과는 결과가 크게 달라지겠지요.

멘탈의 핵심은 침착함입니다. 실패했을 때의 감정에는 야수같이 예민하게 반응하는 속성이 있습니다. 함부로 다루면 그 성질이 포악하고 통제가 쉽지 않아 길길이 날뜁니다. 반대로 너무 조심스럽게 다루면 용기까지 위축되며 쪼그라듭니다. 인간은 어려움에 처하면 신경이 날카로워지고 평정심을 잃기 쉽습니다. 그래서 가장 중요한 것이 침착함입니다.

마음의 승패는
맷집에서
갈린다

사업을 하다 보면 필연적으로 고난과 어려움에 직면합니다. 그 과정에서 할 수만 있다면 충돌은 피하고 갈등은 해결하는 것이 최선이겠죠. 그러나 피할 수 없는 주먹에 맞아야 하는 경우도 생깁니다. 어쩔 수 없이 맞아야 할 주먹이라면 한두 방 맞아도 쓰러지지 않는 맷집을 키워야 합니다. 권투에서 맞는 연습을 하는 이유도 맷집을 키우기 위해서입니다.

상대방을 쓰러뜨리기 위해서는 강한 펀치가 필요하지만 대부분의 승부는 맷집에서 갈립니다. 상대가 나에게 쉬지 않고 펀치를 날려도 내 맷집이 좋아 쓰러지지 않는다면 상대는 난감할 것입니다. 두들겨 맞지 않고 상대를 이길 수 있다면 최상이겠지만 긴 인생에서 그럴 확률은 낮습니다. 따라서 한두 대의 펀치, 한두 번의 실패에는 끄떡없는 든든한 맷집이 필요합니다.

"로마는 하루아침에 이뤄지지 않았다."

이 명언처럼 맷집도 하루아침에 만들어지지 않습니다. 먼저 작은 펀치에 익숙해져야 합니다. 상처받는 말, 작은 실패는 가볍게 넘길 수 있는 습관을 들이는 거지요. 간혹 작은 자극에도 욱하는 사람들이 있습니다. 그런 사람은 결코 오래 버틸 수 없습니다. 욱하는 사람이 겉보기에는 자기 마음대로 사는 것 같지만 실은 자신의 감정을 쉽게 노출해 남들에게 잘 이용당합니다.

맷집을 키우는 데 필요한 세 가지

그렇다면 맷집은 어떻게 키울 수 있을까요? 맷집을 키우기 위해서 세 가지가 필요합니다.

첫 번째, 화를 참는 습관입니다.

욱하게 만드는 마음속의 폭탄을 억누르는 것이 최선입니다. 특히 내가 힘없는 상태에서 화를 내면 오히려 부정적인 대가로 돌아옵니다. 간혹 스스로의 분을 이기지 못하고 자해하거나 좋지 않은 선택을 하는 경우가 있는데, 결국 본인이 불명예를 안고 최후를 맞이하게 됩니다. 이렇듯 수를 앞서는 예측과 판단으로 상황을 참는 것이 맷집을 키우는 첫 단계입니다.

두 번째, 상황을 정확하게 파악하는 통찰의 눈입니다.
그러기 위해서는 다음과 같은 시각이 요구됩니다.

'정확하고 사실적으로 볼 것.'
'감정은 빼고 볼 것.'
'구경하듯 타인의 눈으로 볼 것.'
'국면을 넓혀 다른 상황과 함께 거시적으로 볼 것.'

세 번째, 상황을 기다릴 줄 아는 인내심입니다.
당장 뾰족한 방법이 없다면 그 상황을 견디면서 시간을 보내야 합니다. 가령 모든 일을 접고 휴가를 떠나는 것도 좋은 방법이지요. 이것은 포기가 아니라 인내입니다. 상황을 지켜보다 보면 오늘 안 보이던 수가 내일은 보일 수도 있습니다. 한마디로 맷집이란 본질을 보는 통찰과 인내심으로 길러집니다. 이는 평소에 갈고닦아야 합니다.

파도에
휩쓸릴 것인가
파도를 탈 것인가

야구 선수가 어쩌다 한번 안타나 홈런을 칠 수 있습니다. 초보 사장도 어쩌다 운이 좋아 상품이 히트를 칠 수도 있고, 누구나 복권 당첨 등으로 순간의 큰돈은 만질 수 있습니다. 하지만 타석에 들어설 때마다 다른 투수의 공으로 홈런을 쳐야 홈런 타자이고, 상황이 변해도 계속 큰돈을 움직일 수 있어야 큰 사업가라 할 수 있겠지요. 홈런이든 사업이든 한 번의 성공이 아니라 여러 번의 성공을 연속적으로 이어 가야 '지속 성공'이 되는 것입니다.

"성공은 몇 번 이겼는지로 정해지지 않는다. 그보다 패배한 그 다음 주에 어떻게 플레이하느냐가 중요하다."

2022년 12월 29일 세상을 떠난 축구 황제 펠레의 말입니다. 그는 개인 통산 1,283골, 월드컵 통산 최다 우승, 국제올림픽위원회 선정 20세기 최고의 운동선수, FIFA 선정 20세기 최고의 축구 선수로 선정된 선수입니다. '슈팅의 꽃' 오버헤드 킥을 처음 시도했고, 등번호 10번에 에이스의 권위를 부여했으며, 상대 수비수의 집중 견제로 나뒹구는 펠레를 보호하기 위해 옐로카드와 레드카드가 도입됐습니다. 펠레는 적어도 축구에 관한 한 명실공히 '지속 성공'의 대명사이자 황제입니다. 그가 지속적인 승리를 통해 정상의 자리를 지켜 온 것은 매번 다른 성공과 실패를 고민했기 때문입니다.

《손자병법》에 '전승불복(戰勝不復)'이라는 말이 있습니다. '승리는 반복되지 않는다'는 말로, 같은 방법으로 매번 승리할 수 없고 이번의 승리가 다음 승리를 보장해 주지 않는다는 뜻이죠. 연속적인 승리를 위해서는 지금까지의 승리에 도취하지 말고, 비슷한 상황이라도 매번 새로운 국면으로 이해하고 변화에 맞는 전략으로 대응해야 한다는 의미입니다.

예컨대 정치에서 권력을 잡기 전과 후의 자세를 전환하지 못하면 애써 잡은 권력 기반이 무너질 수도 있고, 사업에서 천신만고 끝에 성공적으로 매출을 안정 궤도에 올려놓고도 정작 다른 문제로 회사가 망하는 경우도 있으며, 연애 시절 그리도 좋던 연인 사이가 막상 결혼 생활에는 적응하지 못하고 불편한 사이가 되는 경우도 종종 발생합니다.

이 모두가 상황 변화에 변화를 주지 못하고 과거 해 왔던 성공 전략과 학습 효과를 그대로 답습했기 때문입니다. 지금까지의 성공 방정식에 안주하여 상황 변화 후에도 과거 방식 그대로 대응한 것이죠. 이 세상에 같은 상황이 반복되는 일은 거의 없습니다. 상황은 늘 다르게 전개됩니다. 승리는 반복되지 않습니다. 만약 과거에 성공한 방법을 반복하여 사용할 때는 반드시 다시 한 번 살펴보고 적용해야 합니다.

필름으로 성공하고 필름으로 망한 코닥

여기 변화를 거부하고 과거 성공에 집착하여 현재를 버리지 못하고 망한 기업이 있습니다. 코닥은 1975년에 디지털 카메라를 세계 최초로 개발했지만 필름 사업이 타격을 받을까 봐 제품을 폐기처분했습니다. 필름이 주 수입원인 회사에서 디지털카메라는 회사의 존재 자체를 부정하는 기술로 보였던 것이죠. 그 후에도 코닥은 디지털카메라로 성공할 수 있는 기회를 두 번 더 놓쳤습니다.

1981년 소니가 처음으로 디지털카메라(Mavica)를 발표하자 코닥은 디지털 사진 기술이 가져올 위협에 대해 상세히 분석했습니다. 하지만 아직은 이르다는 판단으로 계속 필름 사업에 치중했습니다. 기존 사업은 이윤이 60퍼센트에 이른 반면 디지털 관련

사업은 15퍼센트에 지나지 않았고, 디지털 사업으로 전환 후 지속적인 수익을 기대하기 어렵다고 판단했기 때문입니다.

1992년에도 코닥은 다른 업체들보다 한발 앞서 소비자용 디지털카메라를 출시할 수 있었지만 주저하다가 결국 다른 기업이 디지털카메라를 내놓기 시작한 1994년에서야 늑장 출시했습니다. 그러나 일찍부터 디지털 시장을 준비해 온 캐논, 니콘 제품에 비해 디자인, 기술 등에서 뒤처져서 2000년대 후반까지 10년간 코닥의 주식 가치는 75퍼센트 하락했습니다.

코닥은 132년 역사를 자랑하던 세계적인 기업이었지만 디지털이라는 새로운 기술의 출연에 따른 변화를 늦추려고만 하다가 2012년 1월 19일, 결국 파산했습니다. 필름 시대를 이끌었지만 필름에 끌려다니면서 새로운 디지털 시대를 외면했기 때문이죠.

악조건에서도 살아남는 바퀴벌레의 비결

현대인의 생활과 가장 밀접한 보험 금융업에서도 보이지 않는 변화의 바람이 불고 있습니다. 화재 보험업계는 위험 보상과 리스크 관리라는 과거 관리형 사업 형태에서 이제는 고객 자산의 미래 관리와 컨설팅으로 사업 방향을 바꿔 성공 방정식을 이어가고 있습니다.

은행도 과거 예대 마진업에서 이제는 부자 만들어 주기, 레버리지 컨설팅, 자산 지키기, 절세, 상속 등 자산 관리업으로 사업 방향을 바꾸고 있습니다. 이 밖에 한때 취업의 기본기로 문전성시를 이뤘던 타자 학원은 컴퓨터 학원을 거쳐 디자인, 아트, 기술 학원으로 자리매김하여 성공적으로 존재를 이어 가고 있습니다.

변화에 적응하는 것은 인간 사회만의 전유물은 아닙니다. 변화에 꾸준히 적응하여 성공적으로 생명을 존속해 온 불굴의 곤충이 있습니다. 바퀴벌레는 3억 5,000만 년 전에 지구상에 나타난 뒤 운석 충돌, 대멸종 사태에도 살아남았고, 진화, 멸종 따위의 단계도 없이 번성해 왔습니다. 바퀴벌레는 물만 있으면 90일간 생존합니다. 심지어 다리나 더듬이를 잃어도 꿋꿋이 살아갑니다. 영하 12도에서도, 영상 60도에서도, 우주 방사능, 무중력의 악조건에서도 살아남습니다.

최근 바퀴의 게놈 해독 연구 결과, 생존과 관련이 있는 유전자 영역이 다른 곤충에 비해 월등히 많다는 사실이 확인됐습니다. 예를 들어 냄새를 감지하는 화학 수용체 유전자 수가 흰개미류 등 다른 곤충보다 154개로 3배 많았습니다. 미각 수용체 유전자 역시 522개로 곤충 가운데 가장 많았습니다. 한마디로 바퀴벌레의 생존 비결은 환경 변화를 감지하는 능력이 뛰어나고 어떠한 외부 변화가 주어져도 그 변화에 적응한다는 것입니다.

"파도는 멈춘 적이 없었다. 끊임없이 움직이는 파도 속에서 중심을 잃지 않고 앞으로 나아가기 위해서는 파도를 먼저 이해하고 파도와 함께 움직여야 한다."

신문 광고에 실린 문장이 인상적입니다. 생명체에서 생존이란 우리 인간 사회의 '지속적인 성공'의 다른 말이라고도 할 수 있습니다. 긴 시간의 흐름과 수많은 변화에서 적응하고 살아남았기 때문이죠.

"내가 세웠던 원칙, 가정(假定), 계획은 항상 과거의 유물이다. 그러므로 과거에 채택했던 전략들이 지금의 문제를 해결하고 기회를 잡는데 적절한 것인지를 계속해서 점검해 보고 확실하게 들여다볼 필요가 있다."

2,500년 전 그리스 철학자 헤라클레이토스도 비슷한 말을 남겼습니다. 그렇습니다. 전승불복입니다. 우리네 삶의 흐름 속에서도 같은 상황은 반복되지 않으며 승리 또한 반복되지 않습니다. 그때그때 성공 문법이 달라져야 지속 가능한 미래가 보장될 것입니다.

실패를
겪어 봐야
알게 되는 것

"빨리 실패하고 개선하는 게 중요하다. 실패와 혁신은 쌍둥이다."

아마존 CEO 제프 베조스의 말입니다. 아마존의 성공 뒤에는 수많은 실패가 있었습니다. 여행 숙박업, 소셜 커머스, 스마트 월렛 등이 실패했고 2015년에 야심 차게 내놓은 스마트폰인 '파이어폰'도 실패했습니다. 2년을 공들여 자체 운영 체제까지 탑재했지만 1억 7,000만 달러의 손실을 입고 1년 만에 사업을 접었습니다.

하지만 아마존은 이 실패를 성장의 밑거름으로 삼았습니다. 파이어폰 개발팀은 AI 스피커 '알렉사'를 출시했고 북미 판매 1위를 차지하며 대성공을 거뒀습니다. 지금의 아마존을 만든 건 실패를 두려워하기보다 '이를 발판 삼아 두 발 더 전진하자'며 독려하는 기업 문화 덕분이라 할 수 있습니다.

한편 '창업해 보고 망하면 다시 오라'며 파격 조건을 내건 기업도 있습니다. 롯데칠성음료는 창업에 실패하더라도 5년 내 재입사 기회를 주는 파격 조건을 내걸고 사내 벤처 육성에 나섰습니다. 1년간 필요한 자금을 지원하고 독립된 외부 사무 공간과 정기적인 멘토링도 제공합니다. 독립 법인으로 분사를 희망하면 경영 독립을 보장합니다. 창의적인 아이디어를 발굴해 회사의 신성장 동력으로 키워 가기 위해서라고 합니다.

실패라는 경험의 중요성

대학에서도 실패에 대한 관심이 높습니다. KAIST는 2023년 '망한 과제 자랑대회'에 이어, 2024년 11월 '제2회 KAIST 실패학회'를 개최하고 다양한 행사를 진행했습니다. KAIST 실패연구소가 주관하는 이 행사는 실패에 대한 기존의 인식을 전환하고 학생들에게 도전과 혁신을 장려하고자 추진됐습니다.

왜 대학과 기업들이 이렇게 나서서 경험을 독려하고 실패를 용인하는 걸까요? 서울대학교 공과 대학 교수 26인 공저의 《축적의 시간》에 의하면 창의적 개념 설계의 역량은 반짝이는 아이디어가 아니라 반드시 오랜 기간 시행착오를 '축적'해야 얻어진다는 것을 강조합니다. 새롭게 접하는 문제에 새로운 해법을 제시해 보고,

실패하고, 또다시 시도하는 시행착오와 실패 경험을 쌓지 않고는 개념 설계 역량을 결코 손에 넣을 수 없습니다.

즉 개념 설계 역량이 부족하다는 것은 다양한 실패 경험을 축적하지 못했다는 뜻이죠. 이 과정에서 시행착오가 필수적인 이유는 창의적 개념 설계에 필요한 지식이 교과서나 논문, 특허 등에 명시되지 않기 때문입니다. 이는 직접 해 보지 않고서는 도저히 얻을 수 없는 영역입니다.

서울대학교 이정동 교수의 《축적의 길》에 의하면 '개념 설계'는 존재하지 않던 무언가를 그려 내는 것입니다. 즉 백지 위에 밑그림을 그리는 일이지요. 상식을 뛰어넘는 제품을 생각하고 업의 개념을 재구성하는 일은 손익 구조의 사업을 넘어 하나의 문샷 (Moonshot)입니다.

문샷의 사전적 의미는 '우주선을 달에 보낸다'는 뜻이지만 지금은 해답이 없어 보이는 문제에 도전하는 혁신적인 도전의 의미로 쓰이고 있습니다. 새로운 일은 도전이고, 도전은 실패 위험도 큽니다. 1등이 주로 하는 일이 바로 문샷 같은 도전적인 일입니다. 이때 문샷의 실패는 성공의 발판이 되는 시행착오입니다.

글로벌 챔피언 기업들의 핵심 경쟁력은 바로 제품과 서비스에 새로운 개념을 제시하는 '개념 설계 역량'에서 나옵니다. 그리고 이 역량이 높은 수익으로 귀결됩니다. 2016년에 애플은 전 세계

스마트폰 시장에서 물량 점유율 14.5퍼센트를 기록했는데 영업 이익은 무려 전체의 79.2퍼센트를 차지했습니다. 이는 애플이 이 동 통신 분야에 새로운 개념을 제시했기 때문에 가능한 일이었습 니다.

아마존이나 롯데칠성음료처럼 도전을 부추기는 문화와 제도도 필요하지만 한편으로 사장은 무수히 많은 사업의 검토와 실행 과 정에서 '성실 실패'와 '무능 실패'를 구분할 수 있어야 합니다. 능 력이 충분히 발휘되고 최선을 다했음에도 실패하는 '성실 실패'가 있는가 하면, 무능하거나 최선을 다하지 못한 '무능 실패'도 있습 니다. 사장은 실패 경험을 축적하는 동시에 이 두 가지를 구분하 는 통찰을 기르고 냉철한 평가를 내릴 줄 알아야 합니다.

실패를
실패로
보지 않을 것

세상은 보는 대로 보입니다. 같은 수양버들을 보더라도 심신이 지쳐 있을 땐 힘없이 늘어져 보이고, 활기차고 열정이 가득할 땐 한없이 자유로워 보입니다. 세상과 사물은 사람의 감정에 따라 180도 다르게 보일 수 있습니다.

"무슨 일이 딱 닥쳤을 때 그걸 통해 점프하려고 하지, 한 번도 안 될 거라고 생각한 적이 없어요."

'팔 없는 화가'로 유명한 석창우 화백의 부인 곽혜숙 씨의 말입니다. 석 화백은 젊은 시절 전기 기사로 일하다 2만 볼트가 넘는 고압 전류에 감전돼 두 팔을 잃었습니다. 하지만 피나는 노력으로 '수묵 크로키'라는 영역을 개척한 미술계의 전설이 됐습니다. 2014년 소치 동계 패럴림픽과 2018년 평창 패럴림픽에서 힘찬 크로키 퍼포먼스를 선보여 전 세계에 벅찬 감동을 선사한 바 있습니다.

그는 사고 당시 아내가 "별거 아니네. 내가 다른 거 다 알아서 할 테니까 빨리 낫기나 하세요"라는 말을 했다고 합니다. 그는 이어서 "손 있는 30년, 손 없는 30년을 살았는데 손이 있었을 때보다 없을 때가 더 행복했다"라고 말했습니다.

2024년 파리 올림픽에서 남자 선수 최초로 양궁 3관왕을 차지한 김우진 선수가 2025년 2월 19일 국민대학교 학위수여식에서 "결과를 컨트롤할 수는 없지만 과정은 스스로 만들 수 있다. 꾸준함은 배신하지 않는다"라며 졸업생들을 응원했습니다. 그는 또한 2012년 런던 올림픽 국가대표 선발전에서 탈락하며 긴 슬럼프를 겪었다면서 "처음부터 시작하지 않으면 안 되겠다는 깨달음이 온몸을 휘감았다. 다시 제 위치를 인정하고 훈련에 돌입했다"라고 회상했습니다.

실패한 인생으로 남지 않도록

실패를 바라보는 태도가 미래를 결정합니다. 진짜 실패는 실패에 시선이 멈췄을 때입니다. 저에게도 몇 번의 실패와 시련이 있었습니다. 주식 투자로 마련한 아파트 두 채를 다시 주식 투자로 날렸고 1990년대 초 당시로서는 거액이랄 수 있는 3억 원의 빚까지 지다 보니 월급을 타면 맨날 이자 내기 급급했습니다. 그리고 창업한 회사는 코스닥 상장까지 했지만 상황이 어려워져 결국 회사와 개인 동시에 회생, 파산 절차를 밟아 10년 넘게 남모를 생활고를 겪었습니다. 그 어둠의 긴 터널을 통과하는 시간 동안 이 회사 저 회사 이 직업 저 직업을 전전하며 21개 회사, 31개 직업을 경험하기도 했습니다.

제가 만약 그때 주저앉았다면 저는 그냥 폭삭 망한 '실패자'로 기록됐을 것입니다. 그러나 저는 다시 일어섰기 때문에 '과거에 실패했던 사람'이 됐고 오히려 그때 겪었던 과거의 실패가 현재를 더욱 빛나게 만들었습니다.

이를 두고 문득, 실패는 탁구공과 같은 것이라 생각이 듭니다. 꾸준히 넘기다 보면 언젠가는 넘어오지 않는 게 탁구공입니다. 상대방이 실수하든, 내가 강력한 스매싱을 날리든, 공을 넘기다 보면 돌아오지 않는 때가 분명 생깁니다. 그때가 실패에서 벗어나는 변곡점입니다. 그러므로 실패를 벗어나기 위해서는 꾸준히 움직이면서 공을 넘겨야 합니다. 목표를 갖고 한 발짝 한 발짝 앞으로 나아가는 것이죠.

결국 실패란 실패에 멈춰 섰을 때 규정되는 단어입니다. 실패를 순순히 받아들이고 실패에 머무르면 내 인생의 간판은 '실패한 인생'으로 규정됐을 것입니다. 그러나 실패를 거부하고 성공 과정으로 받아들이니 실패는 한 줄의 '과거 실패'로 기록됐습니다. 지금 저에게 실패란 글 쓰고 강연하는 데 이용하는 하나의 스토리텔링이며 성공 과정의 일부입니다. 아무도 저의 이 실패를 얕잡아 보거나 흠결로 생각하지 않습니다. 오히려 다음과 같은 수많은 질문과 위로를 받습니다.

"그런 밑바닥에서 어떻게 건디셨어요?"
"어떻게 극복하셨나요?"
"무척 힘드셨겠네요."
"재기의 비결이 뭐예요?"

그러면 저는 더 깊은 실패 경험을 기꺼이 들려드립니다. 사람들은 의외로 다른 사람의 불행을 즐깁니다. 극적인 스토리에 감정 이입하기를 즐기는 것 같습니다. 아이로니컬한 이야기 아닌가요? 어쩌면 실패가 '성공 학교'의 필수 과목이라는 생각까지 듭니다. 법정으로 말하면 실패는 그 자체로는 유죄 구속이지만 그 뒤에 성공이 따르면 바로 무죄 방면입니다.

내 실패를 타인의 실패처럼 바라보라
사람들은 어차피 겪을 실패라면 "실패를 즐거라", "역경을 즐거라"라는 말을 많이 합니다. 실패를 받아들이는 가장 긍정적인 태도라 할 수 있겠죠. 그런데 이게 과연 가능할까요? 현실적으로 가당찮은 말입니다. 듣기 좋으라고 하는 위로의 말이거나 헛소리에 불과합니다. 실패를 구경하는 자들만이 할 수 있는 말입니다. 그때 누군가 제게 그런 말을 했다면 주먹이 날아갔을 것입니다.

솔직히 고백하건대 저는 실패를 즐기지도 않았고 즐길 여유도 없었습니다. 하지만 시간이 흐르면서 어느 순간 저의 실패가 하나의 액자에 담겨 눈에 들어오기 시작했습니다. 저의 실패가 액자에 담겨 벽에 걸려 있었던 것이죠.

실패를 제대로 인식해야 실패를 벗어날 수 있습니다. 저는 저의 실패를 찬찬히 바라보고 관찰하고 분석해 보기 시작했습니다. 저의 실패가 아니라 남의 실패처럼 보기 시작한 것이죠. 나의 실패는 뼈아픈 고통이지만 남의 실패는 웃으며 배우는 타산지석입니다. 지나온 실패를 '감정의 아픔'으로만 느끼지 않고, '벽에 걸린 작품'으로 만나 본 것이죠. 어쨌거나 제가 만들어 낸 저의 작품입니다. 걸작이 될 거라 믿고 시도했던 미완의 '부족작'입니다. 가수 황가람의 '나는 반딧불' 노랫말처럼 '별인 줄 알았는데 알고 보니 반딧불이었다'는 것처럼 현실을 덤덤하게 받아들인 겁니다. 요모조모 바라보다 보면 작품의 실패 원인, 과정, 결과가 한눈에 들어옵니다. 한마디로 '실패 통찰'이죠. 뭐든 거리를 두고 봐야 본질이 보이나 봅니다.

사장이란
자리의
무게

우리는 피붙이 부모 형제도 있고, 믿을 수 있는 친구도 있고, 배우자도 있고 그 외에 많은 이웃이 있습니다. 하지만 이 모든 이와 동떨어져 외톨이가 되는 때가 있습니다. 사랑하는 배우자, 형제, 가족, 절친에게조차 말할 수 없는 고독과 외로움에 빠져드는 순간이 옵니다. 특히 사업 과정에서 나의 상황과 어려움에 충분히 공감하고 감정 이입을 해 줄 수 있는 사람이 아무도 없을 때가 그렇습니다. 당신이 아직 그런 기분을 경험하지 못했다면 지금이 아주 좋은 때이거나 아직 정상에 도달해 보지 못했다는 뜻입니다.

저에게도 외로움에 대한 공포의 기억이 있습니다. 초등학생 때 제가 오갔던 등굣길은 4킬로미터로, 어린아이에게는 꽤 먼 거리였지요. 지금이라면 버스라도 탔겠지만 그땐 대중교통이 흔치 않았습니다. 낮에는 무서운 줄 몰랐지만 방과 후 어둑하고 한적한 길을 혼자 걸을 땐 그 공포감이 대단했습니다. 특히 집 막바지에 위치한 '말(馬) 무덤'에 이르면 그 무서움은 절정에 달했지요. 간이 콩알만 해졌던 그때를 생각하면 지금도 가슴이 뜁니다.

하지만 둘이나 셋이 동행한다면 외로움도 덜하고 공포감도 줄어듭니다. 그래서 인간의 가장 큰 두려움은 혼자되는 것이 아닐까 생각합니다. 깊은 산중에서 홀로 밤을 지새운다거나 아무도 없는 넓은 사막, 망망대해에 혼자 남겨진 상황은 상상만 해도 두렵습니다.

사장의 외로움

사장이라고 외로움이 다르지 않습니다. 누구에게도 기댈 곳이 없다 보니 무게감 있게 느껴질 뿐입니다. 부의 크기가 클수록, 권력이 강할수록, 조직이 클수록, 사회적 영향력이 클수록 외롭습니다. 저 또한 사업을 하면서 외로움으로 수없이 고민하고 홀로 울었습니다. 특히 어려운 상황에서는 더욱 그랬지요. 친구, 가족이 없는 것도 아니고 소통할 동료가 없는 것도 아닌데 사장은 왜 외톨이가 되는 걸까요? 개인적인 성격 때문일까요? 조직의 구조적인 문제일까요? 나에게만 주어진 특별한 상황 때문일까요? 여러 가지로 해석할 수 있지만 세 가지로 정리해 봤습니다.

첫 번째는 워낙 일이 방대하고 복잡해서 상대방에게 설명하거나 의논할 엄두가 나지 않아 혼자 떠안는 경우입니다.

주로 중소기업 사장들이 많이 겪는 고충이죠. 거의 모든 일을 혼자 처리하다 보니 상황 판단에 어려움이 생깁니다. 본인이 가장 잘 알지만 일이 복잡할수록 한번 꼬이면 풀기가 어려워서 머리가 하얗게 됩니다.

이런 문제는 점차 조직이 커지고 임원이 늘어나면 해결됩니다. 소기업 사장일 경우 동종 업계의 동료 사장이나 주변인들에게 조언을 구할 수 있는 길이 어느 정도 열려 있습니다. 외부 전문가의 조언도 도움이 됩니다. 제삼자의 눈으로 본 객관적 판단이 효과적일 수 있기 때문이죠. 결국 이때는 해결하려는 의지와 타인과 소통하려는 열린 마음만 있다면 어느 정도 해결이 가능합니다. 다만 이 경우에도 기밀 사항이나 보안 문제가 마음에 걸리면 다른 방법을 찾아봐야겠지요.

두 번째는 오직 CEO 자신만이 유일한 해결의 열쇠를 가졌을 때입니다.

업무적인 일이라기보다는 주로 정성적이고 정치적인 문제들이라 원인도 본인에게 있고 해결도 본인이 해야 하는 경우죠. 이 경우는 제삼자가 개입하기도 어렵고 남에게 털어놓기 껄끄러운 부분도 있습니다. 따라서 CEO가 가장 외로움을 느끼고 힘들어하는 경우라고 할 수 있지요. 이 세상 어느 누구도 위로가 되지 못합니다. 그래서 일부는 견디지 못하고 극단적 선택을 하기도 합니다.

세 번째는 아무도 가지 않은 길, 어떠한 통계도 경험도 들어 본 적 없는 길, 지도에 없는 길을 선택하는 경우입니다.

이때 본인의 업무 경험과 전문적인 식견이 가장 필요하고 많은 정보 수집과 대내외적인 의견을 주고받는 등 고도의 집중력이 필요합니다. 그러나 사장 말고는 그 누구도 책임 있는 말을 하지 않고 결과에 대한 책임도 질 수 없습니다. 그래서 사장은 전문가들과의 회의나 자문 상담의 말미에 항상 이런 말을 듣곤 합니다.

"최종 결정은 사장님이 잘 판단하셔서 결정하십시오."

이때 리더의 외로움이 밀려옵니다. 뭔가를 결정할 권한이 있다는 건 외로움을 동반하는 일입니다. 프로젝트가 클수록, 조직의 규모가 클수록 더욱 그렇습니다.

외로움이란
적에
대응하는 방법

한국인 최초 메이저리거인 '코리안 특급' 박찬호가 프로 골퍼에 도전했습니다. 그는 2021년 4월 29일 한국프로골프협회(KPGA) 코리안투어 군산CC 오픈에서 17오버 파를 기록했습니다. 그날 박찬호 선수의 경기를 야구로 치면 같은 타자에게 만루 홈런을 두 방 맞은 것과 같았습니다. 야구라면 선수 보호 차원에서 선수를 교체했을 테지만 골프는 모든 것을 혼자 해결해야 합니다.

골프 황제 타이거 우즈도 비슷한 고통을 겪었습니다. 2020년 마스터스 토너먼트 최종 라운드에서 그는 공을 물에 세 번이나 빠뜨리고 7오버 파를 쳤습니다. 그는 경기 후 "이 스포츠는 가끔 엄청나게 외롭다. 혼자 싸워야 한다. (난타당해도) 아무도 마운

드에 올라와 나를 데려가지 않는다. 교체도 없다. 그게 이 게임이 독특하면서도 어려운 이유다"라고 말했습니다.

외로움을 해소하는 세 가지 방법

모든 것을 혼자 짊어져야 하는 사람은 외롭습니다. 사장은 조직의 최상위자이기에 동일한 위치에서 허심탄회하게 의견을 교환할 상대가 존재하지 않습니다. 따라서 의사 결정의 기로에 선 사장은 항상 외롭습니다. 이것은 구조적으로 불가피한 것이며 당연한 일입니다. 그리고 실패하는 과정에서 사장은 더욱 외로워집니다. 그러므로 사장은 외로움이 나만의 특별한 괴로움이 아니라는 생각을 갖고 해결의 출발점에 서야 합니다. 이 세상 모든 사장은 외롭습니다.

그렇다면 외로움을 해소할 현실적인 방법이 없을까요?

첫 번째, 먼저 친구의 생각을 들어 보는 것입니다.

당신과 유사한 경험을 한 사람에게 고민을 털어놔 보십시오. 결정적인 도움을 얻지는 못하더라도 나와 비슷한 결정을 내렸던 사람과 이야기를 나누는 것만으로도 심리적인 안정을 찾게 됩니다. 이때 핵심은 되도록 많이 털어놓는 것입니다. 마음에 쌓인 독소가 빠져나가면 무슨 수라도 생깁니다.

두 번째, 나의 고민을 마치 남의 일처럼 바라보는 것입니다.

당신에게 외로운 한 친구가 있다고 생각해 보는 겁니다. 지금 그가 얼마나 외로운지, 주변에 사람이 없어 외로운 건지, 스스로를 옥죄어서 외로운 건지, 울타리를 도망쳐 나와서 외로운 건지 제삼자가 되어 바라보고 가늠해 보는 거지요.

세 번째, 머릿속의 생각을 글로 적어 보는 것입니다.

일기든 메모든 수행 일지든 형식에 구애받지 말고 적어 봅시다. 처음에는 어렵겠지만 차츰 글의 앞뒤가 정리되면서 생각도 정리될 것입니다. 제가 첫 책을 쓰게 된 계기도 그간 고통의 시간에 써 내려간 메모들을 정리한 것입니다. 이 메모들이 쌓여 10년 뒤 한 권의 책으로 완성됐고 이렇게 생각을 글로 적다 보니 상황과 심리 상태가 분리되면서 뭔가를 결정할 때 논리와 객관성이 더해졌습니다.

외로움을 함부로 다뤄서도 보여서도 안 된다

어려울 때 그 상황을 어떻게 받아들이고 어떤 결정을 내리느냐에 따라 그 회사의 미래가 결정됩니다. 외롭다고 아무에게나 자문을 구하고 우왕좌왕한다면 그 미래에 당신은 없습니다. 이때 누군가는 밀려오는 스트레스를 견디지 못하고 과도한 음주로 스스로를 망가트리거나 극단적인 선택을 하기도 합니다.

사장은 맹수 같은 마음으로 조용히 외로움을 관조할 줄 알아야 합니다. 외로운 마음을 함부로 다뤄서도 안 됩니다. 이런 외로움과 고독, 혼자 결정해야 한다는 압박감도 자주 맞이하다 보면 자연스러워지는 날이 옵니다. 시간이 흐르면 상황을 보는 통찰과 지혜가 생기고 맷집도 두터워집니다. 그러니 고통을 직시하십시오. 결코 꽁무니 빼지 마십시오. 스스로에게 뒷모습을 보이지 마십시오.

지금 당신이 만나는 사람은 누구이며 그와 무슨 이야기를 나누고 있나요? 혼자 있을 때 주로 무슨 생각을 하나요? 사장이 회사를 투명하고 솔직하게 운영하는 것은 좋은 일이고, 이는 시대적 흐름이기도 합니다.

하지만 무너지는 모습까지 솔직할 필요는 없습니다. 조직은 항상 보스라는 '우상'을 원합니다. 우상은 '멋진 이미지'를 의미합니다. 직원들은 자기의 우상이 무너지는 걸 원치 않지요. 사장의 멘탈이 무너져 패닉에 빠지면 직원들은 말없이 실망하거나 떠납니다. 그러니 그들 머릿속에 자리 잡은 '멋지고 견고한 보스'라는 우상을 깨지 마십시오. 조직을 유지하기 위해서는 때로 페이크(fake)가 필요합니다. 의연하십시오. 혼자일 때 외로움을 대하는 당신의 태도가 당신과 당신 회사의 내일을 결정짓습니다.

속은 타도
겉으로는
웃어야 산다

/ / / / / / ♦ / / / / / /

　우리는 흔히 실패나 어려움에 처하면 좌절하거나 기가 죽습니다. 의욕도 떨어지고 불필요하게 남을 의식하고 평소에 없던 열등감도 유난히 민감하게 드러냅니다. 동창회도 나가기 싫고 전화도 받기 싫어집니다. 경조사도 잘 참석하지 않습니다. 친구들과 어울려 술 마시는 것조차 피하게 되지요. 점차 외톨이가 돼 가는 겁니다.

　이런 좌절감에서 벗어나는 좋은 방법은 '생수'가 되는 것입니다. 사람의 몸은 70퍼센트가 물로 구성돼 있습니다. 그러니 사람은 물의 속성을 닮았다 해도 비약이 아닙니다. 물은 흘러야 맑고 깨끗한 상태를 유지할 수 있습니다. 한마디로 삶은 고이지 않는 생수여야 합니다.

실패나 좌절의 시간이 길어지면 고인 물의 상태가 됩니다. 이때 끊임없이 자신을 흔들어 깨워야 합니다. 소주병을 흔들고 맥주 거품을 내서 '소맥'을 만드는 것처럼 생기를 불러일으키는 거죠.

사람은 스스로 돕는 자를 돕는다

우리는 어떤 친구가 왕성하게 활동하거나 생기 있게 움직일 때 흔히 "살아 있네!"라는 말을 하곤 합니다. 상황이 어렵다고 전화를 안 받거나 동창 모임을 거르는 일이 잦아지면 관계의 맥도 끊어지고 신뢰도 약해집니다. 그러므로 내가 흐르는 생수임을 끊임없이 주변에 알려야 합니다. 어려울 때일수록 더욱 그렇습니다.

"망했다고 들었는데 그게 아닌가 보네."
"저 친구 아직 살아 있네."

이런 말이 들려와야 합니다. 그래야 주저하던 투자자의 주머니에서 돈이 나올 것이고 주변에서 사업 제의도 들어옵니다. 내 상황이 어렵다고 해서 늘 어두운 표정을 짓고, 회피하고, 찌질하게 다니면 더 도움받을 수 없습니다. 오히려 사람들이 당신을 피하고 멀리할 겁니다.

사람은 스스로 돕는 자를 돕습니다. 그래서 지혜로운 사람은 역

발상을 합니다. 별일이 없어도 서츠를 깔끔하게 다려 입고 구두도 광내서 다니는 거지요. 설령 당신의 회사가 어렵고 망하기 일보 직전이라는 소문이 돌아도 깔끔한 모습을 보여 준다면 사람들은 당신을 달리 볼 것입니다. 어려운 상황에도 평정심을 유지하려는 태도는 상대에게 '침착하게 잘하고 있군'이라는 평가를 얻어 냄으로써 '내가 뭘 도와주면 도움이 될까?'라는 자발적 협조를 이끌어 내는 효과가 있습니다. 사람은 스스로 돕는 자를 도와주려는 경향이 있습니다.

통상 상대방이 어려운 걸 알게 되면 '돈이라도 빌려 달라고 하지 않을까?', '술값, 밥값도 내가 내야 하지 않을까?' 하는 부담을 안고 만나게 됩니다. 사소한 문제 같지만 이런 부담스러운 만남은 다음 만남으로 이어지기가 어려우니 관계가 오래가지도 못합니다. 당당하고 평소와 다름없는 태도는 이런 염려를 해소해 줍니다. 물론 스스로에게도 도움이 됩니다. 사장의 평정심과 단단한 태도는 내부 직원들에게도 일이 잘 해결될 거라는 희망을 갖게 해 줍니다.

그렇다면 어떻게 생수임을 나타낼 수 있을까요? 생수 상태를 유지하는 실천적 비법이 하나 있습니다. 바로 '유쾌함'입니다. 우리는 흔히 사람들 간의 만남, 관계, 우정의 핵심을 믿음, 신뢰라고 생각합니다. 하지만 심리학자들의 이야기를 빌리면 그보다 더 우선인 것이 유쾌함입니다. 사람들은 자기에게 즐거움을 주는 사람과 만나기를 원한다는 것이죠.

아마도 '신뢰'라는 단어에 '진지함'이라는 다소 무거운 요소가 포함돼 있어 그럴 겁니다. 진지함도 좋지만 요즘처럼 매사가 힘든 일상에서는 재미있고 즐거운 것이 더 우선입니다. 저부터도 그렇습니다. 인생 자체도 힘든 판에 진지함으로 주변과 일상을 도배할 필요가 있을까요? 믿을 수 있는 사람은 가끔 그리고 필요할 때 필요합니다. 그러므로 평소에 만나면 잘 웃고, 잘 웃게 만드는 유쾌함이 다른 사람에게 호감을 주는 비결입니다.

추락은
조금 힘든
착륙일 뿐

비행기 조종사에게 추락은 갑작스러운 착륙 상황이라고 할 수 있습니다. 일반적으로 착륙은 그냥 매번 예정된 보통의 프로세스입니다. 그래서 착륙은 안정적인 하강이죠. 하지만 추락은 갑작스러운 일이니 불안정한 하강입니다. 이때 당황하고 긴장해서 조종간을 잡고 부들부들 떨기만 하거나 감정 조절에 실패해 조종간을 엉뚱한 방향으로 움직인다면 바로 죽음입니다.

이 추락의 순간에 정신을 차리고 침착하게 멘탈을 유지한다는 것은 분명 쉽지 않은 일입니다. 하지만 아무리 갑작스러운 추락일지라도 짧지만 상황을 판단할 수 있는 찰나의 시간은 존재합니다. 고대 그리스 철학자 에픽테토스는 "우리는 외부 상황을 선택할 수 없지만 그 상황에 어떻게 대응할지는 항상 선택할 수 있다"
라고 했습니다. 이때 어떻게 추락을 다루는 게 좋을까요? 잘 추락
하는 방법을 생각해 보자는 겁니다. 불편하지만 꼭 필요한 생각
이죠.

안전하게 추락하는 방법

첫 번째 방법은 추락 속도를 조절해서 천천히 망해 가는 방법입
니다.

그래야 대피 시간을 벌 수 있습니다. 이런 질문이 있을 수 있겠
네요. "망하고 있는데 속도를 조절할 여유가 있겠는가?"라고 말
이죠. 하지만 회사가 기울어 가는 중후반 단계쯤에서는 당사자인
사장 본인도 '뭔가 잘못되고 있구나'라는 감을 대충이라도 느낍니
다. 인생 전부를 사업에 걸고 있는 사장 특유의 촉이죠. 그러므로
절박한 순간에도 역설적으로 생각할 시간은 있고, 절체절명의 순
간에도 기회와 방법은 있습니다.

미국 텍사스 오스틴의 유명 광고 회사 GSD&M의 창업자 로이
스펜스도 이렇게 말했습니다.

"사업가란 절벽에서 떨어지는 동안 날개를 만들어 달 수 있는
사람이다."

두 번째 방법은 추락하는 와중에 정신을 가다듬고 양손을 모두 사용하는 것입니다.

통상 사업이 기울어지면 기울어지는 쪽에만 온 힘을 쏟습니다. 하지만 힘의 일부는 다른 한쪽을 위해 써야 합니다. 투 트랙(Two Track)을 운용하는 거지요. 사업의 현상 유지를 위해 버티는 손과 새로운 사업을 찾기 위한 손을 병행하라는 겁니다. 이때 유의해야 할 점은 두 임무의 책임자는 각각 전혀 다른 사람이고 독립적이어야 한다는 점입니다. 상반된 일을 한 사람이 동시에 수행하면 감정이 겹쳐 이도 저도 풀어낼 수 없습니다.

세 번째 방법은 저돌적으로 몸을 던지는 것입니다.

여기 3.5톤의 거대한 코뿔소가 있다고 가정해 보겠습니다. 폴 존슨이라는 영국의 역사학자는 코뿔소를 '노아의 홍수 이전부터 존재했던 네 발 달린 동물 중 유일하게 육중한 갑옷을 몸에 두르고도 살아남은 존재'로 규정했습니다. 진화론적 관점에서 보면 당연히 도태됐어야 할 동물인데 지금까지 살아남았다는 것이죠.

코뿔소는 불과 10미터 전방의 물체도 명확히 볼 수 없고 머리도 좋은 편이 아닙니다. 다만 무엇이든 눈앞에 나타나면 돌격할지 말지를 결정하고 돌격하기로 했다면 온몸을 던집니다. 평소에는 공격성도 없고 느릿하지만 한번 움직이면 순간 시속이 최대 40킬로미터랍니다. 3.5톤의 무게에 이 속도는 엄청난 것이죠. 그러니 결과는 도 아니면 모입니다. 상대방은 짓뭉개지거나 줄행랑쳐야 합니다. 코뿔소는 한번 결단을 내리면 단순하고 우직하게 직진합니다. 그 저돌성이 지금까지 코뿔소가 생존할 수 있었던 이유입니다. 이는 특히 위기에 빠졌을 때 고려해 볼 만한 행동입니다.

사업 과정에서 실패와 추락은 반드시 존재합니다. 어쩔 수 없이 추락의 길에 들어섰다면 침착하게 착륙하겠다는 마음을 가지십시오. 추락도 착륙의 일종입니다. 다만 갑작스럽고 좀 어려운 착륙일 뿐입니다.

좌절의 늪에서
빠져나오는
방법

좌절했을 때 실패의 늪에 빠졌을 때, 사람들은 다들 열심히 노력하고 희망을 잃지 않으려고 힘쓰지만 극소수만 벗어나는 데 성공하고 나머지 대부분의 사람들은 여전히 실패를 거듭 반복합니다. 그 이유가 뭘까요? 저의 과거 경험을 토대로 실패와 좌절을 견딜 수 있었던 힘의 원천, 빠져 나올 수 있었던 결정적이고 실용적인 방법 몇 가지를 이야기해 보겠습니다.

최소한의 일만 선택하기
먼저 생활형 의사 결정을 최소화하는 것입니다. 우리는 일상생활에서 하루에도 크고 작은 수많은 결정의 틈바구니에서 '생활형 의사 결정'을 하면서 살아가고 있습니다. 그 시작은 일어나면서부터 저녁에 잠자리에 들 때까지 하루 종일 이어집니다. 특히 실패와 좌절의 과정에서 의사 결정의 횟수를 조금이라도 줄여 에너지 소모를 최소화하여 힘을 비축하는 것이 중요합니다.

다음은 불필요한 미팅을 과감히 절제하여 효율적으로 선택과 집중을 하는 것입니다. 마지막으로 자기가 통제할 수 없는 일에 관심을 줄이고 자기가 통제할 수 있는 일에 집중하는 것입니다. 그리해야 보다 빨리 자신감을 되찾을 수 있고, 일상 회복에 걸리는 시간을 단축할 수 있습니다.

이와 같이 생활을 단순화하면 시간의 여유를 갖게 될 것이고, 시간의 여유는 마음의 여유를 가져오므로 바닥의 좌절을 딛고 재기를 모색하는 데 도움이 됩니다.

몸과 마음을 분리하기

보통 사람들은 실패하거나 좌절하면 몸이 먼저 반응하여 마음이 같이 움직입니다. 예컨대 실의에 빠져 쉽게 술 취하고, 늦잠 자고, 운동을 게을리 합니다. 평소 규칙적이던 사람도 생활이 불규칙적으로 변합니다. 몸이 마음을 따라가는 것이죠. 이때 마음이 다소 흔들리고 불편하더라도 몸만은 평상을 유지하도록 노력하는 것입니다. '몸 따로, 마음 따로' 분리하기죠.

몸과 마음 둘 중 하나라도 흔들리지 않게 붙잡아 두는 것입니다. 배라면 풍랑에 견딜 수 있도록 닻을 내려 두는 것과 같습니다. 몸이 확실히 기억하도록 붙들어 매는 거죠. 그래야 폭풍도 무난히 견뎌 내고 다시 일어서기도 쉬워집니다.

참고로 저는 회생과 파산의 어려운 상황 와중에도 내키지는 않았지만 매일 아침 6시면 의례적으로라도 아침 운동을 계속했습니다. 파산 신청하는 날에도 새벽에 일어나 운동하러 갔습니다. 사실 '운동'이라고 표현했지만 그냥 산책하거나 약간의 헬스와 곁들인 샤워 정도였습니다.

규칙적인 산책이나 가벼운 산행은 의외로 마음을 안정시키는 데 큰 도움이 됩니다. 괜찮은 아이디어도 잘 떠오릅니다. 그래서 저는 산책길에 꼭 연필과 메모지를 챙기는 버릇이 있습니다.

한편, 마음이 힘들 때 육체적 운동은 가끔 고통의 방패막이가 될 수도 있습니다. 2025년 2월 8일 이제 갓 16살인 발레리노 박윤재가 한국인 남성 발레 무용수로는 최초로 세계적 발레 콩쿠르인 프리 드 로잔에서 우승했습니다. 로잔 콩쿠르는 전 세계 발레 꿈나무들의 등용문입니다. 강수진 국립발레단장도 로잔에서 입상하며 세계 무대에 데뷔했습니다.

박윤재는 지난 2023년 14세 유망주로 출전한 국내 콩쿠르에서 중심을 잃고 착지를 실수해 위기를 맞은 적이 있습니다. 그는 당시 상황을 두고 "멘탈이 완전히 나갔다. 절망의 시간이었다"라고 말했습니다. 그러다 문득 '그만둘 거면 끝까지 가 보자'는 생각이 들었다고 합니다. 그가 선택한 방법은 연습, 또 연습이었습니다. 박윤재는 "마음이 힘드니 몸을 더 힘들게 하면 된다고, 고통은 고통으로 덮어야겠다고 생각했다"라고 이야기했습니다. 2년 뒤 그는 결국 한국 발레의 새 역사를 썼습니다.

평소의 패턴을 유지하기

패턴은 반복이 지속되는 것을 말합니다. 어제 경기에서 이긴 팀은 오늘도 이길 가능성이 높고, 5년 동안 잘 팔렸던 제품은 앞으로도 잘 팔릴 가능성이 높습니다. 어떤 지역에 오랫동안 가뭄이 들었다면 앞으로도 가뭄을 겪을 가능성이 높습니다. 프랙털 기하학자 베노이트 만델브로트는《창세기 41장》에서 요셉이 파라오의 꿈을 해석해 준 이야기를 인용하여 이것을 '요셉 효과'라 이름 붙였습니다.

'요셉 효과'는 최근의 상태를 유지하려는 습성, 즉 지속성을 말합니다. 한번 자리 잡은 패턴은 사업의 의사 결정 과정에서 습관처럼 관성으로 나타납니다. 이것은 멈춰 서 있던 수레를 처음 손으로 밀 때는 전력을 다해도 움직이기 어렵지만 한번 움직이기 시작한 수레는 손가락 하나로도 쉽게 움직이는 것과 같은 원리입니다.

저는 권투 세계 챔피언 홍수환의 4전 5기 장면을 생생하게 기억합니다. 최근에 다시 한번 동영상을 봤습니다. 1977년 11월 27일 파나마에서 열린 WBA 주니어 페더급 초대 타이틀전에서 네 번 다운되고도 상대를 쓰러트린 그의 투지는 대단했습니다. 제가 눈여겨본 부분은 4전 5기 후 그가 날린 KO 펀치가 아니라 네 번 쓰러질 때마다 다시 일어서는 그의 '반사적 동작'이었습니다. 그는 상대 펀치에 쓰러졌지만 매번 고개를 쳐들고 다시 일어났습니다.

그걸 두고 사람들은 정신력, 강한 의지의 결과라고 말하지만 저는 다르게 생각합니다. 그건 숱한 반복 훈련을 통해서 의식적 동작을 무의식적 동작으로 바꾸고 패턴으로 굳힌 결과라 보는 것이죠. 바로 패턴의 힘이 그의 4전 5기 승리의 핵심입니다. 그건 주어진 패턴이 아닙니다. 그가 스스로 만들어 낸 패턴입니다. 사업에 실패하거나 상황에 문제가 생겨도 이런 평소의 패턴을 유지하는 것이 중요합니다.

배부르게 먹지 않기

"호랑이에게 물려 가도 정신만 차리면 산다"라는 속담이 있습니다. 너무나 잘 알려진 속담이라 식상할지 모르겠습니다. 하지만 이 말의 진정한 의미를 저는 사업 망하고서야 깨달았습니다. 사람들은 실패하거나 좌절하면 대개 늦잠을 자고, 과음, 과식, 폭음, 폭식하기를 반복합니다. 한마디로 정신을 못 차리는 것이죠. 반대로 동물들은 아프면 굶습니다. 먹는 것을 중단합니다. 에너지를 방어와 치유 쪽으로 사용할 수 있도록 소화계를 쉬게 하는 것이죠. 그들의 의지가 아니라 본능적 행동입니다.

인생에서 망하거나 좌절의 상황은 동물이 아픈 것과 같은 것이라 볼 수 있습니다. 따라서 상황이 좋지 않을 때는 소식이나 단식도 위기 극복의 하나의 방법이 될 수 있습니다. 모든 피를 뇌에 집중시켜 상황을 통찰해 보는 것이죠. 나아가 평상시에도 배불리 먹는 것보다 소박하고 정갈한 식사를 생활화한다면 몸 건강은 물론 정신 건강에도 큰 도움이 됩니다. 한마디로 배부른 걸 경계하는 마음가짐입니다.

오래전 관상가 미즈노 남보쿠의 《식은 운명을 좌우한다》를 읽고 깊은 감명을 받은 기억이 있습니다. 각 음식에는 성질과 맛이 있으며 매일 먹는 식사의 종과 양에 따라 빈부, 수명, 그리고 미래의 운명이 결정된다는 것이죠. 특히 그는 규칙적인 식사 시간과 소식을 강조했습니다. 힘들고 어려운 상황일수록 식사 시간이 불규칙하고 과식, 폭식, 폭음의 유혹에 노출되기 쉽습니다. 그러면 그런 사람들과 어울리게 되고 점차 그런 부류의 사람이 되어 가는 것입니다.

실패나 좌절의 늪에서 하루라도 빨리 벗어나고 싶다면, 인생이 뜻대로 잘 풀리지 않고 있다면, 이참에 성공한 사람들, 시련을 딛고 일어선 사람들의 식습관을 유심히 살펴보십시오. 그리고 지금 당장 식습관부터 바꾸고 밥 친구들도 바꿔 보십시오. 사실 식습관만큼 조언이 잘 먹히지 않는 것도 없습니다. 그러므로 반드시 스스로 자각하고 마음을 단단히 먹어 실천에 옮기셔야 합니다.

참고로 저는 지금까지 세 번의 단식을 경험했습니다. 무작정 했던 두 번의 단식은 실패했고 전문가의 도움을 받은 한 번은 성공했습니다. 먹는 것은 쉽지만 굶는 것은 쉽지 않았습니다. 반드시 전문가의 조언을 구하십시오.

지금의 고통이
정말
나의 고통일까?

／ ／ ／ ／ ／ ／ ／ ♦ ／ ／ ／ ／ ／ ／ ／

급할 때, 어려울 때, 힘들 때일수록 한 템포 쉬어 가야 합니다. 감정이 앞설 때 성급하게 결정하지 마십시오. 이때는 헬기를 타고 공중에 떠야 할 때입니다. 잠시 헬기를 타고 자신을 내려다보는 시간이죠.

지금 내가 얼마나 허둥대고 있는지, 얼마나 화났는지, 얼마나 이기적이고 비열한지, 이 미움과 엄청난 고통이 진짜 나의 것인지 보십시오. 자신에게 매몰돼 있으면 결코 자기 자신을 바라볼 수 없습니다. 나를 벗어나 3차원, 4차원으로 넘어가야 내가 보입니다.

자기 객관화의 세 가지 방법

차원을 달리하여 자기를 바라보는 자기 객관화에는 세 가지 방법이 있습니다.

첫 번째, 각도를 달리해서 나를 보는 것입니다.

위에서 아래로 내려다보거나, 밑에서 위로 올려다보거나, 비틀어 보는 것이죠. 같은 사물도 바라보는 위치에 따라 원형, 사각형, 삼각형, 원뿔 모양 등으로 달리 보입니다. 이제까지 거울을 통해 본 나를 넘어 전혀 다른 나를 발견하게 될 것입니다.

두 번째, 마이크로 앤 매크로(Micro&Macro) 스케일 방식입니다.

상황을 극적으로 작게 보거나 극적으로 크게 보는 방법이죠. 예컨대 성능 좋은 드론을 타고 우주 공간에 펼쳐진 수억 개의 행성 중 지구에서 출발해서 아시아, 한국, 서울, 마포구, 합정동, 10번지, 가로수 아래 내가 서 있는 공간까지 도착해 봅니다. 과연 이 자리가 어떤 의미를 갖는지, 내가 왜 이 자리에 서게 됐는지를 생각해 봅니다.

반대로 지금 내가 서 있는 곳을 세상의 중심으로 삼고 모든 우주가 나를 위해 존재한다고 가정해 볼 수도 있습니다. 위축됐을 때 쓰면 괜찮은 방법입니다. 평소에는 보잘것없는 점에 불과했지만 생각을 확장하고 가치를 부풀리면 스스로가 하나의 행성이 되기도 우주의 중심이 되기도 합니다. 자신의 존재가 보잘것없이 여겨질 땐 나를 위로하는 방법이 될 것이고, 내가 너무 대단하게 느껴질 땐 자만에 빠지지 않는 방법이 될 수도 있습니다.

세 번째, 개미나 곤충, 박테리아 등 작은 생물과 나를 비교하면서 나의 우월성과 위대함에 자부심을 느껴 보는 것입니다.

《마태복음》에 나오는 요나처럼 3일 밤낮을 큰 물고기의 배 속에 갇힌 상상을 해 보기도 하고, 개미 같은 미물에 감정 이입해서 자신의 배 속으로 자신이 들어가 보는 여행도 할 수 있습니다. 그러다 밖으로 빠져나오면 내가 내 몸속에 있는 100조 개의 박테리아 집합체를 지휘하는 총감독임을 깨닫고 으쓱해 볼 수도 있습니다. 다소 과대망상적이고 유치해 보일 수도 있지만 상황의 극과 극을 오가는 생각만으로도 충분히 마음의 평안을 찾는 데 도움이 될 겁니다.

고요히 혼자 있는 시간의 힘

저는 어려운 상황이나 위기의 시간에 목욕탕에서 눈을 감고 이런 식으로 무한한 상상의 차원 여행을 즐기곤 합니다. 탕 속에 몸을 지긋이 담그고 또 다른 나를 조용히 내려다보고 있으면 마음이 조금씩 풀립니다. 설령 답이 나오지 않더라도 최소한 담담해질 수는 있습니다. 그러다 보면 위기의 순간, 초조한 시간은 자연스럽게 해결되고 답을 찾기 마련이죠. 고통은 언젠가는 반드시 끝이 납니다. 미움 또한 감정이 빠지고 나면 팩트만 남습니다. 사실 인간이 살아가는 데 감정을 배제한 팩트는 별것이 없습니다.

자기 객관화는 상황이 좋을 때도 유용합니다. 성공을 거듭하다 보면 감정적으로 우쭐댈 수도 있고, 겸손과 겸허를 잊고 교만이라는 우물에 도취하게 되는데, 이때 객관화가 나를 돌아보게 하거나 과도한 감정이 완화되도록 돕습니다.

한 가지 덧붙이자면 이런 묵상의 시간은 온전히 혼자일 때 누리시기를 바랍니다. 친구나 연인, 배우자에게 의지하는 것과는 다른 시간입니다. 온전히 혼자여야 합니다. 만약 누군가 같이 있다면 대화를 잠시 끊으십시오. 신나고 흥분되는 계획도 가끔은 혼자 세우는 게 좋습니다. 산책과 묵상은 뇌를 활성화해 아이디어를 생산하는 효과도 있지만 마음을 치유해 주는 효과도 있습니다. 이때 누군가 곁에 있으면 몰입이 어렵습니다. 그러니 온전히 혼자만의 묵상으로 자신을 차분하게 살피는 시간을 가져 보시길 바랍니다.

물처럼
유연해야
살아남는다

사람의 몸은 약 70퍼센트가 물입니다. 어린이는 90퍼센트, 성인은 70퍼센트, 노인은 60퍼센트, 죽을 때는 50퍼센트 정도입니다. 우리 몸에 물이 1퍼센트에서 3퍼센트 부족하면 심한 갈증이 나고, 5퍼센트 부족하면 혼수상태에 빠지고, 12퍼센트가 부족하면 사망합니다. 그렇다면 물의 속성과 성질은 우리의 삶과 아주 밀접하다고 유추할 수 있습니다. 그러므로 지금 당신이 겪고 있는 어려움을 극복하려면 멀리 갈 것 없이 우리가 늘 가까이하는 물에서 지혜를 배우는 게 좋습니다. 물이 곧 사람이고 사람이 곧 물이기 때문입니다.

"마음을 비워라. 물과 같이 어떤 형체도 갖지 마라. 물은 컵에 따르면 컵이 되고, 병에 따르면 병이 되며, 주전자에 따르면 주전자가 된다. 이처럼 물은 날 수 있고 추락할 수도 있다. 친구여, 물이 돼라."

이소룡이 한 말입니다. 흔히 물은 초연하게 살기를 권유하거나 겸손을 말할 때 자주 비유하는 말이죠. 저는 이 책에서 물의 의미를 실용적으로 재해석하고 싶습니다. 실패의 난관을 헤쳐 나가고 문제를 해결하고 희망을 찾는 방법으로 말입니다.

물에서 배우는 일곱 가지 지혜

첫 번째, 희망은 물처럼 모든 곳에 존재합니다.

물은 지구 위의 거의 모든 곳에서 발견되며 지표면의 10퍼센트를 덮고 있습니다. 강, 바다, 폭포, 웅덩이, 저수지, 북극, 남극, 에베레스트산에도 물이 있습니다. 물은 때로는 증발해 공중을 날아다니고 구름이 돼 하늘에 머무르기도 하며 작은 물방울끼리 합쳐 비로 내렸다가 땅 밑으로 스며들어 지하수로 흐르기도 합니다.

저는 이때 물을 희망으로 해석합니다. 물이 땅, 하늘, 지하 모든 곳에 존재하는 것처럼 희망 또한 어떤 고난과 역경에도 반드시 존재한다는 뜻으로 말입니다.

두 번째, 다양한 길을 찾아내는 존재입니다.

물은 언제나 아래로 흐르지만 그렇다고 외길만을 고집하지 않습니다. 저항이 적은 모든 길을 동시에 좇습니다. 문제를 동시다발적으로 해결하기도 합니다. 흔히 사람들은 어려움이 닥치면 당장 한 가지 일에만 정신이 팔려 다른 걸 보지 못하거나 현재 고통에 매몰돼 미래를 살피지 못합니다. 방법을 찾는다 해도 한 가지로만 해결하려 합니다. 하지만 물은 여러 가지 방법으로 길을 찾습니다. 멀티태스킹입니다. 우리도 여러 방법으로 현재와 미래를 보면서 동시다발적으로 해결책을 모색해 나갈 수 있습니다.

세 번째, 고정된 형체가 없습니다.

물은 고정된 형체가 없습니다. 컵에 담으면 컵이 되고 양동이에 담으면 양동이가 되며 어떤 형태로도 존재할 수 있습니다. 표준 온도와 압력(섭씨 25도 1기압)에서는 냄새도 없고 맛도 없는 무취 무미한 액체입니다. 하지만 온도가 바뀌면 고체 상태의 얼음 또는 기체 상태의 수증기라 부릅니다. 물과 얼음의 색은 본질적으로 살짝 파랗지만 물은 양이 얼마 없을 때는 빛깔이 없는 것으로 보입니다. 얼음 또한 색이 없어 보이며 수증기는 기체이므로 눈에 보이지 않습니다. 섭씨 100도에서 수증기의 부피는 액체 상태의 부피에 비해 약 1,244배 정도 증가합니다. '

물은 고정된 형태나 색도 없으며 크기도 정해져 있지 않아 특정 이념에 사로잡히지 않습니다. 때로는 단독으로 존재하고, 때로는 연합하며 유연하고 다양한 몸짓으로 문제를 해결합니다.

　네 번째, 사랑과 배려의 속성을 가집니다.

　물은 무취 무미지만 다른 맛과 향으로 결합해 사람들의 입맛을 즐겁게 해 줍니다. 때로는 먹기 좋은 시원한 얼음과자가 되기도 하고, 즐겁게 뛰어놀 수 있는 아이스링크 빙판이 되기도 합니다. 다른 이의 손길에 저항하지 않고 그의 뜻에 따라 기꺼이 원하는 것으로 변해 줍니다. 물의 속성에는 사랑과 배려가 깃들어 있습니다.

　다섯 번째, 좋은 것은 좋은 것끼리 끌어당깁니다.

　물 분자를 이루는 산소는 음전하, 수소는 양전하를 가져 극성을 띕니다. 이런 극성 때문에 물은 서로 결합해서 큰 덩어리가 될 수 있습니다. 사람들이 흔히 저도 모르게 끌린다고 말하는 것도 실은 물의 자기력 때문일 수도 있습니다. 인간관계에는 분명 매력이라는 극성이 있고 실패와 성공에도 극성이 있습니다. 좋은 것은 좋은 것끼리, 좋지 않은 것은 좋지 않은 것끼리 끌어당기며 패턴을 이루고 규모를 키우곤 합니다.

　여섯 번째, 엄청난 에너지를 갖고 있습니다.

　물은 때로는 거대한 빙하가 돼 바위를 보잘것없는 조약돌로 만들어 버리기도 하고, 산 전체를 평평한 평지로 만들어 버리기도 합니다. 때로는 거대한 댐에서 힘을 축적하고 있다가 일시에 수백만 톤의 힘으로 깊은 계곡을 만들기도 하며, 쓰나미로 몰려와 한 도시를 쓸어버리기도 합니다. 이처럼 물은 엄청난 에너지를 갖고 있습니다. 함부로 힘을 쓰지 않지만 가끔은 이 힘을 발휘해서 문제를 일시에 해결합니다.

일곱 번째, 힘든 상황도 이겨 낼 수 있는 인내심이 있습니다.

물은 지치고 어려울 땐 땅속 깊숙한 곳에서 지하수로 숨어 있습니다. 마치 존재하지도 않는 것처럼 한정 없는 인고의 세월을 보내기도 합니다.

그렇습니다. 사람은 물로 구성된 유기체입니다. 물의 성질이 곧 사람의 성질입니다. 당신이 지금 겪고 있는 이 모든 성공과 실패의 원인과 결과도 알고 보면 당신이 갖고 있는 물의 성질에서 비롯된 것이라 할 수 있습니다. 따라서 이 고통과 환란에서 벗어나려면 물을 주의 깊게 관찰할 필요가 있을 것 같습니다. 물에서 배우고 물처럼 살아가는 인생을 권해드리고 싶습니다.

· 3장 ·

무너지는 순간에도
지켜야 할 것

사람과 사업을 위한 판단

사장의
마인드를
장착하라

영화 〈기생충〉에서 "너는 계획이 다 있구나"라는 대사가 나옵니다. 무계획으로 살아오던 아버지가 사기를 계획하는 아들을 보며 뿌듯해 하는 장면입니다. 지금 어떤 위치, 어떤 상황에 놓여 있든지를 막론하고 누구나 계획이 있습니다. 학창 시절에는 공부 계획, 방학 계획, 놀 계획 등이 있었겠지요.

학교를 졸업하고 직장에 다니면서 크고 작은 성공과 실패를 맛보는 30대가 되면 계획이 좀 더 구체적이고 현실적으로 다듬어집니다. 계획이란 먼저 '현재의 나'를 주어로 세워야 합니다. 지금 나의 환경에서 나만의 방식으로 그림을 그려 가는 것이죠.

자, 당신은 사장이니 사장 계획을 세워야 합니다. 나를 알아 가는 것, 나를 설정하는 것부터 시작해 봅시다.

사장이 계획을 세우기 전에 해야 할 세 가지

첫 번째, 패턴을 파악합니다.

내가 어떤 일을 어떤 패턴으로 하고 있는지를 파악해 봅니다. 예컨대 시간 단위로 며칠간 했던 업무 일지를 정리해 보고 그다음 일, 월, 연 단위로 펼쳐 보면 전체적인 일의 성과와 나의 습관을 파악할 수 있습니다. 12개월을 한 장에 모아 작성하면 도움이 될 겁니다.

두 번째, 강점과 약점을 파악합니다.

자기의 강점, 약점이 무엇인지를 생각해 보는 것입니다. 이것은 'SWOT(스왓) 분석'과 흡사합니다. 스왓 분석은 기업의 내부 강점(Strength)과 약점(Weakness), 외부의 위협 요소(Threat)와 기회(Opportunity)를 파악하고 분석해서 전략을 수립하는 기업 진단 기법입니다. 이는 개인에게도 동일하게 적용할 수 있습니다. 강점, 약점, 기회는 그대로 쓰고 위협 요소만 '장애 요소'로 바꿔 작성해 보는 겁니다.

세 번째, 몸과 마음으로 상상합니다.

이 모든 생각을 몸과 마음으로 상상해 보는 겁니다. 가만히 앉아서 고민하는 것보다 움직이면서 생각하면 훨씬 효과적입니다. 몸은 제2의 뇌입니다. 몸이 활성화되면 뇌도 같이 활성화됩니다. 저는 걸으면서 가장 많은 상상을 하고 아이디어를 떠올립니다.

골프나 야구 등 스포츠에는 '이미지 트레이닝 훈련법'이라는 게 있습니다. 실전처럼 머릿속으로 동작을 그려 보는 연습 방법이죠. 세계적인 골프 선수 타이거 우즈는 매 홀마다 머릿속으로 스윙을 그려 본 후 샷을 날렸다고 합니다. 잭 니클라우스는 "연습할 때조차 고도로 집중력을 발휘해 완벽한 스윙을 그려 보는 과정 없이 날린 샷은 단 한 번도 없었다"라고 말했을 정도로 시각화를 중요하게 생각했습니다. 계획도 실전처럼 그려 보는 것이죠.

역도 선수 장미란의 이미지 트레이닝

고작 계획을 생각하는 것만으로 정말 효과가 있을까요? 그렇습니다. 신경 과학자들은 인간의 뇌는 실제 동작과 상상하는 동작을 구분하지 못한다고 합니다. 그렇기 때문에 이미지 트레이닝은 신체 훈련과 똑같은 효과를 낼 수 있습니다. 여기서 핵심은 아주 구체적으로 상상하는 것입니다.

실제로 세계 신기록을 세운 역도 선수 장미란은 경기 두 달 전부터 경기는 물론 수면, 식습관까지 머릿속으로 상상의 시나리오를 상세하게 그렸다고 합니다. 관중들의 함성과 함께 경기 시작을 알리는 소리를 듣고, 초크를 어떻게 묻히고, 어떻게 걸어 나가고, 몇 번 호흡을 가다듬고, 어떻게 바벨을 잡고 들어 올릴지, 바벨을 내려놓을 때 어떤 표정을 지을지 등 시작부터 마무리까지 아주 디테일하게 상상하는 것이죠. 그래서 지금 문화체육관광부 차관 자리까지 간 거 아닐까요?

사장에게 계획은
계획 그 이상의
의미가 있다

　자기 계획이란 자기 관리의 일부분이며 자기 관리의 현재, 미래 중 미래에 해당합니다. 자기 관리란 현재를 자기 통제하에 두고 미래를 설계하는 것입니다. 남의 계획이 아니라 온전히 스스로의 생각과 계획입니다.

　김종서의 노래 〈플라스틱 신드롬〉에는 '나는 나 너는 너'라는 가사가 나옵니다. 이 노래는 타인과 자신을 너무 비교하면서 살지 말자는 메시지를 담고 있습니다. 타인의 자유를 존중하는 독립 개체로 나와 타인을 보자는 의미지요. 나를 찾고자 하는 욕구는 오래전부터 있었습니다. 르네상스 시대의 천재로 알려진 피코 델라 미란돌라는 '인간 존엄성에 관한 연설'에서 "너는 네가 원하는 모습으로 너 자신을 조각하면 된다"라고 했습니다.

동서양은 물론이고 예나 지금이나 이런 '나'의 존재 개념에 사람들이 무척 관심이 많은가 봅니다. 석가모니의 본명 싯다르타 가우타마에서 '싯다르타'는 '모든 소원을 이루게 하는 사람'이라는 뜻입니다. 하느님의 이름 '여호와'의 뜻은 '그는 되게 한다'입니다.

영화 〈1승〉에서는 "네가 어떤 선수인지 알게 되면 1승이 아니라 100승도 할 수 있어"라는 대사가 나옵니다. 나를 아는 것부터, 계획하고, 승리를 거두기까지 모두 나를 중심으로 전개됩니다. 그 첫걸음이 계획, 목표 세우기입니다.

계획이라는 도파민

'계획하다'라는 말에는 미래와 희망이 포함돼 있습니다. 미래가 있어야 계획이 있고, 희망이 한 움큼이라도 있어야 계획을 세울 마음이 생기겠지요. 활력과 행복의 호르몬으로 알려진 도파민은 계획을 세울 때부터 분비된다고 합니다.

도파민은 행복, 흥미는 물론 보상, 동기 부여, 기억, 신체의 움직임과도 관련돼 있습니다. 도파민이 잘 분비되면 의욕과 흥미가 생기고 성취감을 잘 느끼게 됩니다. 일반적으로 도파민은 목표를 달성했을 때 분비된다고 알려져 있습니다. 내가 하는 일이 잘 풀려서 해냈다는 성취감을 느끼면 도파민이 분비되며 우리는 행복에 젖습니다.

이런 도파민이 목표나 계획을 세울 때부터 이미 분비된다는 것은 주목할 만합니다. 목표를 세울 때 마음이 들뜨고 동기 부여가 되는 것도 이 때문이죠. 의욕이 없고 힘이 들 때, 결과물이 나오지 않더라도 계획만으로 도파민이 분비되는 것입니다.

뇌는 특정한 행동을 하면 쾌감을 얻을 수 있다고 기억합니다. 그리고 다시 쾌감을 얻고 싶어서 같은 행동을 반복합니다. 게다가 두 번째 행동에서는 전보다 더 큰 쾌감을 얻기 위해 연구하고 결과적으로 더 큰 쾌감을 얻습니다. 그러면 세 번째에는 두 번째보다 더 큰 쾌감을 얻기 위해 더 열심히 연구하고 행동합니다. 이런 식으로 쾌감을 얻기 위한 창의적 연구를 반복하다 보면 자연스럽게 많은 것을 배우게 됩니다. 당연히 그 사람은 점점 발전하겠지요. 이 일련의 사이클을 '도파민의 강화 학습'이라고 합니다.

결론은 우리가 세우는 계획이 어떤 계획인가는 그리 중요하지 않다는 것입니다. 당신이 무엇을 계획하든, 계획을 세우는 순간부터 희망의 도파민을 맛보게 됩니다. 그러니 계획하십시오. 계획을 세우면 희망을 보게 될 것이고 그 희망은 또 다른 계획을 잉태할 것입니다. 계획을 세운다는 것, 그 자체가 희망이고 행복의 시작입니다.

1969년 발표된 '지각된 통제감 연구'라는 유명한 심리학 연구가 있습니다. 이 연구에 따르면 단지 자신에게 상황에 대한 선택지가 있다고 생각하는 것만으로도 혐오적이고 불쾌한 상황을 버텨

낼 수 있는 힘이 늘어났습니다. 계획이라는 하나의 선택지 존재 자체가 '큰 힘'이 될 수 있다는 또 다른 근거입니다.

낙관주의자처럼 보이는 현실주의자가 되라

흔히 우리는 계획을 세울 때 정규 계획 외 일이 잘못되거나 비상 상황에 대비한 보완책으로 '플랜 B'를 세웁니다. 기존 계획 '플랜 A'의 상대적 표현이죠. 통상 성공하거나 행복해지려면 부정적인 생각을 버려야 한다고 주장하는 사람들이 많습니다. 하지만 대책 없는 낙관주의는 오히려 득보다는 해가 되는 경우가 더 많습니다.

1965년부터 1973년까지 월남전 포로로 7년 6개월이나 수용소에 갇혀 있다 풀려난 스톡데일 제독은 "절대 양보할 수 없는 마지막 무언가에 대한 신념을 잃지 않고 버티는 것과 아무리 가혹한 현실이라도 그것을 직시하고 받아들이는 것은 별개다"라고 했습니다.

즉 냉혹한 현실을 받아들이면서도 다른 한편으로는 승리에 대한 흔들림 없는 믿음을 갖고 현실을 이겨 내는 것을 말합니다. 그와 인터뷰한 《좋은 기업을 넘어 위대한 기업으로》의 저자 짐 콜린스는 이를 두고 '스톡데일 패러독스(Stockdale Paradox)'라고 명명했습니다. '낙관주의자처럼 보이는 현실주의자'를 일컫는 말이죠. 이때 필요한 게 플랜 B입니다.

계획대로 안되는 게 세상이고 현실입니다. 그래서 대부분의 플랜 A는 변경되거나 실패합니다. 최적의 조건을 전제하여 계획했기 때문이죠. 반드시 실천하고 싶은 프로젝트가 있다면 돌발 사태에 대한 대비한 플랜 B가 마련돼야 합니다. 나아가 가능하다면 플랜 C, 플랜 D…플랜 Z까지 경우의 수를 모두 고려할 수 있다면 최상입니다. 바둑이라면 예닐곱 수 이상을 봐야 할 것입니다. 영리한 토끼라면 굴을 세 개나 갖고 있어야 위기를 면할 수 있습니다. 교토삼굴(狡兎三窟)입니다.

"그럴 때는 이렇게 하면 됩니다."
"이럴 때는 이렇게 하면 됩니다."
"그게 안 되면 이걸로 가시죠, 뭐."
"그렇게까지 했는데도 안되면 좀 쉬었다 가시죠."

계획을 세우는 것만으로도 우리는 큰 힘을 가질 수 있습니다. 나아가 여러 경우의 수를 감안한 여러 계획이 있다면 더욱 좋겠습니다. 플랜 A부터 플랜 Z까지 계획되고 시나리오가 촘촘하게 준비되어 있다면 얼마나 든든하고 맘 편하겠습니까. 선택지가 여럿 있다는 것은 참으로 큰 위안입니다. 특히 어려운 상황일 때 그렇습니다.

산에 떨어질지
바다에 빠질지
아무도 모른다

/ / / / / / / 👤 / / / / / /

만약 당신이 갑자기 망한다면 주변 사람들이 어떻게 변할지 생각해 본 적 있으신가요? 기꺼이 도와줄까요? 머뭇거리거나 피할까요? 세상에 성공해 본 사람은 많지만 그 성공을 오랫동안 이어가는 사람은 드뭅니다. 우리는 살면서 한 번은 실패하거나 망합니다. 그러므로 언젠가는 망할 수 있다고 가정하며 살아야 한다고 생각합니다.

평소에 배에 구멍이 뚫린 줄도 모르고 살다가 구멍이 커지고 물이 샐 때 비로소 가려졌던 구멍의 존재를 발견하는 것처럼, 최악의 상황이 눈앞에 닥쳐야 비로소 상황의 심각성을 알아차립니다. 인간은 극한 상황에 놓이면 생존 본능과 이기심만 남습니다. 처

자식, 형제라고 이 대목에서 자유로울까요? 정상적인 사고방식으로는 도저히 상상할 수 없는 일들이 종종 일어납니다. 상황이 악화되면 사람들의 이기심은 극대화되고 감춰진 본성이 드러납니다. 그래서 비상 시나리오는 항상 최악을 전제로 상상하고 작성해야 훗날을 대비할 수 있습니다.

퇴직금도 안 주는 악덕 사장이 된 사연

저의 뼈아픈 과거를 하나 이야기해 보려 합니다. 한때 제가 인수하고 운영했던 T 회사는 가족 같은 분위기였습니다. 그러다 회사가 어려워져 급여가 밀리자 정부의 체당금이라도 받게 해 주려고 직원들과 합의하에 조기 퇴사를 진행했습니다. 임금 계약서에 따라 불이익 없이 진행한 일이었으나 한 달 뒤 고용 노동부 센터에 '미지급 퇴직금 청구'로 불려가게 됐습니다. 알고 보니 한 직원이 이중으로 퇴직금을 받기 위해 퇴직금 수령 사실을 부인한 것입니다. 회사에서 작성한 계약서보다 고용 노동법이 우선으로 적용되다 보니 회사가 퇴직금을 지급하지 않은 것으로 간주된 거지요. 저는 퇴직금도 주지 않는 부도덕한 사장이 됐고, 고용 노동부 센터에 이 상황을 호소했지만 돌아온 말은 매정했습니다.

"사장님 억울한 건 알지만 법이 노동자 편이니 저희도 어쩔 수 없네요."

결국 퇴사한 직원들은 이중으로 퇴직금을 챙겼습니다. 저는 그들과 사이가 돈독하다고 생각했는데, 그들은 저와의 관계보다는 돈을 선택한 거죠. 고용 노동부 센터는 잔인하게도 실적을 위해 직원과 사장을 대질시켰고 우리는 센터의 담당자 앞에서 쌍방의 입장을 확인해야 했습니다. 어색하고 만감이 교차했던 그 상황이 지금도 기억에 생생합니다. 법이 도덕을 밟아 버렸습니다. 상당한 시간이 흐른 뒤 곱씹어 보니 '얼마나 돈이 아쉬웠으면 그랬을까?' 싶어 이해되기도 했습니다. 그렇지만 저는 여전히 그때의 충격을 잊을 수 없습니다.

돈이 떠나면 사람도 떠난다

모두가 어려웠던 IMF 시절, 저는 오히려 인생 최고의 호황을 누리고 있었습니다. 회사 매출도 좋았고 금전적으로 부족함이 없었습니다. 자연스럽게 주변에 선심도 많이 썼습니다. 지인 중 은행원 친구가 있었는데, 당시 여러 개의 은행이 부도가 나고 있다 보니 예금 약정 경쟁이 치열했습니다. 저는 그 친구가 수억 원에 달하는 예적금을 요청할 때마다 흔쾌히 응해 주곤 했습니다. 그 덕에 친구는 은행 구조 조정에서 오히려 승승장구하며 명예롭게 퇴직했고 번듯한 회사까지 운영하게 됐습니다.

제가 잘나갈 때만 해도 전화하면 바로 달려왔던 그는 제 사정이 어려워지자 연락을 피했습니다. 제가 파산하고 보험 영업을 하고 있다는 사실이 주변에 쫙 퍼진 거지요. 친구의 도움이 절실했던 저는 모든 자존심을 접고 친구에게 거듭 연락했고, 3개월 후에야 겨우 만날 수 있었습니다. 그러나 그는 과거에 제가 베풀었던 호의를 기억하지 못하는 듯했습니다. 저는 그에게 보험 가입을 부탁했지만 이런저런 이유로 거절당하며 참담함을 느낄 수밖에 없었습니다. 그 친구와는 그날 이후 지금까지도 연락이 끊긴 상태입니다.

또 한번은 사업이 한창 성공 가도를 달리고 있을 즈음 고향 친구에게 1억 원을 빌려준 적이 있습니다. 당연히 이자는 없었지요. 당시 저는 자금 사정이 좋았고 친구의 어려운 사정을 봐주다 보니 채무를 방치하게 됐습니다. 시간이 흘러 제가 사정이 어려워져 돈을 갚아 달라고 요청하자 그는 딱 잡아뗐습니다. 이미 10년이 지난 후라 법적인 절차도 밟을 수 없어 그 돈은 포기할 수밖에 없었습니다. 눈물 어린 고마움도 시간이 흐르면 휘발되는 모양입니다.

은행은 친절하고, 정확하며, 늘 우리 주변에 있어 편리한 존재입니다. 특히 거액 앞에서 아주 친절하지요. 사업이 한창 홍해서 하루에도 수억 원 단위의 돈이 입금될 때 은행의 지점장은 물론이고 지역 본부장까지 간부들이 사흘이 멀다 하고 찾아왔습니다. 그러나 그들은 제 잔고가 비면 언제든 외면할 자들입니다. 그들은 돈을 보고 움직이기 때문이죠. 사업이 번창할 땐 그토록 친절하지만 사업이 어려워지면 대출 금리를 올리고 변제를 독촉합니다. 그래서 은행과는 거래 이상의 과도한 친분은 별 의미가 없습니다. 그들은 뜸하다가도 사업이 조금만 잘되면 언제 그랬냐는 듯 미소를 머금고 제 발로 찾아오기 때문입니다.

사장은 언제 닥칠지 모르는 곤궁한 상황을 대비하고 위험을 관리해야 합니다. 갑작스러운 도산, 세무 조사, 검찰 조사, 금융 위기 등에 대비한 비상 시나리오입니다. 사장 개인의 독자적인 비책이 필요합니다. 예상 시나리오는 반드시 최악의 상황을 염두에 두고 얼음처럼 냉정하게 준비하십시오. 장갑, 등산화, 바지, 보트까지 철저히 준비해야 합니다. 산을 오르게 될지 바다로 나가게 될지 아무도 모를 일이기 때문입니다.

망할 때
더 바쁜
사장들

회사가 망하면 직원들은 다른 직장을 찾아 취업하면 그만이지만 사장은 해야 할 일이 많습니다. 밀린 세금, 건물 임대료, 공공기관 체납금, 채무자 무마, 미수금, 미납금 등을 처리해야 하기 때문이죠. 망해 본 제 기억을 되살려 보면 아이로니컬하게도 사업이 흥할 때보다 망할 때 해야 할 일이 더 많았던 것 같습니다.

게다가 회사가 망하면 회사 일 외에 개인적으로도 처리할 일들이 많습니다. 개인적인 생계가 어려워지는 것은 물론이고 회사 일만큼이나 복잡하고 구차한 일들이 벌어집니다. 그때 그 중압감은 어마어마합니다. 모두 신나지 않고 속이 부글부글 끓는 일들뿐입니다.

사업 실패보다 더 무서운 현실

사장이 망하면 현실은 잔인하고 가혹합니다. 그중 하나가 세금입니다. 회생과 파산 절차를 거치는 과정에서 은행, 금융 기관의 채무 등은 탕감해 주지만 세금은 탕감 대상이 아닙니다.

세금을 체납하면 법정 납부 기한을 경과한 달에 3퍼센트의 가산금이 부과됩니다. 세금 체납액이 100만 원 이상인 경우 하루에 0.025퍼센트, 한 달이면 월 0.75퍼센트의 추가 가산금이 부과됩니다. 따라서 초기 체납 가산금 3퍼센트를 제외하고도 매년 9.125퍼센트의 가산금이 붙습니다. 현행 한국은행 기준 금리가 2.75퍼센트 대인 걸 고려하면 지나치게 높은 금리죠. 그동안 성실하게 세금을 납부했다고 해도 사업이 망해 납부가 지체되면 일거에 불성실 납세자로 전락합니다.

또한 건강 보험료는 회사가 망해도 전년도 기준으로 부과되기 때문에 갑작스러운 경영난은 경황이 없는 사이에 폭탄 같은 고지서들을 떠안게 되지요. 국가는 폭망한 기업인이라고 봐준다거나 예외를 두지 않고 냉정하다는 점을 잘 기억하고 있어야 합니다.

건물 등이 강제 경매되는 경우도 비슷합니다. 이런 경우 양도세가 바로 원천 징수가 되지 않고 사후 별건으로 2년 뒤쯤 고지되기도 합니다. 제가 당한 경우죠. 사업 실패에서 간신히 정신 차리고 재기하려는 차에 설상가상으로 고지서를 통보받았습니다. 이런 것들이 사업자의 재기 의욕 상실과 실패 고통을 가중시키고 있습니다. 직장인이 직장을 옮기거나 퇴직한지 한 달도 채 안 돼 자격

득실 변경 조치가 이뤄지는 국민 건강 보험과는 대조적인 늑장 행정입니다.

망하는 순간까지 경영해야 한다

사장도 한 가정의 가장입니다. 사장의 가족도 가장 한 사람만 바라보고 있는데 회사가 망하면 가족까지 당장 생계를 위협받습니다. 그래서 한국에서 사업에 실패하면 본인은 물론이고 가족까지 힘들어지죠. 게다가 근로자는 직장을 그만두면 실업 급여, 재취업 알선 등 여러 가지 제도적 장치가 마련돼 있지만 사장은 망하면 최소 생계를 위한 별도의 장치가 없습니다. 망해 보지 않은 사람은 이런 어려움을 잘 체감하지 못합니다. 그러니 사장은 절대 망하면 안 됩니다.

운이 좋아 이런 불행을 겪지 않는 사장도 있지만 사업을 하다 보면 결국 많은 사업자가 실패에 이를 수 있는 게 현실입니다. 한번 망하는 파도에 휩쓸리면 그 흐름을 바꾸기가 쉽지 않지요. 대개는 망연자실하며 우선순위를 정할 생각도 없이 모든 것을 포기합니다. 또는 허둥대는 바람에 실리를 놓치고 말지요.

그러나 기억하십시오. 망하지 않는 것이 최선이지만 어쩔 수 없이 망하는 길에 들어섰다면 차분히 일을 처리하는 것 또한 사장의 몫이라는 걸요.

'무엇을 챙기고 무엇부터 버릴 것인가?'

사업은 언제든지 망할 가능성을 잠재하고 있습니다. 사장은 내 키지 않을 테지만 이런 최악의 상황에 대비한 비상 시나리오를 생각해 둬야 합니다. 비교적 상황이 덜 심각한 구조 조정이나 일부 부서의 철수도 마찬가지입니다. 시간을 갖고 침착하게 대비하는 것이 좋습니다.

'망하는 데 무슨 시간적인 여유가 있겠냐', '망하는 전략이 왜 필요하겠냐'고 반문할지도 모르겠습니다. 하지만 저의 실패 경험을 비춰 보면 분명 망하는 데에는 시간도, 전략도 있어야 합니다. 급하게 철수를 맞이하다 보니 당황스럽고, 감정이 앞서는 바람에 이성적으로 사업을 정리하지 못했던 경험이 지금도 내내 아쉬움으로 남아 있습니다.

망하는 와중에도 경영이 필요합니다. 손실을 줄이는 실리 전략을 미리 세워 두십시오.

속이는
사람을 탓할까
속는 사람을 탓할까?

'속임수'라고 하면 흔히 부정적인 이미지가 떠오르지만 여자가 화장을 하는 것도, 우리가 매일 좋은 옷, 좋은 표정과 좋은 매너, 예의를 차리는 것도 넓은 의미에서 보면 가식이고 눈가림이며 속임수라 할 수 있습니다. 본래의 모습을 감춘다는 측면에서 보면 일종의 속임수라는 거지요.

대체로 남자는 키를 높이고 여자는 몸무게를 낮춰 속인다고 합니다. 마술의 퍼포먼스나 영화에 등장하는 특수 효과도 관객의 눈을 교란하는 일종의 속임수라 할 수 있습니다. 또 치과 의사가 '신경 치료'라 하고 치아를 죽이는 것도 언어의 눈가림이죠.

속임수는 생존 전략이다

《손자병법》에서는 전쟁의 시작부터 끝까지 전 과정을 '병자궤도(兵者詭道)', 즉 속이는 것이라고 했습니다. '전쟁이니까, 극한 상황이니까 살기 위해 그럴 수도 있지' 하고 넘길 수도 있습니다. 하지만 지금도 우리 삶, 특히 양편이 맞서 겨루는 스포츠에도 속임수가 스며들어 있지 않은 종목은 거의 없습니다. 상대의 허를 찌르거나 예상을 깨는 전략을 쓰지 않는 종목은 없다고 봐도 무방합니다. 그렇게 해야 이길 수 있기 때문이죠. 한마디로 스포츠는 정정당당이라는 이름에 가려진 속임수로 승패를 좌우하는 대표적인 분야라 할 수 있겠습니다.

예컨대 탁구에서 상대가 특정한 동작을 하도록 유도한 다음 허를 찌르는 기술이 있습니다. 공을 상대의 포핸드 쪽으로 넘기는 동작을 취하면서 손목만 살짝 꺾어 백핸드 쪽으로 넘기는 것이죠. 축구에서도 헛다리짚기(Stepover)가 대표적인 속임수 기술입니다. 양쪽 다리를 차례대로 원형을 그리며 페인트를 줘서 상대 선수를 속이고 돌파하는 기술입니다. 그런데 여기서 주목할 점은 그 속임수가 비난받기는커녕 오히려 프로 선수의 몸값을 올리고 흥행과 재미를 불러일으키는 중요한 기폭제 역할을 한다는 것입니다.

그렇다면 속임수는 인간만이 갖고 있을까요? 아닙니다. 인간 외 다른 생물의 세계에서도 온갖 속임수가 만연합니다. 아귀가

먹이를 유혹하기 위해 사용하는 가짜 미끼부터 딱새가 다른 경쟁자들을 단념시키기 위해 내는 허위 경보에 이르기까지, 암컷처럼 가장해서 몰래 짝짓기를 하는 수컷 블루길선피시(bluegill sunfish)부터 독이 있는 수많은 생물이나 물속에 있는 다른 대상을 모방하는 흉내쟁이 문어에 이르기까지, 육식성 개똥벌레가 보내는 가짜 짝짓기 신호부터 겉보기에는 재생된 것처럼 보이는 꽃발게의 가짜 집게발에 이르기까지, 나비 유충이 개미의 보금자리를 침입하기 위해 사용하는 화학적 의태부터 허물을 벗는 갑각류의 허세에 불과한 위협에 이르기까지 유기체들은 이익을 극대화하기 위해 상상할 수 있는 모든 방식으로 상대를 속입니다. 카멜레온이 보호색을 바꾸는 것도 생존을 위한 속임수이고, 동물이나 곤충의 세계에서 암컷을 유혹하는 수컷의 온갖 기이한 행동도 종족 번식을 위한 속임수로 볼 수 있습니다.

동물의 세계는 물론이고 인간의 과거와 현실이 이러하니 《손자병법》에서 손자가 '전쟁은 속이는 것이다'라고 전제하고 이야기를 전개해 나가는 것이 전혀 어색하지 않습니다. 사실상 역사적인 유명한 승리의 대부분은 거의 매복, 기습 등 예상하지 못한 지점과 예상하지 못한 때에 들이닥치는 공격으로 이뤄졌습니다. 한마디로 속임수, 변칙, 비정상적 상황으로 승리를 쟁취한 거죠.

하지만 만약 전쟁이 스포츠 경기처럼 정상적으로 어떤 룰에 의해서 치러진다면 전쟁은 더 이상 전쟁이 아닐 것입니다. 그런 신사적인 게임은 스포츠 경기뿐입니다. 스포츠는 룰을 어기면 실격 패당하지만 전쟁은 룰을 어기면 어길수록, 변칙과 변화가 많을수록 이길 확률이 높아집니다. 결국 전쟁의 본질은 흔히 알고 있는 힘이 아니라 '속임수'입니다.

스포츠도 전쟁도 상대를 두고 겨루는 거의 모든 경쟁에서 승리의 핵심 요소는 속임수로 귀결됩니다. 따라서 속임수를 더 이상 정의, 도덕, 선악의 문제로 접근하는 것은 큰 의미가 없어 보입니다. 사느냐 죽느냐의 생존 전략의 문제로만 초점을 맞추는 것이죠. 이때 속임수의 최종 목표는 승리입니다.

간혹 이런 사람이 있습니다. '나는 양심을 속이는 짓은 절대 할 수 없다. 알고 싶지도 않다'고 말입니다. 정말 올곧은 사고방식이고 맞는 말씀입니다. 저는 그 말을 충분히 공감하고 존중합니다. 하지만 만약 상대방이 당신의 그 정의와 그 순수함을 외면하고 당신을 속인다면 어찌할까요? 그리고 그 속임으로 인해 당신의 사랑하는 가족, 친구, 회사가 비참하게 몰락하게 된다면? 사랑하는 아내, 아들, 딸이 죽거나 거리로 내몰리게 된다면? 그래도 그냥 계속 양심과 정의만을 주장하면서 바라만 보고 있을 건가요? 그들이 스스로 개과천선하는 그날까지 기다리기만 할 건가요?

우리가 살고 있는 이 세상은 착한 사람들만 살고 있는 낙원이 아닙니다. 악하고 속임수에 능한 사람들과 착하고 순한 사람들이 뒤섞여 경기하고 있는 혼돈의 운동장입니다. 속임수에 의해 언제든지 당신이 평소 그토록 경멸하던 자들에게 지배당할 수 있는 구조라는 거지요. 이때 그들에 대한 '지피지기(知彼知己)' 대응 능력이나 전략이 없다면 굴복할 수밖에 없습니다.

속임수에서 선과 악은 미리 정해지는 게 아니라 상황을 바라보는 동기와 사용하는 사람의 의도에 따라 항상 변합니다. 그래서 손자는 속임수를 단순히 사술(詐術)이라 하지 않고 궤도(詭道)라는 포괄적인 도(道)로 기술하고 있는 것이죠. 전략적 도구로서 기만, 교란, 회피, 기습의 14가지 디테일로 궤도의 로드맵을 설명하고 있습니다. 이때 궤도의 최종 목표는 늘 그렇듯이 기습을 통한 승리입니다.

작은 글씨 속에 숨겨진 함정들

전쟁, 스포츠처럼 눈에 보이는 속임수만 속임수가 아닙니다. 우리 생활 깊숙이 잠재되어 있는 보이지 않는 미필적 고의도 속임수입니다. 세상에는 법적으로 아무런 하자가 없지만 분명히 고의성이 있거나, 알면서도 모른 척 침묵하거나, 속이는 의도를 숨기고 속이는 행위들이 많습니다. 진짜 속임수에 당하는 것보다 선함을 가장한 속임수 같지 않은 속임수에 당하면 더 억울한 기분이 듭니다.

예컨대 은행 약관이나 보험 약관, 신용 카드 계약서 등의 아주 작은 글씨는 미필적 고의가 속임수로 볼 수 있습니다. 자기들의 면책 조항, 유리한 부분은 작은 글씨로 표현해 두고, 고객이 사인하는 부분은 큰 글씨로 표시되어 있는 약관도 많습니다.

TV 속 홈 쇼핑이나 중간 광고로 보험 상품을 판매할 때도 그렇습니다. 제한된 시간 안에 광고를 하다 보니, 마치 속사포 랩처럼 상품 내용을 말하거나, 약관은 눈에 보이지도 않을 만큼 작은 글씨들로 적혀 있는 경우도 허다합니다. 눈에 잘 보이지도 않고, 상품 설명은 마치 랩을 하듯 빠르게 지나가 버립니다.

이 밖에도 작은 글씨의 미필적 고의 사례는 수두룩합니다. 영양제나 약품 표시, 식품의 원산지 표시 등에서도 불리한 조항을 작게 표시하는 경우가 있습니다. 또 경품 행사를 광고하면서 응모자의 개인 정보가 회사에 제공된다는 사실을 은폐하거나 축소한 회사가 기만적 광고에 해당한다고 판단되어 공정위의 시정 명령을 받은 사례도 있습니다.

한 신문 보도에 따르면 경품 행사를 통해 입수한 고객의 개인정보 2,400만여 건을 보험사에 팔아넘긴 혐의로 재판에 넘겨진 H사 사장에게 징역형의 집행 유예가 확정됐고 회사 측에도 벌금 7,500만 원이 확정됐습니다. 동의 사항에 대한 고지를 1밀리미터 크기의 글씨로 기재한 것에 대해서도 소비자 입장에서는 그 내용을 읽기가 쉽지 않다며 이 역시 개인 정보 보호법상 의무를 위반한 것이라고 대법원은 지적했습니다.

순진하게만 세상을 살아갈 수는 없습니다. 검사, 경찰, 교수조차도 보이스피싱 사기에 걸려드는 판에 일반인들이야 말할 나위도 없지요. 그들의 사기 수법은 날로 진화하고 있고 이때 어느 정도 그들의 수법을 알아 둬야 사기를 당하지 않습니다. 내가 적극적으로 속이지 않더라도 상대의 속임수에 넘어가지 않기 위한 지피지기에서 '지피(적을 아는 전략)'를 익혀 놔야 합니다. 마키아벨리 말처럼 '천국으로 가는 가장 효과적인 방법은 지옥 가는 길을 잘 아는 것'입니다.

속임수를 바라보는 시선도 중요합니다. 땀 흘리는 수고도 없이 그저 쉽게 얻을 수 있다거나 과도한 수익이라고 생각되는 모든 유혹은 대체로 속임수, 거짓말, 꼼수입니다. 세상을 바라보는 이런 시선과 자기 내부의 욕망 상태를 스스로 가늠하다 보면 점차 속임수로부터 자유로워지겠지요.

여우의 지혜와
사자의 힘이
필요하다

마키아벨리의 《군주론》에 이런 말이 있습니다.

"자신의 힘에 근거하지 않은 권력의 명망처럼 취약하고 불안정
한 것은 없다."

이 말은 사장에게도 적용할 수 있습니다. 사장이 돈과 능력이
없으면 직원들은 떠나고 믿었던 동료에게도 버림받습니다. 당신
은 여우와 사자의 차이를 알고 계신가요? 사자는 강하지만 덫에
빠지기 쉽고 여우는 영악하지만 늑대를 물리칠 수 없습니다. 덫
을 알아차리려면 여우의 지혜가 필요하고, 늑대를 물리치려면 사

자의 힘이 필요합니다.

일의 본질을 제대로 이해하지 못하면 사자처럼 힘만 발휘할 뿐 상대방의 꼼수를 알아차리지 못하겠지요. 이 세상에는 온갖 부류의 인간 군상들이 존재합니다. 선한 사람도 있지만 선한 척하는 이도 있습니다. 또한 평소에는 선하지만 자기 이익을 위해 돌변하는 이도 있습니다. 그러므로 사장은 때로는 여우처럼 상황을 읽고 때로는 사자처럼 대처해야 합니다.

바늘 도둑이 소도둑 된다

사장의 주변에는 온갖 유혹이 도사리고 있습니다. 유혹은 돈, 이성, 명예로 압축됩니다. 견물생심(見物生心)에 따라 인간의 가장 기본적인 욕구가 자극되면 성공가도의 궤도를 이탈하게 되는데, 이는 비즈니스에서 가장 흔히 저지르는 실수이기도 하고, 또 가장 잘 이용되는 마케팅 수단이기도 하지요.

영업이 있는 곳에는 거의 리베이트가 있습니다. 여기서 리베이트란 불법적인 뇌물뿐만 아니라 물품 대납, 인사 청탁 등 모든 종류의 대가를 의미합니다. 특히 구매와 발주 업무가 있는 조직이라면 이를 항상 주의 깊게 살펴야 하고 수시로 점검해야 합니다. 일부 기업에서는 자회사에 일감을 몰아주는 일이 논란이 되기도 했습니다.

모 출판사 윤 부장은 책 제작 담당자였습니다. 편집부에서 제작을 의뢰하면 인쇄 회사와 종이 회사 사이에서 공정을 처리합니다. 이때 소량 인쇄와 대량 인쇄에 따라 종이의 단가가 다르게 적용되는데 계산이 매우 복잡하기 때문에 비전문가는 알 길이 없습니다. 또 종이의 시세도 변동성이 커서 결제 금액이 일정하지가 않습니다. 쉽게 말해 윤 부장은 마음만 먹으면 부정을 저지르기 좋은 보직을 맡았던 거지요.

당시 최고 재무 관리자(CFO)였던 저조차 그의 경험과 전문성에 기댈 수밖에 없었습니다. 저는 이런 부정을 어렴풋이 의심했지만 믿고 넘어갔습니다. 그러다 2년 후 사업이 번창하고 윤 부장이 계열사 중 인쇄 회사의 사장으로 승진하면서 결국 일이 터졌습니다. 그가 상당한 공금을 횡령한 것입니다. 초기에 비리를 눈감아 주고 빈틈을 보인 것이 큰 실수였습니다. 바늘 도둑이 소도둑이 된 겁니다.

허허실실 전략의 효과

부정을 발견했다면 사후 조치가 중요하지만 직원이 몇 없는 중소기업에서 일벌백계 식으로 처리하면 남아날 직원이 없습니다. 그러므로 사후 조치는 현실적으로 생각하고 처리할 수밖에 없습니다. 잘못이 보인다고 무조건 칼을 휘두르는 것보다 내가 충분히 유리할 때까지 기다릴 수 있어야 합니다. 욱하는 마음에 직원을 갑자기 내쳤다가 상황이 악화된 사례도 많습니다.

그렇다고 매일 직원을 감시하고 있을 수는 없습니다. 사장은 기본적으로 할 일도 많고 능동적인 업무도 산더미입니다. 그래서 수시로 체크하는 방법이 유용합니다. 특별한 기준이 없는 무작위 점검 방식은 생각보다 효과가 좋습니다. 지적당한 직원은 이런 불규칙적이고 무작위적인 점검을 겪고 마치 모든 일을 감시당하는 듯한 착각에 빠집니다. 그래서 문제를 한두 번 정확하게 짚어주기만 하면 사장이 시야에 없어도 긴장을 늦추지 않게 되는 거지요. 심리적인 착시입니다. 직원들에게 믿고 맡기는 듯해도 늘 관심을 갖고 있다는 메시지를 수시로 던질 필요가 있습니다. 상대방을 헷갈리게 하는 허허실실 전략이죠.

사람보다 상황을
상황보다 정황을
보고 판단하라

대부분의 인간관계는 '믿음'을 전제로 합니다. 고로 우리는 믿음을 갈구합니다. 동시에 우리는 갈등합니다. 그의 이력, 태도, 주변, 가진 돈, 권력, 사업 규모 등에서 흔들립니다. 이때 우리는 도대체 뭘 보고 믿음을 판단해야 할까요? 무엇을 어디까지 믿어야 할까요? 말을 믿어야 할까요? 아니면 행동을 믿어야 할까요? 사건이라면 상황을 믿을까요, 정황을 믿을까요?

영화 〈불한당〉 속 한재호의 말입니다.

"사람을 믿지 말고 상황을 믿어라."

그런데 '상황'은 뭐고 '정황'은 무엇인가요? 국어사전에 상황(狀況)은 '일이 되어 가는 과정이나 형편'이라 하고, 정황(情況)은 '일의 사정과 상황'으로 설명합니다. 뜻풀이만 보면 무슨 되돌이표 같은 해석이라 혼란스럽기만 합니다. 상황과 정황은 비슷한 말로 쓰이지만 두 단어가 지니는 의미의 폭과 밀도는 많이 다릅니다.

정황의 가장 전형적인 사례는 마피아 영화 〈대부〉에 나옵니다. 우연히 마주치는 상황이 두 번 이상 연속으로 포착된다든지, 그 상황의 최대 수혜자가 의심스러운 행동을 하는 장면이 포착될 경우 앞뒤의 정황으로 상대가 간을 보고 있는지 확실히 배신했는지를 즉각 판단하여 결정하고 행동으로 옮깁니다.

이때 그들은 요즘 우리네 법정 다툼처럼 지루하게 어떤 증거나 긴 변론, 변명을 요구하지도 않습니다. 돈을 주고받는 상황과 상대방 움직임의 정황 포착만으로 그것이 뇌물인지 배신인지 거래인지 바로 판단을 내리고 처단합니다. 그들의 행동 방식은 단순명료합니다. 죽거나 죽이거나 둘 중 하나입니다. 대개는 적이든 부하든, 누구든 당사자의 해명 없이 정황만으로 판단합니다. 영화를 보는 관객들의 관전 포인트도 거기에 있습니다. 시청자들은 그 미친 속도감에 통쾌함을 느낍니다.

증거라는 진실만큼 보이지 않는 흐름도 중요하다

요즘 우리네 법정은 하세월 한가롭습니다. 한마디로 '고구마'

죠. 이런 국민들의 민심을 모를 리 없을 텐데 국회 의원 등 일부 힘 있는 권력자들은 '모르쇠'로 일관합니다. 증거가 명백해도 겨우 인정하고 이마저도 세월이 한참 지나다 보니 피해 당사자는 이미 만신창이가 되고 난 후입니다. 법정도 논리와 증거주의에 매몰돼 정황을 외면하다 보니 솔로몬의 명판결은 전설이 된 지 오래입니다. 억울한 피해자 한 사람을 구제하려다가 '법꾸라지'들만 득세하는 세상이 됐습니다.

　흔히 우리는 돈을 떼먹거나 상대에게 큰 피해를 입히는 것만 배신이라 생각합니다. 하지만 마피아 세계에서는 상대방(적)과 거래하는 자체만으로 배신이라 간주합니다. 당사자 입장에서는 다소 억울할 수도, 오해라고 생각할 수도 있겠지만 본질을 파악하는 데는 생각보다 많은 증거와 논리를 필요로 하지 않습니다.

　지금 세상은 증거주의로 법정은 만신창이가 되어 사악한 자, 힘 있는 자들의 놀이터가 돼 버렸습니다. 세상 드라마는 이를 반영이나 하듯 〈친절한 금자씨〉, 〈모범택시〉, 〈빈센조〉, 〈천원짜리 변호사〉, 〈더 글로리〉, 〈이로운 사기〉 등 복수극이 인기를 끌었지요.

　정황은 행동과 상황이 시간 경과로 축적되어 표시되는 일련의 콘티 같은 것입니다. 그래서 상황이 눈에 보이는 팩트라면 정황은 보이지 않는 추론도 포함합니다. 상황이 시간의 단면이라면 정황은 여러 복수의 '상황'을 길게 연결해 놓은 스토리 보드 같은 것이죠. 말할 때 순간(시간)의 상태와 그 후 행동의 진행 상태가 시간의 흐름을 타고 어떻게 변화하는지를 나타내 주는 것입니다. 일관성을 유지하는지, 반복의 리듬을 타는지, 전혀 다르게 반전이 있는지를 보는 거지요.

정황은 논리의 변화나 상태가 될 수도 있고 감성의 상태가 될 수도 있으며 때로는 이성과 감성의 뒤섞이는 상태로 표현되기도 합니다. 즉 일정한 시점의 단면은 상황이 되는 것이고, 미래를 포함한 전체 시공간의 연결 국면이 정황이라 할 수 있습니다. 그러므로 상대방의 말보다는 상황을, 상황보다는 정황으로 판단할 줄 알아야 합니다.

하지만 눈앞에 보이는 상황만을 보고 순간의 판단을 해야 하는 현실에서 우리는 그런 긴 사이클의 정황을 수용하고 판단할 안목을 갖기가 쉽지 않습니다. 대다수의 사람들은 상대방이 하는 말만 믿고, 서류만 믿고 그다음 행위의 상황 단면만을 보고 판단할 수밖에 없습니다.

그래서 인간은 역사의 실패를 충분히 배워도 지난번과 똑같은 사기 수법에 또 당하고, 지난 수십 년간 사이비 교주의 반복적인 레퍼토리에 또 당하면서 도돌이표 판단을 반복하고 있는 것입니다. 순간의 상황에만 매몰되어 전체 콘티의 정황을 읽지 못하기 때문이겠지요. 모자이크는 80퍼센트 완성만으로도 다음 조각이 무엇으로 채워질지 빈자리를 꿰맞출 수 있습니다. 정황입니다.

사업에서
믿음을
고집하지 마라

/ / / / / / 👤 / / / / / /

동양 문화에서는 전통적으로 믿음과 의리를 강조합니다.

"믿음이 안 가면 아예 쓰지 말고, 한번 믿었으면 절대 의심하지
마라."

제 주변의 사장들이 즐겨 하는 말입니다. 믿음과 의리를 중요시
하는 사회적 관행은 오늘날까지도 훌륭한 조직 관리의 덕목으로
이어지고 있지요. 그러나 상황에 따라 변하고 움직이는 것이 인
간의 마음입니다. 그래서 사람이 모인 곳에는 항상 믿음과 그로
인한 위험이 공존합니다. 바로 믿음의 함정을 조심해야 합니다.

사장이 빠지기 쉬운 믿음의 함정 네 가지

첫 번째, 특정 인물에게 전적으로 의존하는 치중된 믿음으로 인한 함정입니다.

"김 이사가 우리 회사 실세입니다. 하하. 거의 모든 일은 이 친구가 다 합니다."

중소기업에 방문할 때 흔히 사장이 직원을 추켜세운답시고 소개하는 단골 멘트입니다. 중소기업에는 보통 사장이 전적으로 믿고 맡기는 핵심 인물이 있습니다. 하지만 믿음이 도를 넘어서면 직원이 사장을 대신해 버리는 경우가 발생하고, 이것이 관행으로 굳어지면 사장의 리더십에 문제가 생깁니다. 권한이 어설프게 위임되고 사달이 나는 것이죠. 급기야 사장조차도 함부로 건드리지 못하는 존재로 부상해 그와 관련된 인사권도 행사할 수 없고 지시할 때조차 눈치를 봐야 하는 상황에 이릅니다. 사장이 직원을 겁내는 지경에 이르면 한마디로 '망조'입니다.

사실 사장 입장에서는 특정 인물을 전적으로 믿고 의존하는 것만큼 편한 것도 없습니다. 그러나 사장의 전적인 신뢰를 악용하는 사례도 있습니다. 대체로 성격이 좋고 착한 사장일수록 직원에게 휘둘릴 확률이 높은데, 이때 사장이 업무 지식까지 부족하면 회사는 직원의 놀이터가 되고 맙니다. 이런 직원은 믿음을 담보로 자신의 영향력을 최대한 높입니다. 앞서 언급한 실세라는 직원도 처음부터 핵심 인물은 아니었을 겁니다. 사장이 믿어 주고 일을 잘 처리하다 보니 전권을 행사하기에 이른 것이죠.

이 상황은 그 직원이 돌 하나만 건드리면 무너지는 사상누각의 조직이나 마찬가지입니다. 그러므로 회사에서는 모든 권한이 사장의 지휘권 내에 있어야 합니다. 이때 사장이 가장 염두에 둬야 할 것은 믿고 신뢰하는 직원의 배신입니다.

두 번째, 방치된 믿음으로 인한 함정입니다.

이는 너무 오래 믿어서 생기는 방치된 믿음입니다. 한 가지 일을 계속하다 보면 숙달되기 마련이고, 사장의 입장에서는 일을 잘하는 직원에게 믿음이 갈 수밖에 없습니다. 또한 특정 직원에게 자율적으로 업무를 맡기면 효율성, 수월성, 편의성 등의 장점이 생겨 그에게 계속 그 일을 맡기게 됩니다.

하지만 인간은 한 가지에 익숙해지면 매너리즘과 부패에 빠질 위험이 있지요. 또한 특정 인물이 권한을 장기간 독점하면 필연적으로 권한이 커집니다. 그러다 보면 회사는 자연스럽게 업무 개선, 혁신과 멀어지고 해당 직원은 비정상적인 판단을 내릴 가능성도 커집니다. 고임 현상의 부작용이죠.

시대를 불문하고 뉴스에 심심찮게 나오는 정치권력 기관의 측근 비리나 권력 남용도 그렇고, 중소기업에서 경리, 총무, 비서의 장기근속으로 생기는 부정도 다 방치된 믿음의 결과입니다.

이에 대한 조치 중 하나가 바로 순환 보직입니다. 군인, 대기업 임원, 은행 지점장, 사법부의 판사, 검사 등 고위 직군에서 흔히 볼 수 있는 제도지요. 특히 대기업 그룹 인사에서는 전공과 무관하게 보직 이동을 시키기도 합니다. 업무 효율성보다 투명성과 부패 방지, 사병화 견제에 더 무게를 둔 조치지요. 특히 고위직일수록 아무도 예상하지 못하게 인사이동 명령을 내리는 등 강력하게 실천하고 있습니다. 담당 직원을 교체하기 힘들다면 담당 팀장을 교체해 최소한의 물갈이를 해야 합니다. 이도 저도 어렵다면 장기 휴가를 보내고 대체 인력을 투입해 시험 기간을 갖기도 합니다.

다만 잦은 인사이동이나 보직 변경은 조직의 충성도를 약하게 만들 수 있습니다. 특히 하위직, 전문직일 경우가 그렇습니다. 그래서 이를 염두에 두고 장기 근속제, 연고지 복무제를 실시하기도 하지요.

세 번째, 믿음 간의 갭으로 인한 함정입니다.

사장이 직원에게 믿음을 강요한 경우죠. 통상 카리스마 강한 사장들은 자기 확신이 강한 편입니다. 그래서 직원에게 자기 의사를 강하게 밀어붙입니다. 이 경우 직원은 사장의 권위에 눌려 사장의 말에 잘 따릅니다. 사장은 직원이 자신의 말을 잘 따르는 것을 보고 '직원들이 나를 믿는다'고 확신합니다.

이런 잘못된 믿음은 평소에는 문제가 되지 않으나 회사가 어려워지면 문제로 드러납니다. 직원이 등을 돌리는 거지요. 직원의 입장에서는 평소에 생각했던 대응이지만 사장은 이를 배신으로 여기며 분통을 터트립니다. 사실 사장만 그렇게 믿었을 뿐 직원은 처음부터 사장을 믿지 않았습니다. 사장의 일방적인 착각으로 만들어진 '벌거숭이 임금님'의 믿음입니다.

네 번째, 인간성과 능력을 동격화한 믿음의 착시로 인한 함정입니다.

인간성이 좋은 것과 능력이 탁월한 것은 분명 별개입니다. 그런데 사장들은 가끔 이를 같은 것으로 여기다 화를 자초합니다. 혹자는 "사람 됨됨이, 인격이 먼저다. 그다음이 능력이다"라고 이야기합니다. 믿을 수 있는 사람이어야 일을 맡길 수 있다는 말이죠. 이상적인 이야기지만 자선 단체라면 모를까 사업에서 요구되는 것은 인간성보다 능력입니다.

사업 현장은 인격과 능력을 두루 갖춘 인재에 매달릴 만큼 한가롭지 않습니다. 찾기가 힘드니 인격과 능력을 별개로 두고 사람을 고용합니다. 그러다 보면 인격과 능력을 동일시하는 혼동이 발생하지요. 인간성은 별로지만 일은 잘하는 경우, 처음에는 능력만 믿다가 훗날에는 '그는 믿을 만한 사람'이라고 인격까지 과대평가하게 됩니다. 그러다 보면 그가 콩으로 팥죽을 쑨대도 신뢰하게 됩니다.

종합하면 조직의 근간은 믿음이 맞습니다. 하지만 그 믿음은 필터링된 믿음이어야 합니다. 직원을 믿고 일을 맡겨야 하지만 그의 능력과 신뢰도는 반비례할 수도 있다는 거지요. 사람은 컴퓨터가 아니므로 완벽할 수 없습니다. 평소 선한 사람도 가끔 악하게 행동할 수 있습니다. 강한 사람도 때로는 갈대와 같이 연약해질 수 있고, 탁월한 능력자도 가끔은 실수합니다. 그러니 인간관계에서 순혈의 절대적 믿음 같은 건 고집하지 말았으면 좋겠습니다.

믿음은 여러 가지 작은 욕망 조각들의 합(合)입니다. 단단한 황금 덩어리가 아니라 작은 사금들이 합쳐진 것이죠. 그러므로 믿음은 발견하는 것이 아니라 쌓아 가는 것, 즉 사금으로 황금 덩어리를 만들어 가는 것입니다. 또한 믿음은 쇼핑이 아니라 저축입니다. 믿고 맡기되 그가 하는 일에 관심의 끈을 놓지 말아야 합니다. 결국 믿음은 믿을 만한 사람을 찾는 게 아니라, 믿을 사람을 만들어 가는 것입니다.

사장을 따라다니는
돈 문제와
계약 문제

회사를 경영하다 보면 거의 매일 계약서와 마주합니다. 특히 규모가 작은 중소기업은 담당 변호사도 없고 변호사 자문 비용도 부담되다 보니 직접 처리하는 경우가 많습니다. 물론 다소 복잡하거나 중요한 일은 자문을 받아 진행하기도 하지요. 그러나 특별한 케이스의 계약서는 보안이 필요하기 때문에 종종 측근 변호사에게도 공개하지 않으며, 공개한다고 해도 검토 시간을 충분히 줄 수 없습니다. 그러다 보니 후일 낭패를 보거나 후회하는 일이 발생하는 거지요.

중소기업에서는 실컷 고생하면서 회사를 키웠더니 계약서 문제로 남 좋은 일만 시키는 경우가 종종 발생합니다. 사장의 욕심과 보안에 대한 불안감, 변호사에 대한 불신과 비용을 아끼려는 시도 때문에 후회할 일을 자초하는 것이죠.

복잡한 계약서일수록 전문적인 검토가 필요합니다. 이뿐만 아니라 경영 전략, 노무, 세무 등의 분야 역시 전문 지식을 갖춘 검토가 필요하지요. 그러므로 비용이 발생하더라도 반드시 자격 있는 전문가의 감수를 거쳐야 합니다. 전문가를 고용하면 오히려 시간도 아낄 수 있고 더 정확하기 때문에 길게 보면 득이 됩니다.

돈을 빌려줄 때의 두 가지 선택

또 사장 자리에 있다 보면 개인적으로 돈을 빌려줄 일이 많이 생깁니다. 특히 사업이 잘되고 있을 때는 어떻게 소문이 났는지 먼 친척부터 시작해 졸업 후 한 번도 만나지 못했던 초등학교 동창까지 찾아와 사정합니다. 이때 당신은 두 가지 중 하나를 선택해야 합니다.

먼저 돈을 돌려받을 생각이라면 반드시 종이에 그 기록을 남기고 사인을 받아 놔야 합니다. 대출 기간이 짧든 길든 상관없이 말이죠. 실제로 돈을 빌려줄 때 돈을 빌리는 사람의 사정이 급하다는 이유로 서류를 남기지 않는 경우가 대부분입니다. 주로 친한 지인들의 요청이고 빌려주는 기간도 짧으니 서류 작성을 번거롭게 생각하는 거지요. 그러나 돈은 마음먹은 대로 제 날짜에 돌아오는 경우가 거의 없습니다. 시간이 지나면서 당사자가 시치미를 때는 어이없는 일도 발생합니다. 결국 나중에 후회하는 건 오롯이 빌려준 자의 몫이 됩니다.

계약서를 작성할 필요가 없는 경우는 딱 하나입니다. 상대방에게 말로는 빌려준다고 하지만 사실은 되돌려 받을 생각이 전혀 없는 경우죠. 주로 과거의 신세를 갚는다거나 도와줘야겠다는 마음이 강할 경우입니다. 이때는 받을 생각을 확실히 포기해야 후일 마음이 편합니다.

계약은 불신을 전제로 한다

계약은 두 가지 불신을 전제로 이뤄집니다. 상대방에 대한 불신과 빌려주는 당사자의 기억력에 대한 불신입니다. 《성경》에서도 계약이 340여 차례나 나오고 심지어 하느님과도 계약을 맺습니다. 이유야 어찌 됐든 계약은 약속의 가시적인 징표입니다. 인간은 망각의 동물이고 우리들 마음은 항상 변하기 때문입니다.

사회생활에서도 수많은 계약서를 작성하고 서명합니다. 그런데 한국의 문화는 계약서가 단지 형식임을 강조하고, 계약 내용을 꼼꼼히 확인하는 행동을 겸연쩍게 생각하는 경향이 있습니다. 그러나 문제가 불거지고 법정 다툼으로 이어질 때 가장 확실한 증거물은 계약서뿐입니다.

계약서는 파티 케이크 속에 감춰진 면도날 같은 것입니다. 축제가 성공리에 마무리되고 케이크가 장식으로 잘 보전된다면 면도

날의 존재조차도 모를 테지만 케이크를 가르는 순간 그 날카로움이 드러납니다. 그 날카로움에 자칫 회사가 도산할 수도 있고, 그 여파로 평생을 가난으로 지낼 수도 있는 것이죠.

그러므로 계약서를 작성할 때는 정신을 바짝 차려야 합니다. 최악의 경우를 상상하며 문서를 꼼꼼히 살펴야 합니다. 가능하면 미리 받아서 전문가의 확인을 받는 게 바람직합니다. 물론 아무렇지 않은 듯 호기를 부리는 포커페이스도 필요하겠지요. 하지만 최후의 승자는 얼굴은 웃고 있어도 매의 눈으로 계약서를 살피는 자임을 잊지 말아야 합니다.

사장이
아군과 적군을
대하는 방법

/ / / / / / / ♦ / / / / / / /

거의 부도 위기에 몰린 윤 사장이 저에게 상담을 요청해 왔습니다. 자기가 잘 아는 선배가 있는데 주변에 투자 인맥도 많고, 본인도 여유가 있어 보인다며 그에게 도움을 청해도 될지 고민이라는 것입니다. 그가 선배에게 연락을 망설이는 이유는 그동안 아껴둔 인맥이고, 좋은 선후배 관계를 불편하게 만들고 싶지 않기 때문이라고 했습니다. 윤 사장은 혹시라도 거절당하면 선배와의 관계가 끊어질까 봐 우려했습니다. 저는 단호하게 말했습니다.

"당신이 여기서 끝나면 그런 인맥도 아무 소용없습니다. 그가 당신의 부탁을 들어주면 좋고, 거절하면 그에 대한 기대를 접고 다른 데 집중할 수 있을 테니 편안한 마음으로 부탁하세요."

　지금 어려움을 겪고 있는 분들에게 저는 감히 권합니다. 상대가 아군인지 적군인지 시험하는 걸 망설이지 마시라고. '하늘은 스스로 돕는 자를 돕는다'는 말이 있습니다. 도움을 요청하지 않는 자, 손을 뻗지 않는 자에게는 아무도 도움을 주지 않습니다.

　대다수의 사람에게 타인의 어려움은 구경거리에 불과합니다. 그러니 당신이 어려움에 처하면 그를 시험에 들게 해야 합니다. 적절한 타이밍에, 적절한 부탁을 적극적으로 하십시오. 혹여나 거절당할까 봐 두렵고, 다음에 더 큰 도움을 부탁할 수 있지 않을까 싶어 망설이겠지만 전혀 그럴 필요 없습니다. 지금 이 순간 당신의 위기를 해결하는 것이 우선입니다.

　하루라도 빨리 그가 천사인지 구경꾼인지 파악하십시오. 괜히 시험을 미뤘다가 훗날 중요한 순간에 헛발질을 하게 됩니다. 만약 그가 상황이 여의치 않아 어쩔 수 없이 거절한다면 그가 거절할 때 보이는 태도를 꼭 기억해 두십시오. 그래야 다음에 다시 부탁해도 될 사람인지 아닌지가 정해집니다.

쪼들릴수록 아군과 적군을 구분하라

　일이 잘 풀릴 때는 구태여 아군과 적군을 구분할 필요가 없겠지요. 청탁을 하러 찾아왔든 돈을 빌리러 왔든 결국 내 주변을 서성이는 사람은 나의 팬들이고 그들의 북적임, 입소문, 댓글 등이 하나의 아우라가 되어 나의 위상을 증명해 주기도 하고 승수 효과를 내기도 하지요.

사업이 쪼그라들 때는 그 반대입니다. 비즈니스에서 만남은 곧 돈입니다. 잘나갈 때는 식사비, 술값이 하찮은 푼돈이지만 몰락의 국면에서는 큰 부담이 되죠. 없는 돈으로 폼 잡으려면 그 또한 고통입니다. 이때는 사람도 효율적으로 가려서 만나야 합니다. 주로 나에게 우호적인 사람만 만나게 되는데, 아군과 적군 중 아군만 가려 만나는 것입니다.

1등에게는 반드시 적이 존재합니다. 경쟁 과정에서 당신에게 악플을 달거나 해코지를 하며 덤벼드는 사람이 없다면 그건 당신이 아직 1등이 아니기 때문입니다. 당신을 견제하고 따라오는 자들 중에는 꼭 야비한 사람이 존재합니다. 당신을 잘 알지도 못하면서 무턱대고 질투하는 사람도 있습니다. 〈마피아 경영학〉이라는 책에서 어느 마피아 단원은 이렇게 말했습니다.

"성공의 사다리 위로 올라가는 당신의 스웨터 셔츠 등짝에는 늘 사격 표지판이 하나 붙어 있다. 당신이 사다리를 타고 올라가는 순간부터 어딘가에는 당신의 실패를 염원하며 당신의 등짝을 겨누는 자들이 있다."

사업을 하다 보면 본인의 의지와 상관없이 구설수에 오르고 적들에게 둘러싸일 때가 있습니다. 특히 성공 가도를 달리는 순간 시시비비와 상관없이 질투하는 자들이 반드시 생깁니다. 그래서 평소에 미리 적과 아군을 판단해 두지 않으면 나중에 혼란을 겪습니다.

눈에 보이지 않는 적을 상대하는 법

누가 적인지 명확히 알 수 없는 상태에서 보이지 않는 적을 상대해야 할 때가 있습니다. 눈앞에 확실히 보이는 적들은 명확하게 대응이 가능합니다. 하지만 눈에 보이지 않는 불특정한 자들의 시기와 질투는 어느 방향으로 튈지 모르기 때문에 사전에 관리하는 것이 중요합니다.

흔히 큰 성공이나 업적을 이뤘을 때 많이 나타나는데, 이를 구분하려면 꽤 정교하고 민감한 촉이 필요하지요. 기회가 될 때마다 주변 사람들의 언행이 일치하는지 판단하고 정황으로 퍼즐을 맞춰 봐야 합니다.

이런 일은 마피아나 조폭들이 전문입니다. 영화 〈대부〉를 보면 짧은 시간에 이들의 생사가 결정됩니다. 이들의 세계에는 법정 다툼에 필요한 증거 따위는 중요하지 않습니다. 비즈니스 세계도 이와 유사하다고 생각합니다. 상대방에게 내 편이라는 증거를 요구할 수 없기 때문에 정황을 판단하는 일이 아주 중요하지요.

잘나가는 기업의 사장들이 쓸데없는 모임에 과도하게 돈을 쓰는 이유가 있습니다. 성공자의 잔칫상에는 으레 파리가 몰려들기 마련이죠. 그러나 파리채를 잘못 휘두르면 잔치 분위기만 망칩니다. 세상의 모든 파리를 다 잡을 수는 없습니다. 적당히 부채질로 내쫓는 게 최선일 때도 있습니다.

언제 어디서든 적은 존재합니다. 그렇지만 적이라고 해서 단호하게 연락처를 지우지 말고 혹시 연락이 오면 친절히 대해 줄 필요가 있습니다. 적당한 부채질이죠. 동시에 미지근하고 어중간한 자들을 내 편으로 끌어들이는 노력도 기울여야 합니다. 양다리를 걸치는 치사한 자들일수록 가까이 두고 관리해야 탈이 덜 나는 법입니다. 드물게는 그가 마음을 바꿔 적극적으로 내 편이 돼 주기도 합니다. '적들은 규칙적으로 만나야 하고, 진짜 친구는 생각날 때 만나는 것'이라는 우스갯소리도 있지 않습니까.

여기서 주의해야 할 점은 내가 그를 적으로 생각하고 있다는 사실을 결코 드러내서는 안 된다는 것입니다. 특히 동종 업계의 모임은 더욱 주의하십시오. 그들은 주의 깊게 동태를 살펴야 할 친구이자 경쟁자입니다. 함께 골프 치고 술 마시며 친하게 지내고는 있지만 내가 무너지면 바로 나의 자리를 꿰차고 나의 손해만큼 이득을 얻는 자들입니다. 물론 반대로 그들이 쓰러지면 그만큼 내 몫이 커지기도 하지요.

박형서 작가는 《빰에 묻은 보석》에서 이렇게 말했습니다.

"우리는 매번 어디론가 떠나고 돌아온다. 하지만 여행 전의 시간과 돌아온 시간이 다르듯 돌아온 우리는 떠날 때의 우리가 아니며, 돌아온 곳도 떠날 때의 그곳이 아니다."

자주 만난다고 다 친구가 아닙니다. 그리고 지금 친구라고 해서 20년 뒤에도 친구라고 단언할 수 없습니다. 나도 변하고 그도 변하고 상황도 변하기 때문이죠.

알아도 모르는 척
능력이 있어도
없는 척하라

옛 사람들의 지혜는 세월이 흘러도 변함이 없는 것 같습니다. 다윗의 아들이자 지혜의 아이콘으로 통하는 솔로몬은 "너무 의롭게 되지도 말고, 지나치게 지혜롭게 행동하지도 마라"라고 말했습니다. 또 《손자병법》에서는 능이시지불능(能而示之不能), 즉 '능력이 있어도 없는 듯하라'고 했고, 애플 창업자 스티브 잡스도 "끊임없이 탐구하고, 끊임없이 바보처럼 굴어라"라고 했습니다.

3,000년 전의 솔로몬의 말에서부터 2,500년 전의 손자, 2005년의 스티브 잡스의 '바보처럼 굴어라'까지 '함부로 드러내지 말라'가 하나의 맥락을 이루면서 지금을 살아가는 우리에게 큰 울림이 되고 있습니다. 최근 앞다투어 자기 자랑, 자기 홍보에 여념이 없

는 시대에 실력을 함부로 드러내지도 말고 오히려 감추라니! 현
대인에게는 어쩌면 다소 생뚱맞게 들릴지도 모르겠습니다. 감추
는 것이 생뚱맞고, 현대적이지 않다고 생각한다면 다음 이야기를
한 번 살펴보시기 바랍니다.

이 세상은 정글 같지 않은 정글

　2005년 《정글아이》로 전 세계 17개국에서 번역 출간되면서 화
제를 불러일으켰던 자비네 퀴글러의 이야기입니다. 선교사이면
서 언어학자인 아버지를 따라 네팔의 카트만두 근교 파탄에서 태
어나 5세 때 서파푸아 정글 오지에 들어간 퀴글러는 나무에 기어
올라 거미나 애벌레를 잡아먹었고, 활과 화살을 사용해 야생 동
물을 사냥했으며 악어가 있는 강에서 헤엄쳤습니다.

　하지만 20여 년 동안 원시 사회에서 문명사회로 돌아온 그녀는
2012년 현대 의학으로는 치료가 불가능한 불치병을 진단받습니
다. 이런저런 현대 의학의 도움을 받아도 좀처럼 나아지지 않자,
그녀는 결국 가족을 아버지에게 맡기고 문명사회를 떠나 자신이
가장 편안하다고 느끼는 정글로 돌아갔습니다.

　정글로 다시 돌아간 그녀는 5년 동안 원시 부족과 함께 생활하
며 그들의 방식으로 삶을 재정돈했습니다. 놀랍게도 그곳에서 기
적적인 회복과 치유를 경험한 퀴글러는 다시 문명사회로 돌아와
기업가이자 사회 비평가로 살고 있습니다.

"정글에서는 생존을 위해 투명 인간이 되는 법을 배웠지만 문명 세계에서는 어떻게든 눈에 띄어야만 했다. 정글에서는 모든 감각으로 세상을 인식하도록 훈련받았지만 도시에서는 모든 감각을 억눌러야 하는 법을 배워야 했다."

완벽하게 다른 두 세계를 경험한 퀴글러는 그녀의 이야기를 엮은 책이자 '이제 악어가 있는 곳에서 헤엄치지 않습니다'라는 의미인 《Ich schwimme nicht mehr da, wo die Krokodile sind》에서 이렇게 말했습니다. 《손자병법》에서 '적은 드러나게 하되, 나는 드러내지 마라'는 뜻의 형인이아무형(形人而我無形)처럼 그녀가 전략적 선택을 한 것 같지는 않습니다. 그저 생존 본능으로서 그리한 것 같습니다. 이 세상은 정글 같지 않은 정글입니다.

코카콜라가 레시피를 특허 등록하지 않는 이유

요즘 무슨 발명이라도 하면 특허 등록하는 것이 상식적입니다. 하지만 코카콜라는 정반대의 길을 걷고 있습니다. 워런 버핏이 사랑하는 글로벌 종합 음료 압도적 1위 기업, 1주가 9,216주가 된 주식 분할 신화, 60년 가까이 현금 배당 증액을 유지한 배당왕 등이 코카콜라 130여 년의 역사를 설명하는 수식어들입니다. 이런 코카콜라가 지금까지 레시피를 특허 등록하지 않았습니다.

그 이유는 간단합니다. 특허 등록을 하면 20년 동안 배타적 독점권을 부여받는 대신에 그 기술이 다른 사람들에게 공개되는 단점이 있기 때문이죠. 그래서 코카콜라는 현재까지도 특허 등록을 하지 않은 상태입니다. 바꿔 말하면 코카콜라 레시피는 영업 비밀로 보호받고 있다는 뜻이죠. 만약 코카콜라가 레시피를 특허로 등록했다면 아마도 지금쯤 누구나 코카콜라의 레시피를 사용할 수 있었을 겁니다. 그리고 코카콜라라는 회사는 없어졌을지도 모릅니다.

정글 아이처럼 생존 본능이든 아는 걸 모른 척, 능력이 있어도 없는 듯 행동하는 손자의 전략적 선택이든 매출이 급신장해도 초연하게 살아가기란 쉽지 않습니다. 성공한 사장에게는 반드시 적이 생깁니다. 이유도 원인도 불분명한 불특정의 보이지 않는 투명의 적입니다. 그러니 성공가도의 경영자라면 그런 적을 한 번쯤 생각해 둘 필요는 있겠지요.

사장이 직원에게
신뢰를 주는
단 하나의 방법

소통은 신뢰를 기반으로 시작합니다. 조직 결속의 핵심은 서로를 향한 관심과 사랑, 즉 신뢰입니다. 사랑과 관심이 옅어지면 상대방을 도구로 생각할 가능성이 높아집니다. 서로를 이용하려는 마음만 남기 때문이죠.

사장과 직원의 관계도 신뢰가 중요합니다. 직원이 회사를 사랑하는 마음이 없으면 회사를 오직 전략과 수단의 대상으로만 바라보게 됩니다. 사장 또한 직원을 배려하고 사랑하는 마음이 없다면 직원을 자기의 목표 달성을 위한 수단으로만 바라봅니다.

시카고대학교 교수 마사 누스바움이 연구한 '대상화'를 주목할 필요가 있습니다. 대상화란 사람을 사물처럼 대하는 것을 말합니다. 그가 말하는 '사람을 사물로 대하는 일곱 가지 방식'에는 목적 달성을 위한 도구처럼 대하는 '도구성', 다른 대상과 교환 가능한 것처럼 대하는 '대체 가능성'이 포함돼 있습니다. 사람 대 사람으로 존중받지 못하고 누군가의 도구나 수단으로 취급받는 것은 불쾌한 일이죠. 하지만 사회에서는 이런 일이 비일비재합니다.

척하면 척과 쇠귀에 경 읽기의 차이

일반적으로 자주 소통할수록 신뢰나 믿음이 증가하는 것으로 알려져 있습니다. 그러나 이 또한 어느 정도 기본적인 신뢰가 쌓여 있을 경우에나 그렇습니다. 기본적인 신뢰가 없으면 의사소통이 무의미합니다.

의사소통의 양은 상호가 신뢰하는 수준과 반비례합니다. 내가 상대방을 완전히 믿으면 상대가 무슨 행동을 하든 나에게 어떤 설명도 필요하지 않기 때문이죠. 상대가 하는 모든 일이 내게 가장 이롭다는 사실을 아는 까닭입니다. '척하면 척'이라는 말이 바로 그런 경우죠. 당연히 업무 처리 속도도 빠르고 소통에 들이는 시간과 노력도 불필요합니다. 물론 자칫 맹종이나 부정부패의 수단으로 빠질 소지도 있습니다.

반대의 경우를 봅시다. 상대방을 전혀 신뢰하지 않으면 아무리 많은 대화, 소통, 심지어 합리적인 설명도 '쇠 귀에 경 읽기'가 됩니다. 어차피 상대방이 진실을 말하지도 않을 테고 내게 좋게 행동할 거라고 믿지 않기 때문이죠.

신뢰는 소통의 핵심입니다. 회사에서 직원들이 사장을 근본적으로 신뢰하면 그렇지 않은 경우보다 의사소통이 훨씬 효율적으로 이뤄집니다. 기본적인 신뢰가 소통의 질과 가치를 좌우합니다.

회사의 존재가 곧 신뢰다

경영에서의 신뢰는 일반 개인 간의 신뢰와는 의미가 다릅니다. 개인의 관계에서는 과정도 중요한 의미가 있지요. 하지만 경영에서는 결과적으로 실패로 끝이 나면 신뢰도 함께 소멸됩니다. 실패한 이유는 '예측을 못 해서', '실력이 없어서', '운이 없어서' 등 여러 가지가 있을 수 있지만 그런 건 변명에 불과합니다. 거래처나 직원들에게는 그들의 생계가 달린 문제로 오직 결과물이나 보상이 중요할 뿐 사장의 숨은 노력이나 과정은 보이지 않습니다.

과장처럼 들릴 수도 있지만 현실이 그렇습니다. 예를 들어 사장인 당신이 직원들에게 두 달 동안 급여를 주지 못했다면 이유를 불문하고 비난의 대상이 됩니다. 나아가 고용 노동부에 신고를 당하면 한쪽은 고발자, 한쪽은 피의자로 전락하며 더 이상의 신뢰는 기대할 수 없습니다. 그래서 사장이 받는 신뢰는 그의 경영 실적에 의해 좌지우지될 수밖에 없는 것이죠.

《실리콘밸리의 폐기경영》의 저자 조영덕 박사는 경영에서 신뢰의 의미를 '상대에게 상처를 입히지 않는 것, 조직원들을 놀라게 하지 않는 것'으로 규정했습니다. 수금이 잘되지 않아 급여를 주지 못해서 상처를 입히는 것, 실적 악화로 폐업하게 되어 직원들을 놀라게 하는 행동이 신뢰를 깨뜨립니다. 결과가 이렇다면 성실함은 별 의미가 없습니다. 사장에게는 실질적 경영 능력이 곧 신뢰입니다.

그러므로 사장은 아무리 어려움에 처하더라도 회사 매출과 이익에 모든 걸 걸어야 합니다. 비록 벼랑 끝일지라도 악착같이 살아남아야 합니다. '매출이 여전하네', '회사 수익이 괜찮네' 등 회사 존재에 관한 신뢰가 모든 소통의 전제이자 기반입니다.

사장에게
필요한
사업의 디테일

/ / / / / / ✦ / / / / /

"지난달 매출과 수입이 얼마죠?"

"회계사 사무실에 알아봐야겠는데요."

"전년도 순익이 어떻게 됩니까? 현금 흐름은요?"

"잠깐만요, 김 이사에게 물어봐야겠네요."

자문을 의뢰한 사장에게 제가 질문하고 그가 답한 내용입니다. 어려운 질문도 아닌데 사장은 정확하게 대답하지 못했습니다. 그는 회계사 사무실에서 매달 매출을 정리하고 있다면서 경영과 관련된 돈의 흐름에 무심했습니다. 이게 말이나 되는 소리인가요? 직원은 달랑 넷뿐인데 마치 대기업 회장님 같은 처신을 하고 있는 것입니다.

"김 대리, 친구 아들 결혼식인데 이쪽으로 10만 원만 송금해 주세요."

사장이 김 대리에게 축의금 이체를 부탁하는 장면입니다. 그는 통장, 도장, 보안 카드를 김 대리에게 통째로 맡기고 있습니다. 그를 믿어서 맡긴 게 아니라 본인이 잘 몰라서 할 수 없이 맡긴 것이죠. 어떻게 보면 목숨을 맡기고 있는 셈입니다. 가족 간에도 돈 문제로 치고받는 세상인데 직원에게 자신의 모든 것을 맡기는 이런 행태가 과연 괜찮을까요?

주로 나이 지긋한 사장들이 최근 들어 복잡하고 까다로워진 은행의 인증 절차와 예전과 달라진 제도에 적응을 못한 탓에 벌어나는 일이죠. 평소에는 문제가 없으나 해당 직원이 불만을 품거나 퇴사하면 이 편리함이 골칫덩이로 전락합니다. 또는 회사가 크게 흥하거나 망할 때도 그렇습니다. 직원이 비밀과 약점을 담보로 터무니없는 요구를 할 수도 있고 내부자 고발, 횡령, 배임 등의 금융 사고로 이어질 수도 있습니다. 이때 모든 책임과 피해는 통장의 주인인 사장에게 가는 것이죠.

기업 규모가 크면 모를까 30명도 안 되는 규모인데 사장이 직원에게 모든 일을 맡기려 한다면 생각을 고쳐 보는 게 좋겠습니다.

통상 일반인들은 사장이 조직을 통솔하는 사람이니 당연히 큰일을 주로 하고, 디테일한 일들은 직원에게 맡겨 잘 모를 거라고 생각합니다. 하지만 정말 그럴까요? 실제로 제가 만나 본 큰 회사의 사장들은 이런 대범한 이미지와는 사뭇 달랐습니다. 대체로 그들은 회사의 자세한 사정을 꼼꼼하게 알고 있었습니다. 종종 청탁을 거절하기 위해 모르는 척할 뿐이죠.

언제 작은 칼을 쓰고 언제 큰 칼을 쓰는가?

회사 규모가 그리 크지 않다면 사장이 가끔 대리도 되고 과장도 돼야 합니다. "신은 디테일에 있다(God is in the details)"라는 말이 있듯이 사장도 꼼꼼해야 한다는 뜻이죠. 특히 회사가 작을수록 업무의 과정을 전부 알고 있어야 정확한 지시가 가능하고 직접 확인할 수도 있으며 갑자기 인력이 빠져도 대체할 수 있습니다. 예컨대 가게 사장은 주방장이 자리를 비워도 주방장이 될 수 있어야 하고, 홀 직원이 아프면 서빙도 가능해야 합니다.

조개가 성장하면서 껍데기를 키워 가는 과정을 보면 회사의 성장 사이클과 비슷합니다. 딱딱한 껍데기는 알맹이가 커짐에 따라 함께 성장하고 함께 커집니다. 마치 어린이가 성장하면서 큰 옷으로 갈아입어 가는 것과 같지요. 사업도 이와 같습니다. 사장의 마음가짐, 즉 멘탈도 회사의 규모에 따라 점점 성장해야 합니다. 자본금, 매출, 조직의 스케일이 커지면 동시에 생각과 철학 또한 발전해야 합니다.

반대로 회사가 어느 정도 자리를 잡으면 사장의 꼼꼼함과 실무 능력을 감춰야 할 순간이 옵니다. 종전의 대리, 과장의 역할을 병행했던 사장에서 진짜 감독자인 사장으로 자리매김하는 것이죠. 이때는 오히려 참견하고 싶은 마음을 참는 것이 리더십입니다.

결국 사장의 디테일은 회사의 규모에 반비례해야 합니다. 그것이 크게 성장하는 회사 사장의 모습이고, 더 큰 물고기를 잡을 수 있는 카리스마입니다. 실무를 잘하는 것과 경영을 잘하는 것은 다릅니다. 모든 일에 큰 칼이 필요하지 않듯이 모든 일을 사장이 할 필요가 없는 것이죠.

참으로 어려운 게 사장 노릇입니다. 그래도 어쩌겠습니까? 어려움을 극복해야 망하지 않고 살아남습니다. 사장은 왕이 아니라 길이 돼야 합니다. 때로는 큰 길, 때로는 좁은 길, 때로는 험한 길입니다.

돈 없는 게
자존심
상할 일인가?

사람들이 실패에 좌절하고 다시 재기할 의욕을 갖지 못하는 큰 이유는 두 가지입니다. 하나는 고점 대비 낙폭이 너무 커 의욕을 상실한 것이고, 다른 하나는 자존심을 핑계로 꽁무니를 빼는 경우입니다.

이해를 돕기 위해 숫자 1,000을 기준으로 이야기해 보겠습니다. 사람들은 다들 자기가 바닥이라고 떠들어 대지만 누구나 똑같은 바닥이 아니지요. 가령 1,000의 절반인 500으로 떨어져도 바닥이라 하는 이가 있을 테고, 200이 돼도 아직 괜찮다고 생각하는 이가 있겠지요. 게다가 모두가 1,000을 갖고 시작하지는 않습니다. 인생은 출발부터 불공평합니다. 우리는 가장 먼저 이 사실부터 인정해야 합니다. 이것을 인정하지 않으면 인생은 죽을 때까지 불만투성이일 수밖에 없습니다.

대기업 임원 출신의 견습 웨이터

성공과 실패는 상대적입니다. 운 좋게 1,000을 갖고 태어나 2,000까지 도달하는 이도 있고, 10을 갖고 태어나 겨우 200에 도달하는 이도 있습니다. 그러나 후자는 무려 20배나 성장한 사람입니다. 망해도 200인 사람이 있고 기껏 성공해야 200인 사람이 있는 것처럼 지금 당신의 실패가 어떤 이에게는 아직 도달하지 못한 꿈의 목표일 수도 있습니다. 각자 다르게 태어났고 체감이 다를 수 있습니다.

사실 사람은 처음부터 바닥일 때보다 형편이 괜찮아졌다가 다시 어려워질 때가 더 힘듭니다. 그러므로 우리는 누군가가 말하는 200의 실패에도 고개를 끄덕일 수 있어야 하고 200의 성공에도 박수칠 수 있어야 합니다. 이때 숫자는 무의미하겠지요. 출발도 공평하지 않고 각자 도달하는 지점도 다르지만 체감은 비슷할 수 있기 때문입니다.

그런데 이를 무시하는 파격적인 행보도 있습니다. 서상록 전 삼미그룹 부회장은 1997년 그룹 부도 사태로 회사를 떠나고 롯데호텔 프랑스 식당의 견습 웨이터로 변신해 화제를 모은 적이 있습니다. 대기업의 임원에서 자존심을 다 버리고 격을 낮춰 취업했다는 평가를 받았지만 만약 그가 처음부터 이 직업을 택했다면 좋은 직장에 취직해 일하고 있는 셈입니다. 어떤 평가를 받든 충분히 자부심 가질 일입니다. 화제를 모을 일까지 아니지요.

사장들은 흔히 망하면 대리 운전을 한다고 말하지만 대리 운전을 업으로 삼아 10년, 20년 동안 꾸준히 해 온 사람도 많습니다. 이처럼 상황의 변화를 자존심이 상하는 문제로 보느냐, 그렇지 않느냐에 따라 마음가짐이 달라질 수 있습니다. 모든 갈등의 중심은 자존심에서 비롯됩니다.

사장이 지켜야 할 진짜 자존심이란

우리는 흔히 '자존심 때문에 할 수 없다'고 말합니다. 당신은 그 자존심에 대해 얼마나 알고 있나요? 우리의 자존심을 자세히 들여다보십시오. 속상한 마음의 껍질을 하나하나 벗겨 분해해 보십시오. 사라진 것이 무엇이고 최종적으로 남은 게 무엇인가요? 부족한 것이 무엇인가요? 돈, 옷, 자동차, 집인가요? 아니면 인생의 가치, 종교, 철학, 멘탈인가요?

아마도 짐작컨대 당신이 속상한 가장 큰 이유는 지금껏 누려 왔던 '부'가 사라졌기 때문일 것입니다. 주로 돈, 옷, 자동차, 고급 아파트 등 껍데기에 관한 것이겠지요. 당신의 마음가짐이나 능력, 지식, 가치관은 사라지지 않았습니다. 그대롭니다. 한마디로 당신의 껍데기만 변했을 뿐입니다. 고로 비탄에 빠질 필요 없습니다. 사실상 잃은 게 없습니다. 사라진 것은 당신을 둘러싼 주변 장식뿐인데 그리도 애달파할 이유가 있을까요?

시쳇말로 "내가 돈이 없지 가오가 없나"라는 말이 있습니다. 2015년에 개봉한 영화 〈베테랑〉에서 형사 서도철이 남긴 대사지요. '가오'는 일본 말로 얼굴이라는 뜻으로 체면, 자존심을 의미합니다. 아무리 힘들어도 자존심을 버리고 현실에 타협하지 말자는 뜻이죠. 돈이 없는 게 자존심 상할 일이라면 당신은 돈에 놀아나고 있는 것인가요? 당연히 아니라고 믿고 싶을 겁니다. 이런 논리가 불쾌하겠지만 사실 부정하기 힘들 겁니다. 그렇다면 지금부터 당신의 생각을 바꾸십시오.

인간의 자존심이 우리에게 얼마나 중요한지 측정할 수 있을까요? 데이비드 호킨스 박사의 《호모 스피리투스》에 나온 '의식 지도' 수준에 의하면 자존심의 의식 수준은 175로, '깨달음'이나 '평화' 같은 의식이 700~1,000인 것에 비해 그리 높지 않았습니다. 인간의 의식에서 자존심은 별로 대수롭지 않은 단계라는 겁니다.

결론을 내려 보겠습니다. 당신이 주식 투자를 잘못했거나 회사가 망해서 돈을 잃었다면 다시 벌면 될 일입니다. 돈을 잃은 게 창피하거나 자존심이 구겨졌다고 생각할 것까지 있을까요? 본질을 보십시오. 그 자존심을 왜 지켜야 하는지, 그 자존심의 가치가 어느 정도 무게인지 생각해 보십시오.

열심히란
말의 의미를
다시 생각할 때

/ / / / / / ♦ / / / / / /

"되게 열심히 치는 것 같아요. 전체적으로 열심히 쳐요."

피아니스트 임동민이 대학생 연주자에게 던진 말입니다. 임동
민은 한국인 최초 쇼팽 콩쿠르 입상자이자 쇼팽 스페셜리스트입
니다. 이런 그가 음대생들의 연주 모임에 깜짝 게스트로 나와 원
포인트 레슨을 진행하는 영상을 우연히 발견했습니다. 이는 쉽게
말해 조기 축구 모임에 손흥민이 나타난 격이죠.

대학생이라고는 하지만 세계적인 피아니스트 앞에서 원 포인
트 레슨을 받겠다고 나설 정도면 실력이 나름 수준급 이상입니
다. 레슨을 받는 학생은 대단히 열정적인 연주를 선보였습니다.

그런데 피아니스트 임동민의 지적은 돌직구였습니다. "열심히 치는 거 다 좋은데 너무 에너지를 낭비하는 거 같아요"라고 말한 것이죠. 그럼 설렁설렁 치란 말인가요? 열심히 치는 것도 흠인가요? 그는 말을 이어 갔습니다.

"음악이란 포인트가 있어야 하고 뭘 이야기하고 싶은지가 중요합니다. 균형이 있어야 하고 날카롭게 쳐야 합니다. 소리를 크게 내는 게 중요한 게 아니라 효과가 있어야 합니다. 효과가 있으려면 작을 때는 작고, 클 때는 커야 해요."

순간 저는 흠칫했습니다. 경영과 음악의 맥이 어쩜 이리도 같을 수가 있단 말인가! 이어서 그가 시범 연주를 했습니다. 같은 곡인데도 전혀 다른 곡처럼 들렸습니다. 같은 악보를 가지고 다른 곡을 연주한 셈이죠. 아마추어인 제가 듣기에도 확실히 그의 연주는 강약과 고저가 확연했습니다.

사장은 아무 때나 최선을 다하지 않는다

회사에서 신입 직원은 대개 바쁘고 정신이 없습니다. 일머리도 없는데 해야 할 일이 많기 때문이죠. 그러나 임원이나 사장이 바쁘다는 말을 입에 달고 다닌다면 한 번쯤 생각해 볼 일입니다. 십중팔구 잘 안되는 회사가 그렇습니다. 혼자서만 열심히 하고 있거나, 할 일과 하지 않아도 될 일을 구분하지 못하거나, 직원이 미덥지 못해 전부 본인이 감당하고 있거나입니다. 그러니 바쁠 수밖에 없지요. 주변에 열심히 일하는 사장님이 많습니다. 쉴 새 없이 사람을 만나고 문제를 해결하느라 바쁘게 움직이죠. 사람들이 이렇게 열정적인 사장과 마주칠 때 던지는 덕담이 있습니다.

"열심히 사시네요. 보기 좋습니다."

이는 열심히 사니까 성공할 거라는 뜻일까요? 아니면 열심히 하는 모습 자체로도 훌륭하다는 걸까요? 사실 지금도 과거 노동 집약적인 고정 관념으로 탄생한 '열심'이라는 미덕을 칭찬으로만 받아들이는 사장이 많습니다. 특히 어려움에 직면하면 열심히 하는 것에만 집중합니다. 하지만 사장에게 '노력상'이라는 건 없습니다. 오직 성패의 결과만 중요할 뿐이죠. 그래서 사장은 열심히 하기 전에 '왜 이 시간에 이 일을 하고 있는가?'라는 질문에 스스로 질문하고 답할 수 있어야 합니다. 아무 때나 무턱대고 최선을 다하지 마십시오. 가끔은 내가 왜 이렇게 최선을 다하고 있는지 자문자답하는 시간을 가지십시오.

사업에서 완급 조절은 필수

《손자병법》에 지도자가 빠지기 쉬운 다섯 가지 위험한 행동 중

하나로 '필사가살(必死可殺)'이라는 말이 있습니다. 장수가 목표 달성을 위해 죽기 살기로 하면 결국 죽는다는 뜻이죠. 이때 죽을 각오로 임한다는 걸 뒤집어보면 죽을 확률을 낮출 생각이 별로 없다는 말이기도 합니다. 죽더라도 목표만 달성되면 그만이니 당연히 죽을 수밖에 없겠지요. 《삼국지》의 장비처럼 저돌적이거나 여포처럼 용맹하기만 할 뿐 지모가 없는 경우입니다. 이것저것 따지고 깊이 생각하는 것이 아니라 몸이 먼저 나가는 유형이죠. 회사를 살리고 사장이 망가지면 무슨 소용인가요.

영화 〈보고타〉에도 비슷한 대사가 나옵니다. 극중 박 병장이 "여기까지(부자 동네)까지 올라올라믄, 딴 게 필요해. 무턱대고 막 열심히 한다고 되는 게 아녀"라고 국희에게 말합니다. '무턱대고'가 아니라 '제대로' 열심히 하라는 뜻이죠.

마라톤 42.195킬로미터를 완주하기 위한 핵심은 구간 관리입니다. 어느 지점에서 속도를 높이고 어느 지점에서 숨을 고를지 미리 계획해야 합니다. 경영은 열정을 짊어지고 달리는 장기 레이스와 같습니다. 뜨거운 열정을 처음부터 끝까지 계속 유지할 수는 없습니다. 초반에 열정을 주체하지 못하고 이리저리 방황하는 이도 있고, 순간 폭발하는 열정을 참지 못해 코뿔소처럼 직진하다가 나락으로 떨어지는 이도 있지요. 전부 완급과 리듬을 무시한 결과입니다.

사장은 뭔가에 집중해야 할 때는 시속 110킬로미터의 치타처럼 몰아붙이고, 긴장을 풀어야 할 때는 시속 200미터의 나무늘보처럼 여유로워야 합니다. 시간과 열정을 안배하고 통제하는 에너지의 지배자가 돼야 하지요. 필요한 순간에, 필요한 열정을, 필요한 곳에 쏟아부을 수 있어야 합니다. 자기의 열정을 다스릴 수 있다면 다른 사람의 열정도 받아들일 수 있고, 나아가 새로운 용광로를 디자인할 수도 있습니다.

　회사는 사장의 열정으로 빚어내는 하나의 작품이라 생각할 수 있습니다. 이때 경영은 돈이라는 붓으로 그려 가는 사장의 작품 활동입니다. 그래서 사업은 돈의 예술이라 할 수 있습니다.

남이 아닌
나를 위해
용서한다

사업을 하든 직장을 다니든 우리 주변에는 수많은 증오와 복수 심리가 도사리고 있습니다. 하지만 죄를 지어도 제대로 죗값을 치르지 않는 현실에 대한 분노와 복수심이 점점 더 커지고 있습 니다. 이런 현실을 반영하듯 '사적 복수 대행극'을 표방한 TV 드 라마 〈모범택시〉는 순간 최고 시청률 18퍼센트를 기록하기도 했 습니다. 20년간 억울하게 옥살이를 하고 나온 김철진은 격앙된 목소리를 토해 냈습니다.

"뭐라고요? 그놈 때문에 가족도 잃고 친구도 잃고 다 잃었는데 아무 벌도 안 받는다는 게 말이 됩니까? 공소 시효가 사람보다 중요해요? 무슨 법이 이따위야?"

명함에 '죽지 말고 복수하세요. 대신 해결해드립니다'를 적어 둔 복수 대행업체의 사장은 복수의 당위성을 '값싼 용서로 괴물을 키운 사회 탓'이라고 이야기합니다.

드라마 〈빈센조〉 역시 법의 테두리 안에서 단죄할 수 없는 재벌과 그 하수인들에게 마피아식 복수를 펼칩니다. 이런 드라마가 열광적 인기를 얻고 있는 이면에는 현실적인 복수가 법적으로 막힌 데 있습니다. 꽉 막힌 스트레스와 울분을 극중의 영웅적인 복수로나마 지켜보며 사이다를 마시는 듯한 시원함을 맛보고 싶어 하기 때문이죠. 복수는 쉽고 용서는 어렵습니다. 상상이든 현실이든 복수한다는 것은 용서하지 않는다는 뜻입니다.

용서의 종류와 수준
용서는 더는 그가 잘못한 것 때문에 그 사람에 대해 분개하지 않고 보상을 요구할 모든 권리를 포기하는 것입니다. 용서에도 '종류'와 '수준'이 있습니다.

첫 번째는 공간의 차단과 시간의 흐름으로 인해 용서하는 것입니다.

인간이 할 수 있는 가장 일반적인 용서입니다. 그 공간에서 멀어지고 시간이 지남에 따라 차츰 잊어 가는 것이죠. 용서라기보다는 사실상 눈의 기억과 감정의 기억이 무뎌져 소멸되는 현상이라 할 수 있습니다. 이 세상 공간에 존재하는 모든 보이는 것은 시간이 흐르면서 낡게 되고 결국은 사라지기 때문이죠. 또한 순간의 증오심과 원망도 시간이 흐르면서 희석되고 잊힙니다. 원망의 부피는 시간에 반비례합니다.

저도 그동안 원망하고 용서하지 못한 인물들이 수두룩했습니다. 예컨대 증권사 시절 저를 지점으로 쫓겨나게 한 윤 부장, 부외 채권으로 엉뚱한 빚을 지게 한 장 사장, 자신의 조그마한 이익 때문에 저를 버린 오랜 친구 임 사장 등입니다. 이들도 15년, 20년이 훌쩍 지나니 저의 기억에서 점차 잊히고 증오감도 소멸돼 가고 있습니다. 어쩌면 용서가 아니라 망각 때문인지도 모릅니다. 만약 그때의 상황이 지금 다시 재연된다면 쉽게 용서가 될까요? 감히 장담하기 어렵습니다.

두 번째는 승화된 용서입니다.

자기 아픔은 남의 것처럼 객관화시키고, 남의 아픔은 역지사지로 이해하고 배려하는 너그러운 용서입니다. '용서하다'란 의미의 영어 'forgive'에는 '죄를 제거하다'의 의미가 있습니다.

얼마 전 88세인 지인의 친구 어머니가 새벽 운동을 나가셨다가 택시에 변을 당했습니다. 하지만 그의 가족들은 택시 운전사에게 더 이상 책임을 묻지 않고 수월하게 합의해 줬습니다. 사고를 낸 택시 운전자가 33세 젊은 나이에 본의 아닌 사고로 평생 멍에를 지고 살아가는 걸 원치 않았기 때문이라는 것입니다. 생면부지 청년의 장래를 위해 자기의 분노와 미움의 감정을 참아 낸 것이죠. 쉽지 않은 용서라 생각합니다.

세 번째는 종교적, 철학적 의미의 용서입니다.

《성경》에서 용서의 문자적 의미는 분한 마음을 '떠나가게 하는 것'입니다. 해를 입은 것을 기억해 두지 않기 때문에 비이기적인 사랑으로 잘못을 저지른 사람을 너그럽게 봐주는 행위죠. 자신이 입은 상처나 손실을 보상해 달라고 요구하지 않으며, 빚을 갚으라고 요구하지 않고 탕감해 주는 것입니다.

그렇다고 여기서 그 잘못을 묵인하는 것은 아니며 타당한 근거도 없이 너그럽게 봐주는 것은 아닙니다. 용서의 의미를 기억하고 용서로 얻는 유익을 생각하는 것이죠. 화나고 분한 마음을 '떠나가게' 하면 평온해지고 건강이 좋아지며 더 행복해질 수 있기 때문입니다. 또 죄를 용서받으려면 다른 사람을 먼저 용서하는 것이 꼭 필요하다는 등가(等價)와 선행(先行)의 원칙을 강조하고 있습니다.

치과 의사와 싸우고도 그 의사에게 치료받은 할머니

그렇다면 비즈니스에서 용서란 무엇일까요? 평범한 일상 업무에서보다는 실패나 몰락 과정에서 미운 사람이나 원망할 일이 발생합니다. 그리고 그 원망의 감정에는 대부분 돈과 얽혀 있습니다. 사업에서 대부분은 그러합니다. 저 또한 사업 성공과 실패 과정에서 줄 돈도 많았지만 받아야 할 돈도 참 많았습니다. 이때 보통 사람들은 줄 돈보다 받을 돈이 훨씬 더 억울하고 기억도 또렷한 법입니다.

저는 사업 과정에서 돈을 갚지 않고 고의로 버티는 그들이 괘씸하기도 하여 법적 절차를 통해 악착같이 받을까도 생각했지만 근근이 살아가는 그들 소식을 듣고는 마른걸레 쥐어짜는 기분이 들어 대부분은 포기했습니다. 솔직히 말하면 용서가 아니라 비자발적 '포기'에 가깝지요. 제 마음 편하자고 그런 것도 있지만 가장 큰 이유는 과거의 돈과 기억이 소송에 매여 저의 현재와 미래를 방해받고 싶지 않은 방어적인 심리가 많이 작용했습니다.

경영의 아버지라 불리는 피터 드러커의 인생에 큰 영향을 끼친 사람 중의 한 사람은 그의 할머니라고 합니다. 그녀는 두 개 층 임대를 준 치과 의사와 심한 말다툼을 하고도 아무렇지도 않게 계속 그 치과에 치료하러 다녔다고 합니다. 임대차 관계와 치료 능력은 무관하다는 발상이죠. 감정은 좋지 않지만 좋은 조건이라면 거래는 계속하는 것입니다. 이론적으로 맞는 말이지만 실천으로 옮기기에는 감정 처리가 쉽지 않았을 겁니다. 하지만 할머니는 비즈니스와 감정을 분리했다고 합니다.

비즈니스에서 용서는 감정과 사업의 분리입니다. 상대를 위한 배려와 본인의 필요에 의한 실리적인 유익을 동시에 염두에 두는 것이죠. 원망과 분노의 기억으로 시간을 소모하면서 기회비용을 잃는 것보다는 미래 계획과 희망으로 현재를 살아가는 것이 실용적이라는 관점입니다. 상처나 미움의 집착이 향후 사업의 발목을 잡거나 지배하지 않도록 배제하는 것입니다. 미래를 위해 용서할 수 있다면 용서하고 설령 그렇지 않다 하더라도 과거 감정을 비즈니스와 분리하여 현재와 미래의 비즈니스에 초점을 맞추는 것이죠.

결론적으로 사업에서 용서란 상대를 위한 배려라기보다는 본인을 위해 필요한 조치라 볼 수 있습니다. 본인의 미래를 위해 감정을 분리하고 과거를 용서하라는 것이죠.

미국 정신의학자 토머스 사즈는 용서를 이렇게 정리했습니다.

'어리석은 자는 용서하지도 잊지도 않는다. 순진한 자는 용서하고 잊는다. 현명한 자는 용서하나 잊지는 않는다.'

여러분은 이 중 어디쯤 해당하시나요?

· 4장 ·

힘들고 외로워도
앞장서야 할 때

큰 변화를 만드는 움직임

왜
실패하는 사람은
계속 실패할까?

적극적으로 살다 보면 실패는 필연적으로 생깁니다. 고로 실패한 경험이 있다면 그는 적극적인 사람이라는 이야기입니다. 그런데 왜 계속 실패를 하는 걸까요? 사람들이 실패를 반복하는 이유는 '실패 패턴'에 빠졌기 때문입니다. 사람들은 누구나 자기도 모르는 패턴을 갖고 살아갑니다. 바로 성공 패턴과 실패 패턴이죠. 성공하는 사람이 계속 성공을 이어 가고 실패하는 사람이 실패를 반복하는 것도 바로 패턴 때문입니다.

"부자는 망해도 삼대 간다"라는 말도 패턴의 결과입니다. 《부자아빠 가난한 아빠》에서 저자 로버트 기요사키는 부자들이 따르는 돈의 규칙과 부자가 아닌 사람들이 따르는 돈의 규칙이 따로 있다고 했습니다. 가난한 아버지는 "돈을 좋아하는 것은 모든 악의 근원이다"라고 말하지만 부자 아버지는 "돈이 부족한 것은 모든 악의 근원이다"라고 말합니다. 이는 가난의 패턴을 따를 것인가 부자의 패턴을 따를 것인가를 묻고 있습니다.

성공을 이어 가던 사람도 가끔 실패를 경험하고는 합니다. 그러나 성공 패턴에 몸을 실은 자는 금세 성공을 되찾습니다. 마찬가지로 실패를 거듭하던 사람도 가끔 성공합니다. 하지만 곧바로 실패 패턴으로 되돌아가 불행을 이어 가는 경향이 있습니다.

성공도 실패도 결국 습관이다

우리는 가끔 동일한 사건, 사고가 같은 장소에서 혹은 같은 사람에게 반복되는 신기한 현상을 봅니다. 모든 일은 어떤 관계나 조건에 의해 일어납니다. 따라서 같은 일이 반복되는 이유는 그런 환경이 조성됐기 때문이죠. 이런 사례는 실생활에서도 종종 볼 수 있습니다.

지인 중에 유난히 교통사고가 잦은 후배가 있었습니다. 32살 때는 오토바이 사고가 났고 37살 때는 회사 공장의 지붕에서 떨어져 큰 사고를 당했습니다. 그 뒤에도 자잘한 사고를 몇 번 겪다가 최근에는 트럭과 충돌 사고가 크게 나서 입원한 적이 있습니다. 보통은 평생 한 번도 일어나지 않는 큰 사고를 네 번 이상 치른 것이죠. 그는 태권도 유단자로 평소 건강이나 신체에 대한 자신감이 지나치게 가득 차 있었습니다. 이런 지나친 자신감이 과감한 행동과 부주의함으로 이어져 사고를 반복해서 겪은 것이 아닐까 짐작해 봅니다.

성공에 안주가 있듯이 실패에도 안주가 있습니다. 사람들은 당연히 모두가 실패에서 탈출하고 싶을 것이라고 생각하지만 바닥에 너무 늘어져 있으면 그 상황에 안주하기를 희망하는 경우도 생깁니다. 1974년에 개봉한 영화 〈빠삐용〉에서 '빠삐용'은 수차례의 탈옥 시도 끝에 자유를 찾아 떠나지만 '드가'는 섬에 남아 닭과 돼지를 키우면서 탈출의 기회를 포기하는 장면이 나옵니다. 상황이 익숙해지자 그 자리에 안주한 것이죠.

성공에 안주하는 것도 패턴, 실패에 좌절하고 포기하고 주저앉는 것도 패턴입니다. 패턴은 한번 열차에 올라타면 아무런 노력 없이 이동하는 것과 같습니다. 일단 열차에 타면 차창 밖을 구경하며 어디서 내릴 것인지만 생각하면 됩니다. 고작 열차라는 작은 패턴에 편승했을 뿐인데 힘을 들이지 않고 원하는 결과를 얻습니다.

인생의 성공과 실패도 이와 같습니다. 어느 쪽이든 올라타기만 하면 그다음은 별 힘을 가하지 않아도 목적지까지 쭉 나아갈 수 있는 거죠. 시작은 단순하지만 결과의 차이는 엄청납니다. 가령 인천 공항에서 비행기를 타지 않은 사람은 계속 인천에 머무르지만 비행기를 탄 사람은 가고 싶은 나라에 도착하게 되는 것과 같은 거지요.

일정 수준 이상의 성공과 바닥에서는 '현실에 안주하려는 구심력'과 '꿈을 이루려는 원심력' 간의 갈등이 생깁니다. 구심력에서 벗어나려면 패턴을 파괴할 용기가 필요하지요. 성공이든 몰락이든 그 패턴에 한번 들어서면 빠져나오기 힘듭니다. 결국 실패도 성공도 습관입니다.

지금 당신과 당신의 회사는 어떤 패턴 위에 올라타 있나요? 가능하다면 실패 레일보다 성공 레일에 몸을 실어 보십시오. 둘 다 하중을 견디고 추진하는 힘은 거의 같습니다. 그러니 같은 값이면 다홍치마를 택하라는 겁니다.

변화에 대한 박서보 화백의 말

인간은 살기 위해서 변화를 추구합니다. 주어진 환경이 좋으면 굳이 변화를 추구하지 않아도 되지만 열악한 환경에서는 치열한 변화를 추구해야 살아납니다. 작든 크든 환경은 늘 변하고 우리는 그 변화에 적응해야 살아갈 수 있는 존재죠. 그래서 잘 변화할 수 있어야 살아남습니다. 잘못 변화하면 추락합니다. 이에 대해 단색화의 대가 박서보 화백은 이렇게 말했습니다.

"우리는 끊임없이 변화를 모색해야 한다. 변화는 한순간에 오지 않는다. 나 자신을 차갑게 바라보는 사고의 확장 없이는 불가능하다. 그런데 잘못 변화해도 추락한다. 자기 것으로 완전히 소화하지 못한 변화는 오히려 작가의 생명을 단축한다. 그걸 경계하라."

　작은 성공에서 큰 성공으로 가려고 변화를 꾀하다가 실패할 수도 있습니다. 실패의 늪에서 빠져나오고자 고민 끝에 선택한 판단이 더 깊은 수렁으로 떨어지는 실수로 이어지는 경우도 있습니다. 어느 쪽이든 변화는 패턴의 굴레에서 빠져나오기 위한 과정입니다. 그런 의미에서 박서보 화백의 말은 주목할 만합니다.

파산하고
남은 재산
5만 5,000원

여러분은 최소한의 생활비가 없어 고통스러워 본 적이 있나요?
점심값, 교통비가 없어서 외출과 미팅을 망설여 본 적이 있나요?
속세에서 벗어난 스님, 신부님이라면 모를까 평범한 사회인에게
이정도로 돈이 없다면 어떻게 될까요?

저는 회사가 도산하고 개인도 파산한 상태에서 생활비는 물론
버스 탈 돈도 없었던 적이 있습니다. 그날 저는 거실에 있는 돼지
저금통을 갈라서 나온 동전들을 모아 은행으로 갔습니다. 정산해
보니 총 5만 5,000원. 저의 전 재산이었습니다.

실생활에서 우리가 겪는 대부분의 불행은 가난으로부터 오며,
가난은 고통이자 우리의 삶을 옥죄는 구속입니다. 가난이 주는

고통과 좌절감은 마음의 여유를 앗아 가며 가난 외에는 아무것도 볼 수 없게 만듭니다. 겪어 보니 알겠습니다. 그때 당시 저는 악마에게 영혼을 팔기로 계약한 파우스트의 심정을 이해할 수 있었습니다.

가난을 벗어나기 위해 발버둥 치다 보면 처음에는 물리적 자유를, 그다음에는 정신적인 자유를 잃습니다. 이쯤 되면 가난은 삶의 유일한 적이고, 가난을 벗어나는 것만이 인생의 유일한 목적이 됩니다. 다른 비전은 있을 수 없습니다. 이는 사업에 실패했을 때 가장 먼저 찾아오는 고통입니다.

성공할수록 더 배워야 한다

앙드레 말로는 "가난하면 적(敵)을 선택할 수가 없다. 우선은 가난에 지배당하고, 결국에는 운명에 지배당하게 된다"라고 했습니다. 가난을 벗어나는 게 목표인 사람에게 다른 여유란 있을 수 없습니다. 이것이 우리가 돈을 가져야 하는 근본적인 이유입니다. 궁핍하면 도덕과 부도덕을 선택할 수 없으며, 선과 악을 구분하기를 귀찮아합니다. 삶의 목적이 사라지고 오직 돈만 좇습니다. 미래에는 관심이 없고 눈앞에 보이는 것에만 관심을 보입니다. 보이는 것만 보고, 보이지 않는 것은 보지 않습니다.

지금 세상은 돈으로 해결할 수 없는 일이 거의 없습니다. 돈은 현실의 욕망을 실현시키는 최상의 도구이고, 그래서 다들 돈, 돈하는 것 같습니다. 하지만 가난을 벗어나기 위해 시작한 돈벌이가 커져 떼돈을 번다면 과연 손뼉 치고 좋기만 할까요? 제 생각엔 너무 가난해도 위험하지만 너무 돈이 많아도 위험하다고 생각합니다. 돈이 풍족해지면 쉽게 오만하고 욕망을 조절하기 어려우며, 쾌락과 나태에 빠집니다. 성공하고 부자가 되는 것도 무척 어렵지만 그 성공을 유지하고 관리하는 것은 더 어렵습니다.

우리는 흔히 실패에서 많은 교훈을 배운다고 생각합니다. 그러나 사실은 성공 후에 배워야 할 것이 더 많습니다. 실패 후에는 어쩔 수 없이 알게 되지만 성공 후에는 능동적으로 알아 가야 하기 때문이죠. 때문에 수준 높은 미래 계획과 정체성, 그리고 자발적인 실행 의지와 강단이 필요합니다. 성공을 유지하는 핵심은 욕망을 다스리는 데에 있습니다.

성공 후 무위도식의 결말

"히말라야 14좌를 완등한 지 올해로 15년이 됐습니다. 그 목표를 이루고 난 뒤 무기력증에 빠졌습니다. 자신을 바쳐 해야 할 일이 사라졌으니까요."

히말라야 8,000미터 고봉 14좌를 완등한 산악인 한왕용 대장이한 신문 인터뷰에서 한 말입니다. 그는 국내에서 엄홍길과 박영석에 이어 세 번째로 히말라야를 완등했습니다.

사업도 산을 오르는 것에 비유할 수 있습니다. 대부분은 등반 도중에 포기하고, 일부는 정상에 오르지만 성공에 도취해 무너지기도 합니다.

최근에 만난 권 사장의 이야기를 해 보겠습니다. 그의 회사는 직원 40명에 매출은 300억 원 정도로 안정적입니다. 매출과 순익도 수년간 상승세를 보이고 무리하게 사업을 확장할 필요도 없는 터라 자금의 압박 없이 편안합니다. 그는 주중에는 주로 술자리, 주말에는 과천 경마장에서 적당히 시간을 보냅니다. 평범한 직장인이라면 행복한 일상이라고 넘길 일이지만 한 조직의 리더로서는 왠지 2퍼센트 부족해 보입니다.

저 또한 성공에 취해 무너진 케이스입니다. 목표했던 코스닥 상장이 성공적으로 마무리되자 긴장이 풀렸는지 더는 오를 목표가 없었고 비전도 보이지 않았습니다. 매일 하릴없는 술자리를 반복하다가 급기야는 약속이 없는 날에도 억지로 누군가를 불러 술을 마시는 습관이 생겼습니다. 술은 긴장을 풀어 주는 순기능도 있지만 목적을 상실한 음주 습관은 육체와 정신을 서서히 침몰시킵니다. 저도 그렇게 서서히 침몰해 갔습니다.

전쟁 같았던 사업이 안정되고 목표를 달성한 후에 그다음 단계로 나아갈 목표가 없다면 앞서 언급한 권 사장이나 저처럼 방황의 길을 걷고 무위도식하게 됩니다. 돈 버는 기쁨에만 취해서 미래를 제대로 준비하지 못했던 거지요. 예컨대 매일 뚜렷한 목적 없이 골프를 치거나 술을 마시며 사람을 만나는 거지요. 남에게 해를 끼치는 일은 아니지만 장차 그의 앞날에는 큰 환란이 들이닥칠 것입니다. 사람의 본모습은 상황이 기울 때도 나타나지만 성공한 후 부귀해질 때도 적나라하게 드러납니다.

일부 의식 있는 사장은 정상에 도달하면 새로운 목표를 설정합니다. 성공을 위해 돈을 채워 가는 과정이 끝났다면 성공의 하산길에는 돈 씀씀이를 다듬어 가는 과정이 필요합니다. 하지만 대부분의 성공한 사장들은 그 성공 때문에 무너집니다. 특히 단기간에 성공한 사장일수록 내공이 쌓이지 않았기 때문에 사업 철학이나 맷집이 약합니다. 그러므로 성공했더라도 실패와 버금가는 자기 성찰이 필요합니다.

착한 사장,
나쁜 사장
어느 쪽인가?

모든 사장은 착한 사장, 인기 좋은 사장으로 불리고 싶어 합니다. 이 세상에 인기를 마다할 사람은 아무도 없습니다. 더구나 사장이 자기 회사 직원들의 인기와 호감에 신경을 쓰고 존경받고 싶은 것은 지극히 당연한 일이겠지요.

사장들이 듣고 싶은 단어, 존경

그러나 그것은 생각만큼 쉬운 일은 아닙니다. 더욱이 살아 있는 존재가 생전에 존경받기는 정말 힘들지요. 살아 있는 모든 생명체는 자연의 법칙에 따라 서서히 망가져 가는 존재이기 때문입니다. 시간이 흐르면서 점차 부족함과 치부를 드러내게 되는 존재에 대해 끝까지 이해하고 참으면서 온전할 때의 두려움과 존경심을 그대로 유지하기는 힘듭니다.

특히 대중들은 불나방같이 눈앞에 보이는 강하고 화려함만을 좇는 속성 때문에 살아 있는 자보다 죽은 자 중에서 적당한 '위인'을 찾아 존경심을 품는 것이 일반적이죠. 대개의 위인들이 옛날 옛적 사람인 이유입니다. 한마디로 위인이란 시간이 멈춘 공간에 전시된 박제된 인물들입니다.

그래서 살아생전 가장 가지기 힘든 것이 '존경'이고, 역설적으로 리더들이 가장 듣고 싶어 하는 단어이기도 합니다. 그런 이유로 세상에는 말로만 존경이 난무하고 있지요. '존경하는 국민 여러분, 회장님, 직원 여러분, 판사님, 검사님, 국회 의원 여러분…' 등입니다.

이처럼 인기에 대한 인간의 열망은 어쩔 수 없는 기본적인 욕구입니다. 특히 많은 직원을 거느리고 있는 대기업 회장이나 대중의 인기를 한 몸에 받는 스타들은 더욱 그러하겠지요. 이런 욕구는 군대 조직이나 공기업에서 유독 심하고 노골적입니다. 과거 군인들이 판을 치던 군부 시절 어떤 사단장은 본인이 시찰 중 지나가는 모든 초소의 사병들을 휴가 보내 준다거나 회식을 시켜 줬습니다. 당연히 좋은 인상을 남겼고 결국 그 인기를 등에 업고 대통령, 국회 의원에 출마하여 당선됐지요.

하지만 그 속을 들여다보면 그들이 대중 매체를 통해 가끔 보여 주는 활짝 웃는 인기성 이벤트는 말 그대로 보여 주기 위한 '쇼'에 불과합니다. 대중들은 그런 이벤트에 환호하고 찬사와 존경심을 표하지요. 그래서 일부 사장들은 어리석게도 그런 인기의 달콤함에 빠져드는 것입니다. 우리가 알고 있는 마음씨 좋아 보이는 기업 총수나 인기 있는 사단장이 임원 회의나 참모 회의에서도 그런 모습을 보여 줄 수 있을까요? 그런 인기성 이벤트를 일상으로 지속할 수 있을까요? 그렇다면 그 조직이나 회사는 아마도 조만간 문을 닫게 될 겁니다. 망하는 거지요.

세계에서 가장 인기 없는 사장

스노우폭스 김승호 회장은 그의 저서 《사장학개론》에서 착한 사장의 특징을 일곱 가지로 정리했습니다.

첫 번째, 사장은 때로 냉정하고 단호하게 대처하고 싸울 줄도 알아야 하는데, 누구에게나 좋은 사람이고 싶어 합니다.

두 번째, 거절에 익숙하지 못합니다.

세 번째, 사업에서 양보는 파산으로 연결될 수 있는데 너무 쉽게 양보합니다.

네 번째, 혼내는 걸 힘들어 합니다. 아랫사람을 혼내거나 지시하는 것을 망설이면 사장이 자기 혼자 모든 일을 해야 합니다.

다섯 번째, 지나치게 염려합니다. 사장의 지나친 걱정은 회사

분위기를 우울하게 만들고 주변을 짜증과 신경질적인 사람들로 가득하게 만들 수 있습니다.

여섯 번째, 항상 웃습니다. 사장이 항상 웃으면 어려워하는 사람이 없어집니다. 지나친 미소는 위엄을 떨어뜨리고 명령이 무시될 수 있지요.

일곱 번째, 도움 청하는 것을 힘들어 합니다. 사장이 모든 일에 다 전문적일 수 없고, 세상에 혼자 할 수 있는 일은 극히 드뭅니다. 묻는 것이 당연한데 묻지 않는 것은 조직의 리더로서 적절하지 않습니다.

그런데 여기 아예 인기와는 담을 쌓고 솔직하게 직구를 던지는 사장도 있습니다. 아마존의 CEO 제프 베이조스입니다. 그는 2014년 국제노총(ITU)에 의해 '가장 나쁜 CEO'로 선정된 바 있습니다. 그는 세계에서 직원들에게 가장 인기 없는 사장으로 기록될 수도 있습니다.

하지만 아마존은 지난 8년간 직원이 20배나 늘어 60만 명에 이르고 주가는 4배나 뛰었습니다. 2025년 3월 현재 엔비디아 등의 약진으로 4위에 그치고 있지만 2019년 1월 기준으로 보면 시가총액은 애플, 마이크로소프트, 구글, 페이스북을 누르고 세계 1위를 기록했습니다.

블룸버그 억만장자지수에 따르면 2024년 말 기준 그의 자산도 351조 원(2,390억 달러)으로 일론 머스크 다음으로 세계 2위입니다. 그는 자신의 성공 비결을 "고객 중심과 주주를 위한 장기적 경영"이라고 했습니다. 직원들을 쥐어짜고 납품 단가를 후려치는 것조차도 고객에게 값싸고 질 좋은 서비스를 공급하려는 목적이랍니다. 그의 관심은 오직 고객일 뿐 직원들에게 받는 인기에는 전혀 관심이 없어 보입니다.

사장이 지속적으로 매출을 유지하고 성장하면서 동시에 모든 직원에게 인기 좋고 덕망 있는 사람으로 불리고 싶은 것은 모순입니다. 구조적으로 모든 직원을 사랑할 수 없습니다. 이윤 창출이 목적이기 때문에 그 목적을 잘 수행해 주는 직원을 편애할 수밖에 없습니다. 전투적인 CEO 잭 웰치는 "직원을 사랑하고 투자하라. 그러나 누가 회사에 이득을 가져올 직원인지는 가려라"라고 했습니다.

직원 입장에서 보면 봉급 잘 주고, 나를 아껴 주며 인격까지 갖추고 있는 사장이 최고의 사장이겠지요. 하지만 사장과 직원은 근원적으로 이익의 관점이 서로 다릅니다. 그래서 대부분의 사장은 직원 누군가로부터는 원망이나 미움의 대상이 될 수밖에 없습니다.

사장에게 인기는 무의미하다

그런데도 사장들 중 일부는 용케도 마음씨 좋은 사장으로 불리고 있는 경우가 있습니다. 임원을 중심으로 한 철저한 행동반경 관리와 홍보 전략이 있었기에 가능했을 테지요. 보이지 않는 신비주의 전략과 언론 매체를 통한 인터뷰 전략, 대중 인기몰이 등이 그것입니다.

인기 좋은 사장이 되기 위한 간단한 방법 중 하나는 부하 직원을 너무 가까이 하지도 멀리하지도 않는 것입니다. 가능한 마주치지 않는 거지요. 그러나 마주치는 순간은 무조건 다정하게 대해야 합니다. 마음씨 좋고 뭐든지 들어 줄 듯한 동네 아저씨 같은 이미지 메이킹 전략입니다.

반면 임원들은 눈치를 볼 필요도 없이 확실하게 휘어잡아야 합니다. 직원들은 사장이 화장실에 쭈그리고 앉아 있는 모습을 본 적이 없어 존경의 대상이 될 수 있습니다. 하지만 임원들은 사장과 가끔 사우나도 같이하고, 일상으로 부닥치는 경영의 힘든 이면과 때로는 더러운 거래와 마주하는 동료로서 더 이상 사장이 신비로운 존재가 될 수 없습니다.

그런 그들 위에 군림하기 위해서는 왕권 시대 왕이 환관들에게 대했던 것처럼 약간의 물리적인 압박이 필요합니다. 적어도 그들에게 만큼은 어쩔 수 없이 두려움을 심어 줘야 합니다. 그래야 당신에게 머리를 조아릴 겁니다. 그들에게는 확실한 능력 발휘와 강도 높은 충성과 복종심을 요구해야 합니다.

다시 말하지만 임원 및 평직원 모두에게 골고루 인기 있는 사장이란 이 세상에 존재할 수 없습니다. 이것은 이 세상 모든 조직의 공통 사항입니다. 따라서 능력 있는 사장이 되려면 '착한 사장'의

환상을 버려야 합니다. 사장의 인기는 '휘발유'와 같은 것입니다. 가끔 주변에는 스스로 인기 좋은 사장이라고 자랑삼아 떠드는 분들이 가끔 있습니다만 금방 증발해 버리는 뚜껑 열린 휘발유통을 안고 있는 어리석은 분들입니다.

하지만 연예인의 경우는 180도 완전히 다릅니다. 연예인들은 인기에 살고 인기에 죽습니다. 그들은 자기가 좋아하는 것을 참아야 하고 타인이 좋아하는 것을 주로 따릅니다. 타인의 생각과 기준에 의해 그의 행동과 운명을 결정합니다. 그들의 인터뷰 단골 맺음말도 주로 "좋은 모습 보여드리겠습니다"입니다. 인기와 유명세가 곧 사업이고 생명줄인 그들로서는 어쩔 수 없는 선택이겠지요.

그러나 사장은 이런 연예인 같은 정체성과 존재 의식으로는 그 자리를 유지할 수 없습니다. 연예인 스타일의 사장은 필히 망합니다. 연예인들이 사업에 뛰어들어 망하게 되는 가장 큰 이유이기도 하지요. 사장은 때로는 인기와 정면으로 배치되는 행동과 결정도 내릴 수 있어야 합니다. 사장 스스로의 동력으로 직원들을 끌어가야 하고, 망하지 않는 회사, 생존을 최우선으로 생각해야 합니다. 사장의 인기에 대한 욕심은 모순되는 두 얼굴의 야누스 같은 것입니다. 그러니 한쪽 얼굴은 포기하십시오.

하고 싶은 일보다
주어진 일부터
잘하라

"네가 하고 싶은 일 맘껏 하면서 살라"라는 말은 흔히 어른들이 기죽어 있는 젊은이들에게 용기를 북돋워 주기 위해 하는 말입니다. 참 좋은 말이죠. 이런 말을 들으면 없던 용기도 불끈 생깁니다. 그러나 항상 할 수 있는 말은 아닙니다. 상당히 비현실적이고 성공 확률이 낮은 덕담일 수 있기 때문입니다. 워런 버핏은 이와 관련해서 다음과 같이 말했습니다.

"능력의 범위를 알고 그 안에 머물러라. 범위의 크기는 그다지 중요하지 않다. 중요한 것은 범위의 경계를 아는 것이다."

능력 안의 일은 훌륭하게 해낼 수 있지만 능력 밖의 일은 잘 모르기 마련입니다. 그러므로 내가 어떤 재능이 있는지 알아내는 것이 중요합니다. 능력 밖에서 행복을 추구하면 헛발질만 하다가 인생이 끝날 수도 있습니다.

현실적으로 말하면 먼저 주어진 일을 잘해야 하고, 그다음은 해야 할 일을 잘해야 합니다. 맨 마지막으로는 자기가 하고 싶은 일을 해야 합니다. 가장 어리석은 선택은 가진 것 없고 능력은 안 되면서 하고 싶은 일만 추구하는 것입니다.

그리고 아무 때나 자기 하고 싶은 일을 하는 게 아닙니다. 부모들이 자녀에게 아무 조건 없이 하고 싶은 일 맘껏 하고 살라며 방임하는 경우가 흔히 있습니다. 어느 정도는 필요한 말이긴 하지만 실용적인 조언은 아닌 듯합니다. 이것은 마치 준비되지 않은 아마추어 댄서에게 무대복만 입혀 카네기 홀에 내보내는 것과 같은 방임입니다. 엄청난 비극의 시작을 알리는 전조라 할 수 있습니다. 열정과 용기만 믿고 실현 가능성이나 조건을 따지지 않는 것은 용기가 아니라 만용입니다.

상황이 나쁘면 한 발 물러설 줄도 알아야 한다

욕구를 충족하기 위해 자유롭게 도전하는 것은 어느 정도 여건이 갖춰졌을 때나 힘이 있을 때 해피 엔딩을 맞이할 수 있습니다. 준비되지 않은 약자의 용기는 죽음으로 이어지거나 도전해 봤다는 기록만 남을 뿐입니다. 잠시 행복할 수 있지만 한 사람의 인생을 망가뜨릴 수도 있습니다.

과거에 총도 제대로 쏠 줄 모르면서 전장으로 내몰린 학도병들을 기억해 보십시오. 그들은 단지 용감했다는 평가를 받고 무명용사비에서나 기억될 뿐 모두가 입을 모아 영웅이라고 말하지는 않습니다. 영웅은 전공(戰功)이 있어야 하고, 살아남아야 빛을 발합니다. 한여름 밤에 형광등으로 몰려드는 불나방에게는 형광등 밑에 수북이 쌓인 주검의 무더기가 보이지 않습니다.

"패가 나쁘면 죽어라."

포커 게임에서 흔히 하는 말입니다. 자기 패만 보고 게임에 몰두하는 것은 하수죠. 모든 일은 상대적으로 판단할 수 있어야 합니다. 상황이 좋지 않으면 물러설 줄도 알아야 합니다.

무모함과 승부수는 구분돼야 합니다. 무모함은 생각 없이 용기 하나로만 지르는 것이고, 승부수는 철저한 기획으로 다져진 준비와 노력이 어우러지는 것이죠. 뭔가 하고 싶은 게 있다면 힘을 기르고 확률을 높인 뒤 내질러야 합니다. 그래야 고생도 덜하고 성공 가능성도 높겠지요. 패가 나쁜데도 죽지 않는 것은 승부수가 아니라 무모함입니다.

바둑에서 '세고취화'라는 말이 있습니다. 전세가 불리하면 화평을 취하라는 뜻이죠. 자칫 비겁하고 약해 보일 수 있지만 내가 약할 때는 넘쳐 나는 열정과 희망을 잠시 눌러 줘야 합니다. 욕망을 추스르고 세상과 화평을 취해야 할 타이밍이죠. 그럴 때는 자세를 낮추고 시간을 벌면서 힘을 길러야 합니다. 실력도 준비도 되지 않으면서 경험이나 쌓자고 도전하는 사람들이 흔히 있습니다. 자칫 잘못하면 힘만 낭비하고 금세 지쳐 의욕도 잃고, 그나마 갖고 있던 스스로에 대한 신뢰마저 잃어버립니다.

경험 삼아 해 보고 안 되면 마는 사업이 어디 있는가?

프로는 경험을 쌓기 위해 무대에 서는 사람이 아닙니다. 실력을 보여 주기 위해 무대에 서는 사람입니다. 프로는 연습하는 사람이 아니라 뭔가를 증명하는 사람입니다. "저 사람과 친하지만 일은 같이하고 싶지는 않아"라든가 "저 사람이 한 일은 반드시 다시 확인해 봐야 해"라는 평가를 듣는다면 그는 프로가 아닙니다. "저 사람 성격은 좀 까칠해도 일 처리 하나는 깔끔해. 믿을 수 있어"라는 평을 듣는 사람이 진정한 프로입니다. 일 처리의 완결성이 프로의 조건이죠. 그러자면 불필요한 동작은 줄이고 일도양단해야 합니다. 이 세상에 당신의 경험이나 쌓으라고 자기의 소중한 자산이나 프로젝트를 맡길 사람은 아무도 없습니다.

특히 사장은 크든 작든 회사를 책임지는 프로입니다. 이런 프로가 경험을 쌓자고 어설프게 무대에 오른다면 어떻게 될까요? 실수라도 한다면 직원들은 희생자가 될 수밖에 없습니다. 가끔 사장 중에 "경험 삼아 해 보고, 안 되면 말지"라고 말하는 이가 있는데, 사업은 연습이 아니라 실전입니다. 당신이 쥔 것은 공포탄이 아니라 실탄입니다. 모든 기회는 단 한 번이고 이 순간은 다시 오지 않습니다.

실패했다가 다시 성공하면 스릴 있는 경험이 되지만 한번 실패하면 되돌리기 어렵고 일어서기도 힘듭니다. 그래서 웬만하면 실패하지 말아야 하며 가능하면 작은 실패로 그치는 게 좋습니다. 무슨 일이든 시작할 때는 성공 확률이 높은 쪽으로 움직이는 프로가 돼야 합니다. 최고가 되고 싶은 바람과 꿈도 분명 중요하지만 아무 때나 자기가 하고 싶은 일을 시도하면 다칠 확률이 높습니다. 자칫 남의 성공에 박수나 치는 들러리로 그치거나 다시는 일어설 수 없는 바닥으로 떨어질 수도 있습니다.

도전과
모험을
구분하라

흔히 익숙하지 않은 일을 추진할 때면 두렵습니다. 사업은 끝없이 밀려오는 파도타기 같은 것입니다. 그러나 수많은 고비에도 사장들이 사업을 계속하는 이유는 두려움 뒤에 찾아오는 성취감 때문일 것입니다. 큰 도전에는 반드시 위험과 두려움이 있고 그 성취감 또한 큽니다. 우리는 이것을 모험이라고 부르죠. 히말라야를 완등한 한왕용 대장은 한 인터뷰에서 이런 말을 했습니다.

"엄밀히 말하면 모험의 본질이 사라졌다. 인공위성의 일기 예보 자료를 살 수 있고, 등산 장비의 기능성도 좋아졌다. 돈만 내면 전문 산악인이 달라붙어 산소마스크를 씌운 일반 고객을 에베레스트산 정상까지 올려 줄 수 있게 됐다. 나의 능력은 노멀 루트로 올라가는 것, 거기까지였다. 당시 어떻게 올라가느냐의 과정을 중시하는 '등로주의' 바람이 불었다면 나는 산악인 축에 끼지 못했을 것이다."

안전벨트를 감고 뛰어내리는 번지 점프는 짜릿하긴 하지만 목숨을 담보로 하지 않듯이, 정해진 루트를 따라가는 등반은 비록 히말라야라 할지라도 성취감이 반감돼 진정한 도전으로 보기 힘들다는 이야기입니다. 도전이란 어려운 일, 본인과 남들이 지금까지 한 번도 해 보지 않은 일에 다가서는 것이죠. 그리고 자신의 잠재 능력을 최대한 발휘해 전력 질주하는 것입니다. 이것이 역사적 탐험가들이 말하는 도전입니다.

이들에게 도전이란 정확하게 이야기하면 '모험'이죠. 모험이라는 말에는 성공 확률이 낮다는 의미가 포함되어 있습니다. 그래서 모험에는 언젠가 끝이 있습니다. 모험가들은 끝없이 도전하려는 속성 때문에 죽음과도 가깝습니다. 실제로 수많은 산악인과 탐험가가 새로운 모험을 반복하다가 낯선 땅에서 죽음을 맞이했습니다.

도전을 멈출 줄 아는 진정한 프로들
모험은 분명 위대하고 가치 있습니다. 그들의 목숨을 건 모험의 공과(功課) 덕분에 오늘날 우리가 이 땅에서 풍요를 누리고 있는지도 모릅니다. 하지만 경영에서는 도전과 모험을 구분할 줄 알아야 합니다. 그리고 가능하면 무모한 모험은 피해 가야 합니다. 피할 수 없는 모험이라면 성공 확률을 높여야 합니다. 충분한 데이터 분석, 치밀한 계산, 다양한 전략을 준비해서 모험을 도전으로 바꾸는 노력이 필요합니다.

일본의 전설적인 검객 미야모토 무사시는 29세까지 60여 차례의 진검승부에서 단 한 번도 패한 적이 없는 인물입니다. 29세 이후부터 그는 다른 유파와 검술 시합을 벌이지 않았습니다. 그가 무패 기록을 전설로 남길 수 있었던 이유는 떨어지는 체력을 감지하고 언젠간 다가올 칼끝을 피해 결투를 멈췄기 때문이죠. 단언할 수는 없지만 그에게도 분명 도전의 충동이 찾아왔을 것입니다. 하지만 그는 더 이상의 도전은 무모한 모험이라는 것을 감지했습니다. 다음 승부에서 60승 무패 기록이 깨질 것이라 생각한 것이겠지요.

2019년 미국 메이저리그 샌디에이고의 내야수 이언 킨슬러가 현역 은퇴를 선언했습니다. 통산 1,999안타. 2,000안타를 딱 한 개 남겨 두고 물러난 것입니다. 차범근 전 감독은 1978년 다름슈타트를 시작으로 프랑크푸르트, 바이어 레버쿠젠을 거쳐 1989년 은퇴까지 분데스리가에서만 308경기에 출전해 98골을 남겼습니다. 단 두 골을 남겨 두고 은퇴했습니다.

상식적으로 생각하면 '딱 하나의 안타, 단 두 골만 채우면 2,000 안타가 되고, 100골이 될 텐데'라는 아쉬움으로 무리를 해서라도 마지막 혼을 불사를 것입니다. 그러나 그들은 깔끔하게 물러났습니다. 진정한 프로는 끝없는 도전이 아니라 '끝이 있는' 도전을 합니다. 도전을 멈출 때를 아는 사람이 진정한 프로입니다.

경영에서도 도전을 멈추는 것에 대한 아쉬움은 항상 존재합니다. 스타트업에서 성공한 많은 기업이 10년 이상 유지되는 장수 기업이 되지 못하는 가장 큰 이유는 도전과 모험을 혼동하기 때문이죠. 언젠간 망할 모험을 반복하다가 결국 정말로 망하곤 합니다. 통상 도전이 거듭해서 성공으로 이어지면 모험조차도 별것 아닌 것처럼 보이기 시작합니다. 도전과 무모한 모험은 출발점은 같아도 도착 지점은 확연히 다릅니다. 전자의 끝은 성취이고 후자의 끝은 몰락입니다.

세계 최저 합병증 발생률을 기록한 의사의 원칙

의료 부문에서도 도전과 모험이 있습니다. 김기훈 서울아산병원 간담췌외과 교수는 2025년 2월 생체 간이식 기증자의 복강경 간 절제술에서 세계 최저 합병증 발생률(0.9퍼센트)을 기록했습니다. 서울아산병원에서 시행된 3,348건의 절제술을 분석한 결과입니다. 일반적인 합병증 발생률은 10퍼센트 남짓이고 5퍼센트면 낮은 것으로 봅니다. 사실상 합병증 없는 수치로 평가됩니다.

그는 신문 인터뷰에서 "운동선수가 이미지 트레이닝을 하듯 수술 전에 머릿속에서 시뮬레이션 한다. 환자마다 간의 해부학적 구조가 다 다르다. 피부를 절개하는 순간부터 그다음 과정 하나하나 예상해 미리 수술해 보면 예측이 된다. 실제 수술에서 시간이 단축되고 안전성도 높아진다"라고 말했습니다. 그는 도전에 대해 "어려운 수술에 도전하지만 원칙은 '무리하지 않는 것'"이라고 했습니다. 자신감을 갖되 철저히 준비해야 한다는 것이죠.

사장에게도 모험이 필요한 순간은 딱 한 번 정도 있습니다. 정말 이 모험을 하지 않으면 모든 것을 잃게 되는 불가피한 경우지요. 탐험가에게 모험은 필수지만 경영자에게 모험은 어쩔 수 없는 최후의 선택지가 돼야 합니다.

싫어도
불편해도
같이 간다

／　／　／　／　／　／　／　🚶　／　／　／　／　／　／

　일반적으로 소통이라고 하면 대상은 불문하고 '잘 이야기하고 잘 통하는 것' 쯤으로 생각합니다. 범위를 좁혀 사업에서 소통이란 무엇일까요?

　사업은 결이 맞는 친구를 사귀는 과정이 아닙니다. 좋아하는 사람들과만 거래하는 게 아닙니다. 손익 중심으로 이익을 주고받는 거래입니다. 직원도 내가 좋아하는 직원을 채용하기보다는 능력 위주로 채용합니다. 나와 다른 색깔, 다른 성격, 다른 스타일도 참아가면서 잘 어울리는 것이 매출 확대와 사업 확장에도 도움이 되기 때문이지요. 결국 사업에서 소통이란 가장 만나기 싫은 사람과도 잘 만나고 사이좋게 거래하는 것이라 할 수 있겠습니다.

《손자병법》구지(九地)편에 '오월동주(吳越同舟)' 이야기가 나옵니다. '오나라와 월나라는 서로 미워하는 사이지만 두 나라 사람이 같은 배를 탔다가 폭풍우를 만나 서로 같이 노를 저으며 돕게 된다'는 이야기입니다. 미운 사이끼리 왜 같이 노를 저었을까요? 같이 물에 빠져 죽을 수도 있고, 혼자서는 도저히 살아남을 수 없으니까 그랬을 겁니다. 원수지간이라도 이해관계가 맞아떨어지면 얼마든지 합심해서 난관을 극복해 나갈 수 있다는 이야기입니다.

오월동주를 말하면 어떤 분은 단순히 고전 속 이야기로만 생각하는 것 같습니다. 하지만 현대판 오월동주 사례가 있습니다. 트럼프와 김정은은 한때 서로를 욕했습니다. 트럼프는 김정은을 '꼬마 로켓맨, 미치광이, 병든 강아지'로, 김정은은 트럼프를 '깡패, 불망나니, 늙다리 미치광이'라고 욕했습니다. 심지어 트럼프는 "그는 내 배에 칼을 꽂을 것"이라고 막말도 했습니다. 한 나라의 지도자로서는 입에 담기 힘든 말들이죠.

그러던 트럼프가 최근 "세상에서 내가 유일하게 그와 잘 지낸다"라거나 "그는 똑똑한 남자(smart guy)다. 다시 연락 취하겠다"라고 한 걸 보면 많은 생각을 하게 합니다. 기존의 이념이나 체제, 가치를 무시하고 국가보다는 개인, 동맹보다는 사적 관계를 중시하는 그의 태도는 모든 소통을 이익과 거래의 관점으로만 보는 극단의 사례라 할 수 있겠습니다. 싫고 좋음조차도 그에게는 수단입니다.

통상 가족 회사라면 모를까 대부분의 회사나 조직에서는 내가 선택하는 사람과 팀을 이루지 않습니다. 사장이 개인 인품이나 성향까지 고려해 팀을 꾸릴 수는 없습니다. 그래서 통상 팀 구성원은 선택이 아니라 주어지는 것이죠. 좋아하는 사람도 있지만 결이 극단적으로 맞지 않는 사람과 한 팀을 이룰 때도 있습니다. 아마도 당사자는 출근이 싫어질 겁니다. 이때 이렇게 주어진 조직, 사람들과 잘 지내도록 하는 것, 강제하거나 유도하는 것이 사장의 조직 관리 능력입니다.

안되는 소통을 잘되게 하는 것이 사장의 일

그렇다면 직원끼리 소통을 거부하면 어떻게 해야 할까요? 조직 규모가 그리 크지 않은 중소기업에서 흔히 이런 심각한 불통 사례가 많습니다. 늘 같이 부대끼기도 하지만 큰 회사처럼 둘 사이를 떼놓을 마땅한 물리적인 격리 수단이나 인사이동이 마땅치 않기 때문이죠.

제가 잘 아는 D 기업은 직원이 8명입니다. 그중 A, B 직원이 어느 날부터인가 거의 원수지간이 됐습니다. 특별하게 언성을 높인다거나 표면적인 충돌은 없지만 자잘한 업무에서 갈등은 계속됩니다. 예컨대 특정 자료를 주고받을 때도 아무 연관 없는 직원 C를 통해서 전달합니다. 'A 팀장님, B 과장이 이거 좀 뽑아 달라는데요'하는 식입니다. 회의 시간에도 서로의 의견에 대해 의사 표현이 없습니다. 특별한 반대도 특별한 찬성도 없는 무소통입니다. 나름 애써 충돌을 피하는 것이죠. 유치하고 상식적으로 일어나지 않을 법한 일이지만 실제로 일어난 실화입니다.

이때 사장은 어떻게 해야 할까요? 둘 다 무능하면 어렵지 않습니다. 둘 다 퇴직시키면 됩니다. 그러나 어느 한쪽 능력이 탁월하거나 충성도가 각별하면 어려운 문제가 되지요. 한쪽을 편들어 퇴직시킬 경우 회사에 대한 보복이나 후환도 염두에 둬야 합니다.

불통은 돈입니다. 소통이 잘돼 회사가 잘 돌아갈 때는 잘 모르지만 이렇게 꽉 막히면 결국 돈, 비용의 문제로 귀결됩니다. 더구나 개인이 아니라 회사 간 불통이나 소통의 문제는 소송으로 이어져 불필요한 비용 발생의 원인이 됩니다. 각종 민원도 결국 회사와 소비자 간 소통의 문제에서 비롯됩니다. 따라서 사장은 이런 불통이 생길 때 비용으로 환산하여 효율을 꾀할 줄도 알아야 합니다.

생태학자이자 곤충학자인 이화여자대학교 최재천 교수는 그의 저서 《숙론》에서 소통에 대해 "소통은 원래 안되는 게 정상이다. 잘되면 신기한 일이다. 소통이 잘되리라 착각하기 때문에 불통에 불평을 쏟아내는 것이다"라고 말했습니다. 사장은 이런 소통을 잘되게 만드는 것이 그의 일이고 관리 능력입니다. 불통에 섣불리 실망하지 말고, 어려운 소통을 이루기 위해 필요한 과정을 차근차근 밟아 나가야 합니다.

왕이 암행하고
대통령이
시장에 가는 이유

／　／　／　／　／　／　♦　／　／　／　／　／　／

　　회사가 성장하고 사장의 권력이 커질수록 정보가 차단되거나
왜곡되는 경우가 생깁니다. 눈먼 사장이 되는 것이죠. 왕은 궁궐
에 갇히고 대통령은 청와대에 갇히며 사장은 사장실에 갇힙니다.
그러다 보면 현장감이 떨어져 왜곡된 정보로 결국 판단력이 흐려
지게 됩니다.

　　현장 감각은 사업 운영의 핵심입니다. 그래서 왕은 신분을 감
추고 암행을 했고, 대통령은 재래시장을 방문하며 민심의 동향을
살핍니다. 정보 격차와 왜곡을 줄이고자 노력하는 것이죠.

　　회사의 규모가 어느 정도 커지면 사장이 실무자와 직접 대면할
수 있는 물리적 소통에 한계가 생깁니다. 소위 '현장감이 떨어진다'

고 하지요. 그래서 어떤 사장들은 종종 현장을 둘러보고 직원과 직접 대화하며 고충을 듣는 등 현장 감각을 유지하려 애씁니다.

사장의 현장감은 정보 왜곡을 막는다

영국에서 방영하는 〈언더커버 보스〉는 회사의 사장이 본인 회사의 일용직 직원으로 위장 취업해서 진행되는 몰래카메라 형식의 리얼리티 프로그램입니다. 사장은 현장 직원과 함께 일하면서 그 불만이나 고충을 직접 느끼고 나중에 자신의 정체를 밝혀 고충을 해결해 줍니다. 사장실에서 서류로 보고받은 것과 실제로 현장 직원들이 겪는 현실 사이의 괴리를 파악하려는 취지가 담겼습니다. 특히 현장이 멀리 떨어져 있거나 조직의 규모가 커서 현장을 직접 살필 수 없을 때 효과적이고, 임원들의 엉터리 보고를 예방할 수 있는 효과도 있습니다.

피라미드의 최상단에 있는 외톨이 사장들이 겪는 고충 중 하나는 임원들의 정보 왜곡입니다. 위계질서에 익숙한 간부들은 사장이 좋아하는 보고만 하고 사실대로 보고하기를 주저합니다. 사장이 듣기 거북할 의견이나 보고가 얼마나 위험한지 본능적으로 잘 알고 있기 때문이죠.

절대 왕권 시대의 신하들은 솔직한 보고를 하려면 목숨을 걸어야 했고, 지금 시대의 직원들은 자칫 자리가 위험할 수도 있습니다. 사장의 권위가 높아질수록 직원들이 자기를 보호하려는 현상이 강해집니다. 가정도 예외가 아닙니다. 예컨대 가부장적인 아버지가 권위만 앞세울 때 가족 중 그 누구도 직접 이야기해 주지 않고 소통을 차단해 외톨이 아빠가 되는 것과 비슷한 것이죠.

눈먼 사장이 되지 않는 세 가지 방법

사장이 현장을 방문하는 것 외에 정확한 정보를 얻고 실상을 제대로 파악하는 방법에는 무엇이 있을까요? 눈먼 사장이 되지 않으려면 세 가지를 기억하셔야 합니다.

첫 번째, 회의나 대화 자리에서 사장의 권위를 잠시 내려놓으시기 바랍니다.

자신과 반대 의견을 내는 직원에게 감정적으로 대응하지 않아야 합니다. 술자리를 빌려 대화의 장을 가질 때도 자칫 감정이 개입돼 역효과가 날 수 있는 위험에 주의하셔야 합니다.

두 번째, 누가 무슨 말을 하든 발언 자체로 문제 삼지 않는 자유로운 분위기를 지향하셔야 합니다.

회의와 토론 자리에서 말하는 '사람'이 아니라 말의 '내용'에 집중해야 합니다.

세 번째, 현장의 소리를 직접 접수하고 소통해야 합니다.

미국의 버락 오바마 전 대통령은 국민이 쓴 편지를 읽고 직접 답장했습니다. 바이든 전 대통령도 직접 국민과 만남의 장을 갖기도 했습니다.

청나라의 5대 황제 옹정제는 지방관들에게 주접이라는 편지 형식의 보고서를 요구했는데, 여기에 작황과 물가, 민심 동향까지 시시콜콜한 것들을 있는 그대로 보고하도록 했습니다. 그 과정에서 아부를 위한 허위 보고도 있었지만 특별한 처벌은 없었습니다. 그러자 자금성에서는 백성의 생활을 그대로 알리는 주접이 쇄도했다고 합니다. 큰 나라의 대통령도, 왕도 현장의 목소리를 이렇게 중하게 여긴다는 점을 기억하십시오.

이 세 가지 방법을 모두 실천하기 쉽지 않지만 이를 주도적으로 실천하고 모범을 보이는 사장만이 성공할 수 있습니다.

내 회사가
어떤 회사로
남길 바라는가?

"평생직장 따위는 없다. 성공해서 떠나라!"

배달의 민족(우아한형제들) 사내 벽에는 이런 글귀가 적혀 있다고 합니다. 게다가 면접을 보는 공간이라고 하는데, 왜 이런 문구를 직원들에게 내세웠을까요? 세상이 바뀌고 있다는 증거입니다. 더 이상 회사가 직원들을 '가르친다'는 개념은 의미가 없어지고 있습니다. 오히려 그들에게 동기를 부여하고 그들의 성장을 돕는 형태로 생태계가 바뀌고 있습니다.

"우리 회사에 평생 다닐 생각은 하지 않았으면 좋겠습니다."

류영준 카카오페이 대표의 말입니다. 류 대표는 최근 신문 인터뷰에서 "각자 자신의 커리어에 성공 사례를 만드는 것이 회사 생활의 의미 아니겠느냐"라고 했습니다. 전통적 가치인 근속이나 충성심보다 합리적 선택을 권하고 있습니다. '우리를 거치면 당신이 성장한다. 있을 때만이라도 잘해 달라'는 메시지입니다.

서로 도와주고 끌어 주는 생태계로의 변화

한 회사에서 평생을 바치던 과거와 달리 지금은 회사가 개인의 성장을 위한 사다리에 불과합니다. 요즘 직원들은 일하다가 다른 사다리가 필요하면 과감하게 옮깁니다. 이들이 중요하게 생각하는 가치는 본인의 실력과 행복입니다. 자신의 능력을 잘 발휘할 수 있는 회사나 성장 가능성이 많은 회사를 좋아합니다. 기꺼이 성장의 사다리가 돼 주고 다른 사다리가 필요하면 기쁜 마음으로 보내 주는 회사를 원합니다. 그곳을 떠나더라도 그 회사 출신이라는 것을 자랑스럽게 말할 수 있는 회사가 좋은 회사입니다.

조직 상층부도 마찬가지입니다. 과거 많은 기업의 공동 창업자가 헤어지는 과정을 보면 성과를 못 냈거나, 싸웠거나 둘 중 하나로 모양새가 좋지 않게 헤어졌습니다. 그러나 배달의 민족은 다릅니다. 회사를 나갈 때도 생산적인 관계가 유지되도록 서로 도와주고 끌어 주는 생태계를 만들어 가고 있습니다.

런드리고, 트립스토어, 고스트키친, 킥고잉, 클래스101, 지구인

컴퍼니 등 수많은 스타트업의 대표가 배달의 민족 출신입니다. 김봉진 대표는 이들에게 창업가 정신, 투자, 노하우 등과 관련된 조언을 하면서 퇴사 후에도 좋은 인연을 이어 가고 있습니다.

이런 사례는 배달의 민족 외에도 많이 찾아볼 수 있습니다. 네이버는 삼성SDS 출신 인재들이 만들었고, 엔씨소프트 김택진 대표는 한글과컴퓨터 출신입니다. 당근마켓은 카카오 직원들이 사업 아이템을 잡아 창업했습니다. 우선 입사해서 업무를 잘 익히고 사내 인큐베이션을 통해 스타트업 창업을 모색한 것이죠.

이어달리기를 할 때 탄력을 받으면 속도를 내기가 훨씬 쉽습니다. 스타트업을 지원하는 모기업들은 선수들의 플랫폼이 돼 주면서 상생을 모색하는 생태계를 만들어 가는 중입니다. 이런 생태계 형성은 사회, 국가 차원에서도 긍정적으로 볼 수 있습니다. 그들이 창업해서 독립하면 결원으로 새로운 일자리가 생기고, 창업한 회사가 잘되면 고용이 늘어나는 선순환이기 때문입니다.

지금은 선택적 충성 시대

지금 우리는 '선택적 충성 시대'에 살고 있습니다. 왕권 시대에서는 성공하기 위한 선택이 단순했습니다. 왕에게 충성을 맹세하고 순응하는 구조였지요. 입신양명의 방법이 호랑이 등에 올라타는 것 말고는 방법이 없었습니다.

지금은 공무원, 공기업은 물론 대기업, 중소기업, 프리랜서, 해외 글로벌 기업 등 개인의 능력이나 취향에 따라 선택지가 무척 넓어졌습니다. 이제는 일방적인 충성심 강요와 제한적인 선택 환경에서 상당히 멀리 벗어나 있습니다. 조선시대에는 왕의 눈 밖에 나면 실업자 신세가 됐지만 지금은 마음만 먹으면 언제든지 이 회사 저 회사 옮겨 다닐 수 있는 자유가 있습니다. 직원을 묶어 둘 제도적 장치는 없습니다. 오직 부와 명예, 비전으로 인재를 잡아야 합니다.

한국경영자총협회가 2024년 6월 전국 20대부터 40대까지 정규직 근로자 1,500명을 대상으로 한 '근로자 이직 트렌드 조사'에서 과거 이직 경험의 경우 응답자 67.8퍼센트가 '이직 경험이 있다'고 대답했습니다. 그리고 '현재 직장이 첫 번째 직장'이란 응답은 32.2퍼센트로 집계됐습니다. 이직 유경험자의 이직 횟수는 평균 2.8회였고, 이직 유경험자 중 '3회 이상' 이직을 경험한 비중이 47.1퍼센트로 가장 높았습니다.

잡플래닛의 웹진 컴퍼니타임스에서 2025년 1월 직장인 1,005명을 대상으로 올해 이직 계획을 묻는 조사를 진행했는데, 응답자 10명 중 7명은 '올해 이직할 것'(69.8퍼센트)이라고 답했습니다. 또한 '현 직장에 계속 다니겠다'는 응답이 23.4퍼센트, '이직 여부와 상관없이 퇴사할 것'이라며 적극적인 퇴사 의지를 보인 직장인은 6퍼센트로 나타났습니다.

이런 역동적인 비즈니스 환경에서 사장은 무엇을 제시해야 직원들의 마음을 살 수 있을까요? 그리고 직원들은 무엇으로 회사에 보답해야 할까요? 이런 상호간의 밀고 당기기로 직원과 회사는 각자 어떤 이득과 결과를 주고받을 수 있을까요?

토익 900점
이력서만
기다리지 마라

일반적으로 이름 없는 중소기업일 때는 인재들이 몰리지 않습니다. 그러다 회사가 어느 정도 성장하고 회사 브랜드가 알려지면 그때서야 인재가 몰려듭니다. 이들은 좋은 회사를 가기 위해 장기간 준비해 온 '취준 전문가'들입니다. 회사 홈페이지와 사장의 성향, 평판 등을 샅샅이 살피고 회사에 맞는 '용비어천가'를 쏟아 내는 인물들이죠. 경력자라면 기존에 다니던 회사와 비교해서 대우가 더 좋은 곳으로의 이직을 결정했을 테죠.

신입이든 경력자든 이들의 취업 니즈는 확실합니다. 이를 반대로 이야기하면 '더 좋은 회사가 생기면 언제든지 떠날 수 있다'는 전제가 됩니다. 한여름 밤의 불나방이 불빛에 몰려들었다가 날이 밝으면 사라지듯이 말이죠.

이렇듯 채용 시장이 역동적인 힘의 씨름장으로 변모하고 있습니다. 채용자와 취준생이 겨루는 일종의 씨름장이라 할 수 있습니다. 과거에는 회사가 일방적이고 주도적으로 게임을 이끌어 갔지만 이제는 반드시 그렇지만은 않습니다. 회사 규모가 커져 내가 원하는 인재가 모여드는 것이 아니라 연봉이나 경력을 통해 자기를 성장시키고자 하는 사람들이 모여듭니다. 회사가 그들을 선택하는 것이 아니라 그들이 회사를 선택하는 구조지요.

이때 회사는 눈에 띄고 적극적인 사람을 자연스럽게 선택하게 됩니다. 사람들은 이런 태도를 열정이라고 부르죠. 하지만 실상 그들의 열정은 회사를 향한 열정이라기보다는 본인의 생존을 위한 본능적 페인팅일 가능성이 더 큽니다. 결론적으로 언뜻 보기에는 회사가 선택하는 것으로 보이지만 엄밀하게 따지면 몰려온 그들에게 회사가 선택당한 것이죠. 이것은 주어진 선택이며 천수답 방식의 인재 영입입니다. 비가 오면 물이 고이듯 회사가 번창하면 자연스레 인재가 모여들어 저절로 형성되는 일방적이고 소극적 인재 시장입니다.

시대와 세대에 맞게 변하는 채용 시장

회사가 이처럼 수동적인 채용 방식에 익숙해지다 보면 선택의 폭이 한정되고, 울타리를 까다롭게 만드는 데만 신경 쓰다 보니 엉뚱한 결과가 생길 수 있습니다. 예컨대 영어가 필요 없는 직무인데 토익 900점이 넘어야 뽑는 스펙 과다의 기형적 문턱이 생기는 것이죠.

회사가 이런 원천적인 오류를 방지하고 참신한 인물을 채용하기 위해서는 적극적이어야 합니다. 들어오겠다는 지원자들을 기다릴 게 아니라 남들이 눈여겨보지 않는 곳에서 인재를 찾아야 합니다. 이제는 비가 와야만 농사를 지을 수 있는 천수답 방식으로는 원하는 인재를 구할 수 없습니다.

실제로 많은 기업이 적극적으로 변하고 있습니다. 특히 스타트업계의 인재 채용 경쟁이 치열합니다. 전통적인 인사의 룰도 깨지고 있습니다. 최근 열린 '스타트업 코딩 페스티벌 잡 페어' 채용 설명회에서 초봉이 얼마냐는 질문에 박재욱 쏘카 대표는 주저 없이 "4,200만 원이 기본이고 잘하는 분은 비정기적으로 올라간다"라고 말했습니다. 얼마 전까지만 해도 연봉은 대외비였습니다. 이어 전통적 가치인 근속 대신 "우리를 거치면 당신이 성장한다"라고 강조했습니다. 충성심이나 간절함보다 합리적 선택을 권하는 메시지입니다.

영화 〈007〉 시리즈를 통해 우리에게도 익숙한 영국 정보청보안부(MI5)가 최근 인스타그램 계정을 만들었는데 벌써 11만 명의 팔로워를 거느린 인기 채널이 됐습니다. 단순히 홍보하기 위해서가 아니라 채용 때문입니다. MI5는 기존의 채용 방법만 고집하면 다양한 인재를 구할 수 없다는 결론을 내리고 인스타그램을 이용하는 젊은 층에게 재미를 줄 수 있는 콘텐츠를 제공하기 시작했습니다. 이와 비슷하게 미국의 CIA도 수년 전부터 인스타그램에 모집 공고를 올려 왔습니다.

이는 젊은 인재를 발굴하기 위해서는 더 이상 이력서를 기다리고 있을 수 없다는 것을 의미합니다. 기업 홍보 마케팅도 고객들이 주로 머무는 매체에 타깃 광고를 하는 것처럼 인재 채용도 원하는 인재가 모여 있는 곳에 적극적으로 어필해야 관심을 얻을 수 있습니다. 채용 시장의 판이 점차 MZ 세대 취향에 맞춰 바뀌고 있습니다.

손흥민이 계속 토트넘에서 뛰는 이유

투명한 선수 평가와 이적이 기본으로 자리 잡고 있는 프로 스포츠 세계를 한번 살펴보겠습니다. 지난 2025년 1월 손흥민 선수가 소속팀 토트넘 홋스퍼와의 계약을 2026년까지 연장했습니다. 리그 득점왕 타이틀의 세계적인 선수가 우승과는 거리가 먼 팀에서 계속 뛰기로 한 것이죠. 단순 '의리' 때문일까요? 팬들은 "우승을 위해 빅클럽으로 이적해야 한다"라며 아쉬워합니다.

우리는 여기에서 손흥민 같은 최고의 공격수가 토트넘 같은 약팀에서 왜 10년간이나 잔류하고 있는지, 나아가 그 같은 우수한 인재들이 진정으로 원하는 본질적 가치가 무엇인지에 주목할 필요가 있습니다.

중소기업은 단순한 금전적 보상만으로는 대기업과의 경쟁에서 우위를 확보하기 어렵습니다. 차별화된 직원 가치 제안(employee value proposition·EVP)을 마련해야 합니다. EVP는 조직이 인재에게 제공할 수 있는 포괄적 가치로, 금전적 보상뿐 아니라 주거 여건, 업무 환경, 경력 개발 기회, 조직 문화, 가족 친화적 복지 정책 등을 포함합니다. 단순한 복지의 나열이 아니라 기업의 미션과 문화에 걸맞은 가치를 제공하는 것이죠. 현재의 구성원과 미래의 구성원에게 '왜 우리 조직을 선택해야 하는가?'라는 질문에 설득력 있는 답을 제공하는 과정입니다.

사업에는 국가도
리스크 관리
대상이다

기업에게 국가란 무엇인가요? 한국의 정부 수립 초기에 국가는 든든한 버팀목이었고, 산업 초기에는 절대 권력인 동시에 무소불위의 상징이었습니다. 그 시절 정부가 발주하는 사업은 100퍼센트 성공했기에 무한 신뢰의 상징이었습니다. 설사 적자가 나도 정부 자금으로 메워 주기까지 했습니다.

그러나 지금은 사정이 달라졌습니다. 옛날처럼 정부만 믿고 사업을 시작했다가 부도가 나는 기업이 많습니다. 조달청이 운영하는 다수 공급자 계약 제도(MAS)처럼 자금 결제가 보장된 시스템이라면 모를까 이제 중앙 정부나 지방 자치 단체 주도의 사업도 함부로 성공을 장담할 수 없는 상황이 된 것이죠. 이것이 바로 사업에서 국가 리스크 관리가 필요한 이유입니다.

2016년 2월 10일, 개성 공단 폐쇄가 전형적인 사례입니다. 개성 공단기업비상대책위원회는 개성 공단 전격 폐쇄 조치로 30퍼센트 이상의 기업이 휴업 내지 폐업 상태라고 합니다. 정부가 권고하고 추진한다고 해서 무조건 믿고 따르기에는 리스크가 너무 큽니다. 이제는 기업 스스로 리스크 여부를 판단할 때입니다.

기업의 혈통 논란이 무의미한 까닭

일본 소프트뱅크의 손정의 사장은 2016년 1월 10일, 니혼게이자이신문과의 인터뷰에서 이렇게 이야기했습니다.

"나는 300년 정도 지속하는 기업을 만들고 싶다. 일본의 경쟁력 저하와 함께 소프트뱅크의 경쟁력이 함께 떨어지는 것은 바람직하지 않다."

국가가 망해도 기업은 별개로 살아남아야겠다는 강한 의지의 표현입니다. 이와 관련해서 기업의 국적과 혈통 논란이 있습니다.

뉴욕 증시에 입성한 첫날 시가 총액 100조 원을 넘기며 세상을 떠들썩하게 했던 쿠팡 이야기를 해 보겠습니다. 2021년 3월 11일 미국 뉴욕 증권 거래소에 상장한 쿠팡엘엘씨는 한국 쿠팡의 지분을 100퍼센트 갖고 있는 모기업입니다. 쿠팡의 설립자 김범석 대표 이사의 국적은 미국이고, 쿠팡엘엘씨 본사의 주소도 미국 델라웨어주입니다. 쿠팡의 한국 본사 건물은 서울 송파구 신천동에 있고 기업의 활동도 99퍼센트 한국에서 이뤄지지만 쿠팡의 국적은 미국인 셈이죠.

구글, 애플, 월마트, JP모건을 비롯해 미국 500대 기업 중 60퍼센트 이상이 서류상 본사를 델라웨어주에 두고 있습니다. 이는 기업에 유리한 법 제도와 낮은 세금 등의 이유 때문입니다. 게임 업체 넥슨도 창업은 한국에서 했지만 기업 상장을 일본에서 하면서 본사를 일본으로 옮겼습니다.

이처럼 본사를 해외로 옮기거나 처음부터 해외에 두는 탈(脫) 코리아 기업이 차츰 늘고 있습니다. 종래는 기업들이 주어진 환경에 수동적으로 적응했다면 이제는 좋은 생태계를 찾아 적극적으로 움직이고 있는 것이죠.

주체에 따라 이런 기업 국적 논란을 보는 관점이 조금씩 다릅니다. 국민은 순수한 애국의 관점이지만 정부는 돈의 관점입니다. KB금융의 외국인 지분은 75퍼센트 이상이고, 삼성전자와 네이버의 외국인 지분도 50퍼센트에 달하는 마당에 기업의 법인 등록지와 지분 구조, 경영진 현황 등을 기준으로 기업의 국적이 규정되는 '전통적인 판별 기준'으로 국적을 따지는 게 사실상 무의미해졌습니다.

대부분의 중소기업은 어쩔 수 없이 국가와 운명을 같이하겠지만 이처럼 국가 의존도를 줄이고 독립성을 높이려는 글로벌 기업이 늘어나는 추세입니다. 해외 직구가 보편화되고 기업 경영은 물론 소비와 투자까지 쉽게 국경을 넘나드는 글로벌 시대에 국적이 무슨 의미가 있을까요? 기업의 혈통을 따지고 애국심에 호소하기에는 너무 많은 것이 변하고 있습니다.

행정 업무는
재깍재깍
해결하기

/ / / / / / 👤 / / / / / /

사업을 하다 보면 정부, 관공서 공무원의 성향을 파악하고 대처해야 할 때가 있습니다. 소위 관공서를 대하는 기업의 대관 업무입니다. 사업이 어려워지면 각종 공과금과 세금이 밀리는데, 그러다 보면 공공 기관을 상대할 일도 늘어납니다. 이는 중소기업에서 흔히 있는 수동적, 소극적 대관 업무입니다. 이때 대관 업무는 돈을 버는 일도 아니고 기분 좋은 일도 아니지만 반드시 해야 하는 일입니다.

어떻게 대응하는 게 좋을까요? 적극적으로 대응하십시오. 특히 세무서, 법원, 시청, 구청에서 오는 통지서와 전화는 잘 받는 게 좋습니다. 그들이 용건 없이 연락하는 경우는 없습니다. 그리고 공무원에게 맞서 봤자 당신만 손해입니다. 그들은 주어진 일을 하는 사람들입니다.

피한다고 될 일도 아니죠. 시간만 지연될 뿐 방향을 바꾸진 못합니다. 주변에 세금 독촉장과 고지서를 외면하고 미루다가 더 큰 손해를 보고 수습하는 경우를 여러 번 봤습니다. 외면하고 싶은 심정이야 충분히 이해합니다. 저는 파산 면책이 한참 지난 지금도 집 우체통에 태극문양이 새겨진 국세청 우편물과 행정 봉투가 꽂혀 있으면 가슴이 철렁 내려앉습니다. 하지만 외면한다고 봐주지 않습니다. 지하에 숨어들지 않는 이상 지구 끝까지 쫓아올 것 같습니다. 도망칠 게 아니라면 그들과 맞서거나 외면하지 마십시오. 가능하면 적극적으로 해결하는 게 좋습니다.

대관 업무에 신경 쓰는 기업들

규모가 큰 기업이거나 주 업종이 대정부 사업이라면 체계적으로 대관 업무를 해야 합니다. 큰 이익이 오가기 때문이죠. 전문적인 대관 업무 과정에서 발생할 수 있는 몇 가지 사례를 소개하겠습니다.

첫 번째로 CEO 출석을 무기 삼아 어려운 요구를 하는 경우입니다.

모 건설사에서 15년 이상 대관 업무를 담당 중인 김 임원은 최근 한 국회 의원실의 보좌관으로부터 황당한 전화를 받았습니다. 현재 한창 진행 중인 공사 계획을 수정하지 않으면 국정 감사에서 최고 경영자를 출석시키겠다는 전화였지요. 해당 공사는 법적으로 전혀 문제가 없고 계획을 바꿀 경우 천문학적인 비용이 들어간다고 오랜 시간 설득했지만 보좌관은 막무가내였습니다. 수차례 반복된 전화와 강압적인 태도는 물론 막말도 서슴지 않았습니다.

CEO가 국감에 출석할 경우 준비해야 할 답변과 증거 자료만 산더미이기 때문에 회사의 입장에서 리스크가 너무 컸습니다. 김 임원은 "국회 의원실은 걸핏하면 CEO 출석을 무기 삼아 현실적으로 불가능한 사항을 요구할 때가 많다"라며 울상을 지었습니다.

두 번째로 구두 지시대로 수행했으나 말을 바꾸는 경우입니다.

정부 산하 기관에 소속된 최 직원은 상급 부서 공무원과 회의나 통화를 할 때마다 꼭 녹취를 합니다. 공무원의 구두 지시대로 업무를 수행했다가 훗날 탈이 나면 "나는 그런 지시를 한 적이 없다"라며 말을 바꾸기 때문이죠. 그는 "공무원은 감사에서 문제가 불거지면 승진에 불이익을 받을까 봐 웬만하면 규제를 풀지 않는다. 정부가 아무리 규제를 풀라고 해도 행정 일선에서는 변화를 체감하기 어려운 게 현실이다"라며 고개를 내저었습니다.

이처럼 최근 많은 기업이 대관 업무에 각별한 신경을 쓰고 있습니다. 이에 따라 입법, 행정, 사법을 막론하고 정관계 인사들을 잇 따라 영입하며 대관 인력 확보에 한창입니다. 배달의 민족을 운영 중인 우아한형제들은 김앤장법률 사무소 출신 함윤식 전 부장판사를 대외·법무 총괄 부사장으로 영입했습니다. 또한 쿠팡은 추경민 전 서울시 정무 수석을 부사장으로 영입했습니다. 롯데관광개발은 오명 전 부총리 겸 과학 기술부 장관을 사외 이사로 영입했습니다.

이런 대관 업무에서의 전직 사례는 국내로 한정하지 않고 글로벌하게 진행되는 추세입니다. 마크 리퍼트 전 주한 미국대사는 대사직에서 물러난 뒤 보잉, 구글 등에서 일하다가 2022년 3월 삼성전자 북미법인 대외협력팀장(부사장)으로 합류했습니다.

또한 조 헤이긴 전 백악관 부실장이 LG그룹 워싱턴 공동 사무소장으로, 스티븐 비건 전 국무부 부장관은 포스코 미국 법인 고문으로 일하고 있습니다. 한국계로는 미국 최고위급 외교관인 성 김 전 주한 미국대사가 2024년 1월부터 대형 로펌 태평양 글로벌 미래전략센터의 센터장, 현대자동차그룹의 자문역에 이어서 2024년 11월부터 그룹 대관과 홍보 업무, 싱크탱크 총괄 담당 사장으로 영입됐습니다.

결국 이런 인력 확보 열풍의 뒷면에는 단순한 영업이나 전문성을 활용하는 것을 넘어, 많은 경우 이들이 회사의 로비와 문제 해결사 노릇을 하며 기업의 방패 역할을 하고 있습니다. 하지만 결과적으로 보면 영입된 인사들이 이전에 스스로 만들어 놓은 엄격하고 복잡한 규제들로 퇴직 후에 밥벌이로 활용하는 형국입니다.

현직에서는 규제의 파수꾼, 퇴직 후에는 이와 관련된 문제의 해결사 내지는 공격수로 나서고 있으니 규제의 울타리가 낮아질 리가 없습니다. 물론 법적으로는 아무런 문제가 없습니다. 하지만 직업 윤리와 도덕성 측면에서는 한 번쯤 생각해 볼 일입니다.

번 돈은
어떻게
굴려야 할까?

사업 초기라면 마케팅이나 캐시 카우, 현금 흐름 등 '어떻게 돈을 벌어들일 것인가'에 초점을 맞추고 집중하는 게 맞겠지만 어느 정도 사업이 안정 궤도에 올랐다면 돈을 굴리고 쓰는 운용 계획에도 관심을 가져야 합니다.

'돈만 잘 벌면 됐지 돈을 굴리는데 무슨 계획 같은 게 필요할까?' 라고 생각하는 사람도 있겠지요. 하지만 막상 돈이 들어오면 어찌할 바를 모르고 그냥 은행에 저축하는 게 다인 줄로만 생각하는 사장들이 의외로 많습니다. 그건 말이 저축이지 사실상 돈의 방치입니다.

제가 그랬습니다. 연 매출이 3억 원이던 회사가 갑자기 이듬해

30억 원, 다음 해 70억 원, 122억, 204억 원으로 매출이 급격하게 뛰면서 가장 혼란스러웠던 게 자금 운용이었습니다. 은행에서 돈 빌리는 데만 익숙했던 제게 어느 날 은행 지점장들이 찾아와 밥을 사거나 자금 유치를 부탁했습니다. 존재감 없던 중소기업 사장이 하루아침에 돈줄의 완벽한 갑이 된 것이죠. 그때부터 자금을 안배하고 투자하는 것이 고민거리가 됐습니다. 이렇게 이야기하면 사람들은 '그게 무슨 고민거리야?'라며 자랑질로 생각할 수 있겠지만 분명 고민거리였습니다. 게다가 이런 고민은 남에게 드러내기도 애매하다 보니 엉뚱한 결과를 초래했습니다.

1997년 IMF 경제 위기의 국면에서 환율은 1,964.8원(1997년 12월 24일 기준), 은행 예금 이자율은 최고 27.15퍼센트(1997년 12월 30일 기준)로 최악의 국가 위기 상황이었습니다. 오랜 역사와 신용의 상징이었던 한일은행, 상업은행, 서울은행, 조흥은행, 제일은행, 동화은행 등이 인수 합병으로 사라지면서 당시 33개의 시중 은행 중 16개만 남을 정도였으니까요.

그런데 우리 회사는 당시 이런 위기 상황과 관계없이 초호황을 누렸습니다. 매일 감당하기 힘들 정도로 들어오는 돈을 분산 예치하고 투자 안배에 상당한 공을 들였지만 결과적으로 포트폴리오 구성에 실패했습니다. 주로 지점장들이 권유하는 금융 상품에 즉흥적으로 대응했습니다. 한마디로 아마추어 사장의 전형적인 행태를 보여 준 것이죠.

또 당시에는 벤처 기업이 우후죽순처럼 생기고 있었는데 좋은 기업을 골라내는 안목과 전문성이 떨어져 무분별한 투자로 상당한 자금을 낭비하기도 했습니다. 아마도 200억 원은 족히 넘었던 것 같습니다.

돈 벌기만큼 중요한 돈 굴리기

사장은 매출 성장과 함께 돈을 굴리는 안목과 실력도 키워야 합니다. 성장을 유지하기 위해 인수 합병, IPO(기업 공개) 등을 고려해야 하고, 자산의 효율적 운용을 위해 부동산, 주식에 자연스럽게 연결돼야 합니다. 즉 부동산과 금융을 만날 수밖에 없는 구조가 되는 것이죠. 이때부터 사장은 더 이상 회사 매출만 잘하는 것으로는 성장할 수 없는 한계에 봉착합니다. 금융과 부동산을 이해해야만 하는 단계죠.

예컨대 업종마다 회사마다 다소 차이가 있기는 하지만 매출 100억 원에 이익률이 5퍼센트라고 가정했을 때, 5억 원의 금융 이익은 매출 100억 원과 맞먹기 때문에 결코 무시할 수 없습니다. 매출 단위가 100억 원을 넘기고 잉여 자금이 50억 원 이상 쌓이면 순수 노동력을 통해 매출 이익을 올리는 것도 중요하지만 부동산, 주식, 자본 등을 통한 이익에도 관심과 공부가 필요합니다.

이때 평소에 자금 운용 방향을 미리 생각하고 공부해 뒀던 사장과 그때그때 임기응변으로 부동산, 증권 등을 쇼핑하듯이 무계획으로 운용하는 사장의 차이는 실로 엄청납니다. 큰돈에는 항상 정치나 도덕성이 개입하기 때문에 이런 유혹들에서 비켜 가려면 평소의 정체성 기준이나 단련도 필요합니다.

사업에서 1차적으로는 '돈을 어떻게 벌 것인가'가 가장 중요한 문제지만 다음 단계는 '벌어들인 돈을 어떻게 굴릴 것인가'입니다. 이때는 또 다른 능력과 기준이 필요해지는 단계라 할 수 있습니다. 사장은 돈의 미래 위치를 어디에 둘지 고민하고 공부해야 합니다. 그러려면 능력과 도덕성을 겸비한 전문가의 자문이나 적절한 운용 계획이 반드시 필요합니다.

정부의
돈줄을
활용하라

요즘은 정부의 지원과 제도 혜택이 많다 보니 돈이 없어도 창업이 가능합니다. 언제부터인가 이런 제도를 잘 활용하는 것도 하나의 경영 능력이 됐습니다. 대출을 다루는 힘 '대출력' 같은 것이죠. 창업 단계부터 회사의 유년기, 청년기, 장년기, 노년기의 과정마다 필요한 컨설팅과 지원 제도가 다릅니다. 때로는 전문 컨설턴트조차 적절한 지원 제도를 찾는 데 애를 먹을 정도로 제도가 다양하고 복잡하지만 그만큼 정교하다는 뜻입니다. 그래서 그 사이를 비집고 정부의 지원금만으로 기업을 운영하는 일명 '좀비 기업'도 많습니다. 그렇다면 수많은 지자체와 관련 기관이 제공하는 다양한 지원 제도를 어떻게 하면 제때 알고 활용할 수 있을까요?

정부 지원 사업을 알아보는 방법

정부 지원 사업 정보는 스마트폰에 '기업마당' 애플리케이션을 설치해서 확인하십시오. 기업마당(www.bizinfo.go.kr)에는 소상공인과 중소기업을 위해 하루에 약 20가지에서 30가지의 다양한 지원 사업이 공지됩니다. 이곳에 올라온 내용 중 궁금한 사항은 국번 없이 1357(중소기업 통합 콜센터)에 문의하면 됩니다. 이 콜센터에는 전직 금융 기관 종사자, 금융 전문가, 경영 지도사, 공인 노무사, 변리사 등 전문가 집단이 무료로 상담해 주고 있습니다.

인터넷에서 파일을 열어 보는 방법도 있습니다. 기업마당 홈페이지에서 매년 1월 중소 벤처 기업부가 발간하는 책자를 다운로드받을 수 있습니다. 지원 형태의 큰 카테고리는 '중소기업 지원', '창업, 재도전 지원', '소상공인, 전통 시장 지원', '공통 사항' 네 가지가 있습니다.

'중소기업 지원'에는 첫 번째, '금융 지원'은 기업의 미래 성장성을 평가해서 경영에 필요한 각종 채무의 보증을 지원함으로써 자금 융통이 원활하도록 돕습니다. 두 번째, '기술 개발 지원'은 기술 개발 자금과 인프라 지원, 스마트 공장의 보급 확산 및 기술 유출 방지를 돕습니다. 세 번째, '인력 지원'은 산업의 수요를 반영한 현장 중심 교육을 제공하며 인재 양성과 인력 유입을 촉진합니다. 네 번째, '판로 지원'은 중소기업에 유리한 공공 기관 납품 제도, 중소기업 기술 개발 제품의 우선 구매, 마케팅, 홍보를 지원합니다. 다섯 번째, '수출 지원'은 다양한 수출을 지원하는 제도입니다. 여섯 번째, '여성, 장애인, 지역 기업 지원'은 여성 기업, 장애인 기업, 지역 기업을 육성하고 지원합니다.

'창업기업 지원'에는 아이디어 및 기술 창업 지원, 창업 저변 확대, 창업 지원 인프라 지원 제도가 있습니다. '재도전 기업 지원'에는 사업 전환 및 재창업 지원 제도가 있습니다. 소상공인을 위한 교육, 컨설팅 및 정보를 제공하고 맞춤형 경영 개선 및 협업화를 지원합니다. 소상공인 재기 지원, 소상공인 정책 자금 지원, 전통시장 지원, 보증 지원 제도도 있습니다. 이외에도 외부 전문가 노하우, 대·중소기업 동반 성장 지원, 중소기업 원격 근무 활성화 지원이 있습니다.

혜택은 누리되 의존하지는 마라

사장들이 가장 관심 있는 것은 뭐니 뭐니 해도 돈입니다. 그러나 사장들이 가장 공부하지 않고 잘 모르는 분야이기도 합니다. 금융에는 무상과 유상이 있습니다. 무상은 말 그대로 공짜로 돈을 준다는 것이고, 유상은 융자를 말하며 이자를 내는 돈이라는 뜻입니다. 유상은 쉬운 것 같으면서도 어렵고, 무상은 어려운 것 같으면서도 쉽습니다.

융자는 많이 투명해지고 이전과 달라졌다고들 하지만 여전히 알음알음 인맥으로 연결돼 있습니다. 융자는 신청이 거절돼도 그 이유가 모호한 경우가 많습니다. "신용 상태가 좋지 않은 거 같은데 내년에 다시 시도해 보시면 좋겠네요"라며 두루뭉술하게 답변합니다. 이처럼 융자는 평가 항목과 조건을 잘 공개하지 않고 폐쇄적입니다. 반면 무상은 제출해야 할 서류가 많지만 평가 항목과 조건을 투명하게 공개하고 있습니다. 공식적이기 때문에 탈락의 이유가 비교적 명확합니다.

무상이든 유상이든 정부 지원 제도를 활용하려면 사전에 기업이 꼭 갖춰야 할 몇 가지 필수 조건이 있습니다.

첫 번째, 중소기업 확인서를 발급받아 둬야 합니다.
두 번째, 채무 불이행 사실이 없고 세금이 완납돼야 합니다.
세 번째, 재무제표 상 최근 3년간 수익이 있고 부채 비율은 300퍼센트 이하를 유지하는 게 좋습니다.

이 세 가지는 갑자기 준비할 수 있는 것이 아니므로 평소에 염두에 두고 준비해야 합니다.

정부 지원 제도의 책자 말미나 지원 기관 사이트에 담당자와 상담할 수 있는 연락처가 있습니다. 하지만 공식적인 상담 때는 교과서적으로 답하는 경향이 있으므로 다소 비용 부담이 가더라도 관련 전문가에게 비용을 지불하고 자문을 받는 게 좋습니다. 이들은 보수를 받고 움직이기 때문에 적극적이고 친절합니다. 회사를 꾸리기도 바쁜 사장이 모든 것을 일일이 검토하기는 힘듭니다. 그러므로 믿을 만한 전문가를 고용하는 것도 훌륭한 선택이 될 수 있습니다.

지원 제도를 활용하는 것은 좋으나 지원 제도에만 100퍼센트 의존하지 마십시오. 사람이나 기업이나 한번 뭔가에 의존하기 시작하면 '거지 근성'이 생겨 자생력이 무너질 수 있습니다. 한번 빨대를 꽂으면 빨대만 바라보게 됩니다. 기업은 사장의 악착같은 근성, 야성이 어느 정도 있어야 유지될 수 있는 조직입니다. 너무 제도에 의존하면 사장에게 필요한 야성까지 잃을 수 있음을 잊지 마십시오.

사장의
독서는
달라야 한다

／　／　／　／　／　／　／　　／　／　／　／　／

　사장의 독서는 학자나 학생의 독서와는 목적이 다릅니다. 단순한 호기심이나 학문적인 욕구를 충족시키기 위한 수단으로 읽고 배우는 게 아니기 때문이죠. 사업에서 성과를 내려면 온전히 자기의 지식과 생각만으로 일할 수 없습니다. 시대의 흐름을 읽고 타인의 경험과 전문 지식을 습득해야 합니다. 그러기 위해 가장 좋은 도구가 책입니다.

　통상 독서를 성장을 위한 행위로 알고 있지만 반드시 앞으로 나아가기 위한 것만은 아닙니다. 지금의 자리를 유지하기 위해서도 필요하지요. 자전거는 천천히라도 페달을 밟고 있어야 넘어지지 않습니다. 버스 정류장에서 가만히 서 있다 보면 버스들이 그냥 지나가는 것처럼 내가 가만히 있어도 세상은 빠르게 흘러갑니다. 이때 세상의 변화를 전부 따라갈 수는 없지만 일단 버스에 올라타야 가만히 있는 상태를 벗어날 수 있습니다. 이왕이면 당신이 가고자 하는 방향과 목적지로 향하는 버스를 타십시오. 수많은 책이 쏟아져 나오지만 그중 내가 가는 방향, 목적하는 바와 결이 같은 책을 읽어야 합니다.

아침저녁 20분만 투자하라

사장은 바쁜 사람입니다. 독서가 필요한 건 알겠는데 책 읽을 시간이 없지요. 그래서 독서의 최우선 과제는 시간 확보입니다. 바쁜 사장이 어떻게 하면 시간을 낼 수 있을까요? 세계적인 시간 관리 전문가 앨런 라킨은 아침에 일어나서 일과를 시작할 때까지의 자투리 시간을 제안했습니다. 자투리 시간은 일상 이곳저곳에 조각조각 흩어져 있기 때문에 방법만 알면 상당히 유용하게 활용할 수 있습니다.

자투리 시간을 풍성하게 활용하는 방법은 여러 가지입니다. 저는 출근하거나 누군가를 만나러 가는 동안 스마트폰으로 인터넷 신문 기사와 칼럼을 읽습니다. 자가용으로 움직일 때도 오디오북, 책 읽어 주는 애플리케이션, 유튜브, TTS(Text to Speech) 등의 기능을 이용하면 언제든지 독서할 수 있습니다. 이 기능은 조깅, 예술 활동, 글쓰기 등 다른 일을 하면서도 이용할 수 있습니다.

독서 시간 확보는 티끌 모아 태산입니다. 아침, 저녁 각 20분씩 시간을 내면 하루에 총 40분을 쓸 수 있고 1년에 총 173시간을 확보할 수 있습니다. 통상 책 한 권을 읽는 데 평균 4시간이 걸린다고 하면 1년에 43권의 책을 읽을 수 있죠. 이런 결과라면 자투리 시간을 이용할 이유가 충분하지 않나요?

독서를 습관화하라

책 읽을 시간이 확보됐다면 이번에는 습관화입니다. 달랑 책 한두 권 읽자고 이런 장황한 이야기를 늘어놓는 것이 아닙니다. 회사 경영도 '지속 경영'을 강조하듯이 공부도, 성공도, 독서도 '지속'이 중요합니다. 독서를 습관화하여 꾸준함을 유지해야 합니다.

습관은 비단 독서에 국한된 문제가 아니죠. 모든 분야에 꾸준히 질문해 보십시오. "지금 이 습관은 올바를까?", "어떻게 하면 더 좋은 습관을 가질 수 있을까?", "어떻게 하면 이 좋은 습관을 오래도록 지속할 수 있을까?"라고 말입니다.

습관은 쉽게 생기지 않습니다. 사람의 마음과 기분은 변덕스럽기 때문에 스스로도 그리 신뢰할 게 못되지요. 좋은 습관을 가지려면 강한 의지도 따라야 하고 외부의 힘도 빌려야 합니다. 스티븐 코비는 좋은 습관을 유지하려면 3주 동안의 반복이 필요하다고 했습니다. 우주 로켓이 한번 궤도에 진입하면 별도의 동력이 필요하지 않은 것처럼 습관 또한 한번 자리 잡히면 쉽게 동력을 잃지 않습니다.

작심삼일을 거스르고 결심이 깨지지 않도록 도와주는 애플리케이션도 있습니다. '챌린저스'는 이용자들이 참가비를 내고 운동, 어학 공부, 에세이 쓰기 등 다양한 목표를 지속하도록 돕습니다. 헬스장 가기에 도전했다면 약속한 날에 운동 기구 사진을 찍어서 올리고, 식단 조절을 시작했다면 샐러드 사진을 찍어서 인증합니다. 이 애플리케이션은 목표를 85퍼센트 달성하면 참가비를 환급해 주고 100퍼센트 달성하면 추가 상금을 줍니다. 참가비는 스스로 책정하며 많이 낼수록 상금도 많아지기 때문에 동기부여가 되지요.

자기만의 통찰력을 만들어라

사장은 자신의 경험과 지식을 바탕으로 순간적인 판단을 내려야 하는 사람입니다. 나무를 보고 숲을 상상하고, 숲을 보고 나무를 꿰뚫어 볼 줄 아는 입체적 시야를 가져야 사업 아이템의 품질을 식별할 수 있습니다.

책을 읽는다는 것은 다른 사람의 다른 생각을 접한다는 것이죠. 독서로 다양한 전문 지식을 접하는 유익도 있지만 그만큼 내가 모른다는 걸 자각하는 겸허의 수단이 될 수도 있습니다. 이런 독서의 목적을 효과적으로 달성하는 방법이 바로 사색입니다.

독서와 사색의 병행은 얻은 지식을 되새김질하고 소화, 발효해서 내재화하는 작업입니다. 독서량 늘이기만 하다보면 자칫 지식은 많은데 '지혜는 없는 헛똑똑이'가 될 수도 있습니다. 소화되지 않은 지식은 공허한 이론에 불과합니다. 기업에서 흔히 하는 각종 혁신 교육 프로그램이 용두사미로 끝나는 이유도 이런 자기화에 실패했기 때문이죠. 결국 독서의 결과가 내 것으로 안착해야 '자기 힘'이 됩니다. 독서는 타인의 생각이나 체험을 내 것으로 만들어가는 과정입니다.

독서는 긍정적인 면만 있는 게 아닙니다. 부정적인 측면도 있습니다. 독서에서 사색을 생략하면 창조력을 잃을 소지가 있습니다. 지식 습득과 모방에만 열중하면 자기 정체성을 잃기 쉽지요. 자신을 잃지 않기 위해서는 늘 깨어 있어야 합니다. 우물의 물은 먹되 물에 빠지지 말아야 합니다.

남들보다
한발 앞서
나아가야 할 때

사장은 세상과 친하게 지내야 합니다. 항상 세상의 흐름과 가까운 거리를 유지하고 동떨어지지 말아야 합니다. 세상의 움직임을 관찰하고 그에 따라 내 발걸음도 조절해야 합니다. 다른 회사, 다른 사람, 다른 나라가 무엇을 하고 있으며 무슨 생각을 하고 있는지 관심을 가져야 합니다. 과거에는 같은 업종과 이웃의 변화에만 영향을 받았다면 지금은 전혀 다른 업종의 변화나 평소 관계 없다고 생각했던 사람과 사건이 내 삶과 비즈니스에 직접적인 영향을 미치고 있습니다. 오늘날 이 세상의 모든 것은 서로 관계가 있습니다. 인터넷의 빠른 확산과 공유의 결과입니다.

그러므로 사장은 세상과 친하게 지내야 합니다. 이때 너무 앞서도 안 되고 너무 느려도 안 됩니다. 적당히 시대정신과 보조를 같이 해야 합니다. 비즈니스에서 아이디어의 속도가 너무 빠르면 발명가나 혁신가로 그치고, 너무 느리면 시대에 뒤처져 꼰대 소리를 듣습니다. 우리는 세상이 원하는 생각을 적절한 때에 알맞은 속도로 내놓아야 합니다. 특히 사업에서는 더욱 그렇습니다.

미래 경쟁력을 확보하라

우리는 땅 위가 아니라 시간이라는 거대한 배 위에 있습니다. 강물도 흐르고, 내가 탄 배도 끊임없이 움직이고, 눈앞의 상대도 변하고 있습니다. 세상의 변화와 나의 변화가 교차하고 있습니다. 지금 흘러가는 눈앞의 강물은 어제와 같아 보이지만 실은 어제와 다른 물입니다.

태양도 매일 뜨고 지기를 반복하지만 어제와 다른 빛입니다. 마찬가지로 내가 세운 원칙, 가정, 계획은 언제나 과거의 유물에 불과합니다. 그러므로 과거에 채택한 전략들이 지금의 문제를 해결하고 기회를 잡기에 적절하다고 단정할 수 없습니다. 계속 수정하고 다시 들여다봐야 합니다.

이 변화무쌍한 세상에는 위험과 기회가 동시에 존재합니다. 지금 잘하고 있는 일이 내일 아무 소용이 없어질 수도 있습니다. 언제 어디서 커다란 포클레인이 나타나 지금 내가 하는 일을 하찮은 삽질로 만들어 버릴지도 모릅니다.

옥스퍼드대학교의 〈고용의 미래〉 보고서에 따르면 자동화와 기술 발전으로 20년 이내에 현재 직업의 47퍼센트가 사라질 가능성이 크다고 합니다. 세계 경제 포럼의 〈미래고용보고서〉는 전 세계 710만 개의 직업이 사라지고 210만 개의 새로운 직업이 생긴다고 전망했습니다.

세계 경제 포럼의 창립자 클라우스 슈바프 회장은 "4차 산업 혁명은 지금까지 인류가 경험했던 산업 혁명보다 규모, 범위, 복잡성이 가장 크며 지금까지 경험하지 못했던 일들이 펼쳐질 것이다"라고 예견했습니다. 또한 미래학자 토머스 프레이는 "앞으로 15년 후까지 대학의 절반가량이 문을 닫을 것이다"라고 경고했고, 세계 경제 포럼은 "현재 초등학생이 갖게 될 일자리의 65퍼센트가 현재는 존재하지 않는 전혀 새로운 일자리가 될 것이다"라고 전망했습니다.

라이프 스타일도 달라지고 있습니다. 사람들이 시간과 돈을 어떤 곳에 쓰느냐를 알면 향후 소비 행태와 이들로부터 파생되는 정치, 사회, 경제, 문화 등 거의 모든 분야의 변화를 예측할 수 있습니다. 이 시대의 사장은 인터넷이라는 거대한 정보의 바다를 항해하면서 고기를 잡는 선장과 같습니다. 라이프 스타일과 소비 시장의 큰 흐름을 파악하면서 세상의 급물살을 따라가야 합니다. 건물 하나 없이 호텔 업계를 무너뜨린 에어비앤비, 택시 없는 운송 회사 카카오택시, 지점도 직원도 없는 은행 케이뱅크, 음식점

없는 배달의 민족까지. 지금 시대는 변화의 중심에 있습니다.

또한 새로운 기술이 등장하면 사람들은 빠른 속도로 그 기술에 적응하며 순식간에 흐름을 바꿔 놓을 것입니다. 지난 20년에서 30년 동안의 변화보다 최근 10년 동안의 변화가 인간의 삶을 더 획기적으로 변화시켰고, 그 변화의 속도는 점점 빨라지고 있기 때문입니다.

아무런 전조 없이 다가오는 미래는 없습니다. 사람들은 항상 미래에 관심이 많고 앞으로 직면할 새로운 문제를 예측하고 해결하기 위해 노력하고 있습니다. 트렌드는 미래를 예측하는 중요한 지표입니다. 통상 트렌드란 10년 이상 지속되는 사회 현상을 말하는데 요즘은 1년 단위로 관찰하기에도 세상의 변화 속도가 너무 빠릅니다. 이럴 때일수록 개인과 조직의 지속 성장을 위해 앞날을 내다보는 지혜가 필요합니다.

특히 사장은 매일 결정하고, 해결하고, 책임져야 하는 사람입니다. 눈앞의 현실과 당장의 매출도 중요하지만 미래를 통찰하는 눈과 넓은 시야를 가져야 살아남습니다. 기술이 발달하는 방향과 사회 현상의 변화를 주목해서 장기적인 관점으로 목표를 잡고 의사 결정을 해야 합니다. 아마존 본사에 걸린 제프 베조스의 말 '길게 보라(Think long term)'처럼 사업의 미래는 사장인 당신의 시선으로 결정됩니다.

사장의
현재 시간
미래 시간

시간의 가장 큰 특징은 휘발성입니다.

　시간이 흐르면 황량한 들판이 빌딩 숲으로 변하기도 하고 화려한 도심이 퀴퀴한 골목이 되기도 합니다. 한마디로 시간은 상전벽해의 주역이죠. 인간관계도 그렇습니다. 초등학교 우정이 성년까지 가는 경우가 몇이나 될까요? 아무리 깊은 우정도 세월이 흐르면 변하기 마련입니다. 다시는 보지 않을 줄 알았던 원수와 가까이 지내는 경우도 있고, 지금은 정답게 지내는 절친과 미래에 원수가 되지 않는다는 보장도 없습니다. 시간은 모든 것을 희석하고 슬그머니 휘발해 버립니다.

시간의 두 번째 특징은 평등성입니다.

부자건, 빈자건, 노인이건, 어린아이건 하루에 주어진 24시간은 동일하지요. 이것이 시간의 위대함이기도 합니다. 조직을 이끌어 가는 사장은 이런 시간의 휘발성과 평등성을 기초로 조직과 개인의 시간을 연결해 사장의 시간을 만들어 가야 합니다.

사장의 시간은 현재 시간과 미래 시간으로 나눌 수 있습니다. 현재 시간은 지금 상태를 유지하는 시간으로, 매출을 일정하게 내고 당면한 문제를 해결하는 시간이죠. 말 그대로 지금의 회사를 유지하기 위해 쓰는 시간입니다.

미래 시간은 기회를 추구하는 시간으로, 미래의 흐름을 읽고 향후의 방향과 새로운 성장 동력을 찾는 시간입니다. 즉 미래 먹거리를 찾는 시간이죠. 큰 회사일 경우 연구소나 별도의 TF팀을 구성해 조직적으로 미래를 살펴볼 수도 있습니다.

그렇다면 현재 시간과 미래 시간의 이상적인 비율은 어느 정도가 적정할까요? 중소기업은 사업 초기에 현상 유지를 위한 현재 시간이 거의 100퍼센트라 할 수 있겠지요. 회사가 하루하루 매출에 목숨을 걸고 있는 상황에서 사장은 당연히 현재를 100퍼센트 주시해야 합니다. 하지만 점차 매출에 여유를 찾고 어느 정도 궤도에 들어서면 권한을 위임해 현재 시간에 할애하는 비중을 낮춥니다. 그리고 미래 시간의 비중을 80퍼센트까지 높여야 합니다.

너무 꽉 죄지도 너무 느슨하지도 않게

현재 시간과 미래 시간에서 교차하는 또 하나의 개념은 시간에 대한 자기 통제력입니다. 세계적인 시간 관리 전문가 앨런 라킨은 그의 저서《시간을 지배하는 절대법칙》에서 시간 관리의 핵심을 '컨트롤(Control)'이라는 개념으로 설명했습니다.

그가 말하는 컨트롤은 여러 면에서 자유롭고 부드러운 근육의 상태와 비슷합니다. 그것은 도를 지나쳐 너무 꽉 죄지도 않고, 한편으로 너무 느슨하지도 않게 시간과 인생을 컨트롤하는 것이죠. 이런 종류의 컨트롤은 사람들이 무언가를 해내게 하고 유연하고 자발적으로 움직이도록 합니다. 균형이자 중용이죠.

그는 시간 관리에서 피해야 할 세 가지 극단에 대해서도 언급했습니다.

첫 번째, 과도하게 계획하는 사람입니다.

이들은 항상 목록을 만들고 모든 가능성을 고려하죠. 세부 사항을 계획하는 데 많은 시간을 보내기 때문에 정작 실행은 미흡합니다.

두 번째, 과도하게 일하는 사람입니다.

이들은 너무 바빠서 진짜 중요한 것이 무엇인지를 잊고 삽니다. 매우 능률적이지만 자발성과 유연성이 부족하며 한순간도 쉬지 않습니다.

세 번째, 지나치게 시간을 따지는 사람이 있습니다.

이들은 1분이라도 낭비할까 봐 염려하며 자신은 물론 다른 사람들까지 안절부절못하게 만듭니다. 한마디로 피곤한 사람이죠. 결론적으로 시간을 허투루 쓰는 것, 지나치게 이기적으로 쓰는 것, 너무 촘촘하게 쓰는 것 그 어떤 극단도 바람직하지 않습니다.

그렇다면 미래 시간에 대한 예측과 조정은 어떻게 할 수 있을까요? 반복되는 일상은 시간의 흐름을 둔감하게 만듭니다. 마치 천천히 데워지는 연탄불에서 서서히 익어 가는 개구리처럼 따뜻함에 안주하다가 뜀박질할 타이밍을 놓치고 죽음을 맞이하는 것이죠. 1년, 3년, 10년 뒤는 아무도 장담할 수 없습니다. 그러나 적어도 1시간 뒤, 오후, 저녁, 내일은 어느 정도 예측하고 조정할 수 있습니다. 미래는 그런 방법으로 예측하고 계획하는 것입니다. 시간을 조정하고 통제 가능한 상태로 두는 것이죠. 그게 인생이라는 자동차의 운전사인 우리가 할 일입니다.

정말 다행인 것은 시간은 누구에게나 공평하게 주어진 자산이라는 점입니다. 그럼에도 불구하고 누구에게는 보이고 누구에게는 보이지 않는 물질이기도 하죠. 또 누구는 갑이 돼 쉽게 휘두르는 권력이고, 누구는 을이 돼 질질 끌려 다니는 것이 시간입니다. 사장은 이런 시간을 안배하고 조정하는 코디네이터라 할 수 있겠습니다. 하지만 사장 본인의 시간은 지배하되 타인의 시간을 권력으로 지배하려 들지는 마십시오.

시간은 보이지 않는 힘이자 권력이다

사람들은 서로 만나면 자기 시간의 활용에만 몰두하여 타인의 시간에 소홀하거나 무관심한 경향이 있습니다. 어떤 이는 계획된 자기 일과 시간표에 정신이 팔려 단 1분이라도 낭비할까 봐 노심초사합니다. 때로는 자신은 물론 다른 사람들까지도 안절부절못하게 만들기도 합니다. 이렇게 시간을 이기적으로 사용하면 다른 사람을 자기 시간에 휘말리도록 만드는 것이죠. 이와 같이 사람 간 시간이 타인과 충돌할 때 각자가 가진 힘의 불균형은 하나의 완력으로 작용합니다.

우리는 가끔 "○○○ 씨 시간 좀 내주시겠어요?", "시간 좀 씁시다"라는 말을 합니다. 사실 알고 보면 우리네 일상이 모두 시간 사용에 관한 것이죠. 나와 상대의 시간, 우리 시간 등 시간을 소비하며 사는 게 우리네 생활의 전부라 해도 과언이 아닙니다. 그래서 누구는 남의 시간을 함부로 사용하기도 하고, 누구는 쉽게 휘두르기도 하고, 반대로 누구는 남의 시간에 질질 끌려다니기도 합니다.

그런 의미에서 시간은 보이지 않는 힘이고 권력입니다. 예컨대 사람들은 가끔 외부 비즈니스 약속은 칼같이 잘 지키면서, 부하 직원이나 부인 또는 가족과의 시간 약속은 최하순위로 생각하거나 고무줄처럼 늘이거나 당깁니다. 10분, 30분, 1시간 연기하기도 하고 오늘 약속을 내일로 미루거나 취소하는 것도 쉽게 결정하곤 하지요. 이럴 때 우리는 시간의 권력자가 됩니다. 이런 결정을 좌우하는 핵심은 조직의 권위, 그가 가진 힘, 거부할 수 없는 도취된 믿음입니다. 대부분은 권력 또는 돈이겠지요.

그러므로 지금 내가 마주 앉은 상대방과 시간을 공유하고 있는 건지, 그의 시간을 힘으로 지배하고 있는 건지, 침범하고 있는 건지를 생각해 봐야 합니다. 자기 시간을 정당하게 지배하려면 주변 타인의 시간에 대한 인지와 배려도 잊지 말아야 합니다.

사장이 아프면
회사도
아프다

사업이 어려워지거나 실패했을 때 가장 먼저 나타나는 증상이 건강 악화, 생활의 불균형입니다. 마음의 상태를 가장 먼저 알고 몸이 저절로 반응하는 것이죠. 사장은 멀티 플레이어입니다. 늘 준비된 상태를 유지해야 합니다. 그런데 어떤 이유로든 사장이 자리를 비우면 직원들은 자유 시간이 됩니다. 딱히 뭘 하지 않아도 존재감만으로도 충분히 무게를 느끼는 곳이 '회사'라는 조직이지요. 따라서 자리를 비우는 횟수가 잦아지면 차츰 긴장감도 풀어지고 매출도 감소하며 회사가 기울어 질 확률이 큽니다. 중소기업일수록 더욱 그렇습니다.

사장에게 건강은 약속이다

사장의 건강은 약속과 밀접한 관련이 있습니다. 약속이 많을수록 사업이 번창하고 있다는 증거죠. 그런데 사장이 아프면 만사가 귀찮아지고 약속을 줄이면서 몸을 사리게 됩니다. 이런 일이 잦아지면 자연스럽게 비즈니스 세계에서 멀어집니다. 사업에서 건강이란 체력입니다. 만약 당신이 최근 1년 중 몸 컨디션 때문에 약속을 깬 적이 두세 번 이상이라면 체력이 약한 것입니다.

과거 삼성그룹의 신입 사원 연수는 소위 '빡세기'로 유명했지요. 빡빡한 스케줄의 주간 교육과는 별도로 야간에 행해지는 팀별 과제와 12시 자정을 훌쩍 넘기는 릴레이 발표 그리고 다시 이른 아침부터 반복되는 교육이 그것입니다. 왜 그렇게 무리하게 잠도 재우지 않고 혹독하게 훈련을 시키는 걸까요? 실전에 투입되었을 때, 연속적으로 어려운 상황에 접했을 때, 감당할 수 있는 극한의 체력을 기르기 위함입니다.

사업에서 상황이 정상적으로 진행되는 경우는 거의 없습니다. 돌발 상황이 언제 어느 때 어느 부서에서 일어날지도 모르고, 때로는 하나씩 오기도 하지만 때로는 여러 상황이 한꺼번에 밀어닥치기도 합니다. 그것도 법대로 규칙대로 상황이 전개되는 게 아니죠. 이때 중요한 것은 능력보다는 이런 상황을 꿋꿋하게 받아넘길 수 있는 체력이 필요합니다. 능력이 아무리 출중해도 체력이 달리면 더 이상의 선택지는 없습니다.

체력에서 또 한 가지 중요한 포인트는 회복력입니다. 힘든 상황이 연속되거나 피로한 일이 있더라도 조금만 충전하고 쉬면 바로 회복할 수 있는 능력이죠. 이렇게 되려면 선천적으로 강골이면 더 좋겠지만 평소에 꾸준하게 자기 관리를 하고 체력 안배를 해야 가능합니다.

사장도 회사의 자산이다

이처럼 사장이 건강해야 된다는 말이 너무나 당연하게 느껴지지만 막상 실천하기가 어렵습니다. 무슨 좋은 방법이 없을까요? 사장의 건강은 별도로 기획되고 설계돼야 합니다. 사장도 회사 '자산의 일부'라는 생각이 그 시작입니다. 사장이 아프면 조직도 아픕니다. 지금까지 단 한 번도 건강을 업무 차원에서 생각해 본 적이 없을 겁니다. 하지만 지금부터는 건강도 총무, 인사, 영업처럼 하나의 업무로 생각하셔야 합니다. 별도로 기획하고 별도로 시간 할당을 하시라는 거죠. 물론 시간 내기가 어렵겠지요. 그래서 저는 자투리 시간을 제안합니다.

첫 번째로, 출근 후 일을 시작하기 5분 전에 맨손 체조를 시작해 보십시오.

대부분의 사장님은 일하기 바쁜 마음에 처음에는 실천하기 힘들 겁니다. 하지만 5분 늦게 업무를 시작한다고 대세에 크게 영향

줄 일이 얼마나 있을까요?

두 번째로, 점심식사 후 잠시 사무실 부근 한 구간 정도를 산책해 보는 겁니다.

꼭 점심시간이 아니라도 틈틈이 시간을 내서 맨손 체조를 하거나 천천히 걷는 거죠. 혹은 아예 시간을 정해 두고 인근 헬스장에 잠깐 다녀오는 것도 좋은 방법입니다. 팔 굽혀 펴기 몇 번이라도 괜찮습니다.

다만 이렇게 주로 자투리 시간만 활용하다 보니 운동의 종류가 전부 간단한 동작으로 귀결된다는 점이 흠이라면 흠이겠죠. 하지만 운동 같지도 않은 이런 작은 움직임이 건강 유지에 큰 도움이 됩니다. 근육 운동만이 건강을 만들어 주지 않습니다. 사람은 물의 성질을 닮아서 자주 흔들어 주는 것만으로도 충분히 활력을 북돋울 수 있습니다.

5장

끝날 때까지
끝난 게 아니다

결국 살아남는 사장의 저력

대지진에도
살아남은
호텔의 비밀

초불확실성의 시대입니다. 1977년에 출간된 존 갤브레이스의 《불확실성의 시대》에 이어 40년 지난 2017년, 베리아이켄그린 미국 캘리포니아대학교 버클리캠퍼스(UC버클리) 교수가 '초불확실성의 시대'란 용어를 꺼내면서 현실로 성큼 다가왔습니다. 실제로 세계는 코로나19로 인한 경기 침체와 러시아·우크라이나 전쟁, 이스라엘·하마스 전쟁, 트럼프 재집권으로 인한 트럼프 스톰 등의 대혼란을 겪고 있습니다. 한국 역시 44년 만의 비상계엄 선포와 헌정 사상 세 번째 대통령 탄핵 소추 사태를 겪으며 초유의 위기를 경험하고 있습니다.

'초불확실성'의 추세는 현재 진행형입니다. 가늠할 수 없는 이

같은 현실과 미래에 우리의 갈 길은 어디일까요? 앞으로 어떻게 대응하느냐에 따라 우리의 미래는 크게 달라질 것입니다. 회사는 이런 불확실성을 잘 견딜 수 있도록 만들어져야 합니다. 건물이 지진에 견디는 내진 설계가 있듯이 회사는 불확실성을 견딜 수 있는 대응 구조가 필요합니다.

1923년 9월 1일 관동 대지진 당시 폐허로 변한 도쿄에서 임페리얼 호텔만이 무너지지 않고 원형을 유지했습니다. 이 호텔이 엄청난 대지진을 견딜 수 있었던 것은 지진을 염두에 두고 내진 설계를 한 덕분입니다. 또한 이 호텔은 설계 당시 3미터 아래에 젤리처럼 유동적인 진흙층이 18미터 정도 자리 잡은 점을 파악해 호텔을 배처럼 짓도록 했습니다. 이 치밀한 설계의 주인공인 프랭크 로이드 라이트는 근대 3대 건축가로, 구겐하임 미술관을 포함해 그가 설계한 건물 8곳이 세계 문화유산으로 등재되기도 했습니다.

사업에서도 건축의 내진 설계 개념을 적용할 수 있습니다. 불확실성 시대의 경영도 유연성을 확보해서 내진 설계의 골격을 짜야 합니다. 크게 세 가지로 요약할 수 있습니다.

첫 번째, 고정비를 줄이는 것입니다.

단순히 줄이는 것뿐만 아니라 고정비를 변동비로 전환하는 것입니다. 최근 급부상하는 구독 경제, 긱 이코노미, 플랫폼, 아웃소싱 등을 활용해서 유연성을 확보하는 방식입니다.

두 번째, 위에서 아래까지 소통을 간소화해 경영의 스피드를 높입니다.

이는 외부 충격에 빠르게 대응하기 위한 조치입니다.

세 번째, 리스크와 성장을 고려해서 매출을 안정적인 포트폴리오로 구성하는 것입니다.

두발자전거보다 세발자전거

이 같은 '지속 가능 경영'이라는 슬로건에 알맞은 기업 모델이 있습니다. 바로 LG생활건강입니다. LG생활건강이 2001년에 LG화학에서 분리된 직후의 연 매출은 1조 2,000억 원, 영업 이익은 1,000억 원이었습니다. 그런데 매출이 하향세로 꺾이면서 2004년에 차석용 부회장이 전격적으로 투입됐고, 2004년에 매출 1조 원, 영업 이익 600억 원에서 2021년 매출 8조 915억 원, 영업 이익은 1조 2,896억 원에 달하는 회사로 탈바꿈했습니다. 같은 기간에 시가 총액도 40배가 뛰었습니다. 놀라운 성과입니다. 2024년 들어 매출은 6조 8,119억, 영업이익은 4,590억 원으로 다소 꺾이긴 했지만 여전히 견조합니다.

기업의 지속 성장은 결코 쉬운 일이 아닙니다. 이처럼 매년 최대 실적을 경신하며 꾸준히 성장해 온 회사는 찾아보기 힘듭니다. LG생활건강의 주력 상품은 생활용품과 화장품입니다. 차석용 부회장은 생활용품과 화장품 사업을 '두발자전거'로 생각했습니다. 이렇게 두 발로는 사업이 위태롭다는 판단이 서자 여기에 음료 사업을 추가해 '세발자전거'로써 매출의 안정을 도모했습니다. 이것이 바로 그의 내진 설계 기본 구조입니다.

생활용품은 다른 상품보다 계절을 덜 타고 비교적 안정적인 매출이 발생합니다. 화장품은 여름이 비수기지만 음료는 여름이 성수기이고 겨울이 비수기입니다. 생활용품과 화장품, 음료 사업의 삼자 간의 성수기와 비수기를 잘 조율하여 계절 지수의 균형을 이룸으로써 매출 불균형의 위험을 줄인 것입니다. 우산 장수와 짚신 장수의 조화처럼 그는 업의 본질을 정확하게 꿰뚫어 보고 포트폴리오를 재구성함으로써 내진 설계를 완성한 것입니다.

선한 리더십이냐
생존
리더십이냐

일반적으로 리더십은 구성원들에게 동기를 부여해 에너지를 결집하고 분출시켜 목적을 달성하는 수단입니다. 군인은 승리, 종교인은 포교, 국가 지도자는 번영, 사장에게는 지속 성장이라는 목적을 달성하기 위한 수단이죠. 하지만 인격이 훌륭하고 덕망 높은 장군이라도 전투에서 연이어 패배한다면 그 리더십은 무의미해집니다.

마찬가지로 사장이 사회적 정의와 공헌이라는 숭고한 도덕적 명분으로 무장하고 선한 경영을 추구했지만 막상 회사가 도산에 이른다면 선한 리더십은 의미가 없어집니다. 도덕과 명분으로 무장된 리더십은 허상에 빠질 가능성이 큽니다.

공공 기관, 공기업은 높은 도덕성과 투명성이 요구되고 이익이 나지 않아도 공익의 목적만 분명하면 존속에 문제가 없습니다. 그러나 사기업의 생존은 철저하게 수익에 기반합니다. 이익이 없는 회사는 존재할 수 없습니다. 한마디로 경영에서 '서바이벌 리더십'은 현실을 직시한 실사구시의 리더십이죠.

경영은 과거를 유지하는 일이 아니라, 현재의 문제를 풀어 가면서 미래의 목적을 추구하는 일입니다. 하지만 아무리 사회적 책임을 비롯한 훌륭한 마인드로 회사를 경영하더라도 생존이 담보되지 않는다면 그런 경영은 빛 좋은 개살구에 불과합니다. 여기서 생존이란 손익 분기점이 단 1원이라도 넘는 상태를 말합니다. 사람이든 기업이든 살아 있어야 기회가 주어지는 것이죠.

하지만 서바이벌 리더십은 필연적으로 다른 여러 가치들과 충돌하게 되는데, 이런 충돌은 불가피한 것 같습니다. 기업이 추구해야 할 가치는 품질, 기술, 서비스, 고객, 직원 등 다양합니다. 평소에는 이런 가치를 멀티로 동시에 추구해도 아무런 문제가 없습니다. 그러나 여러 가치가 서로 충돌할 때 선택의 기로에 서게 되지요.

당신이라면 어떤 가치를 우선하겠습니까? 가장 예민하고 대표적인 도덕 우선 가치와 서바이벌 리더십의 충돌을 예로 들어 보겠습니다.

깨끗한 신념은 절대 배신하지 않는다

정 사장이 경영하는 가구 제조사는 조직원 60명 정도의 규모지만 세계적인 수출, 수입 유통망을 모두 가진 건실한 강소기업입니다. 사업 초기에는 외국에서 주로 가구를 수입해 국내 부유층, 호텔에 납품해 왔으나 점차 입소문이 나면서 개인 맞춤식 주문 고객이 늘어나고 있습니다.

그런데 최근 정 사장에게 고민이 생겼습니다. 대형 건설 업체에서 발주 조건으로 술자리, 향응, 리베이트를 요구한 겁니다. 아파트 단지 가구 납품이 성사되면 단기간에 현 매출의 세 배 가까이 신장할 수 있어 회사로서는 절호의 기회였습니다. 하지만 정 사장은 평소 높은 윤리 의식을 지닌 기업가였기에 이 제의를 정중히 거절했고 결국 거래는 성사되지 않았습니다.

하지만 그 이후 회사의 매출은 코로나19 사태로 인한 불황에도 불구하고 꾸준히 상승세를 지속했고 최근에는 사옥도 매입했습니다. 예상과는 달리 정 사장의 회사가 향응과 리베이트 없는 투명한 거래를 지향한다는 소문이 업계에 퍼지면서 '개념 기업'으로 자리매김한 덕분입니다.

이는 지금까지 우리 사회에 만연한 뒷거래와 불법 접대 관행에서 새로운 흐름의 문화로 바꿔 나가는 좋은 사례입니다. 이제는 뇌물이나 이권을 거절해야 장기적으로 회사의 성장에 도움이 된다는 신호이기도 하죠. 과거에는 거의 찾아볼 수 없던 보기 드문 사례입니다.

사실 중소기업이 도덕 우선 가치를 추구하는 것은 분명히 위험합니다. 하지만 이런 이미지가 지속적으로 축적된다면 공정을 중시하는 MZ 세대의 가치관과 맞물려 언젠간 엄청난 폭발력으로 시장을 장악할 수 있을 것입니다.

세상은 항상 선과 악이 혼재되어 정반합을 반복하고 있습니다. 기업의 생존과 도덕성의 충돌은 리더십과 직결되며, 결국 사장은 지속적으로 자정하는 노력이 필요합니다. 우리보다 먼저 기업 생태계가 형성된 미국 실리콘밸리는 이상적인 기업 생태계로 유명합니다. 이곳 또한 보이지 않는 곳에서 뒷거래가 성행한다는 점은 우리와 별반 다르지 않지만 그런 부조리를 제거하고 올바른 기업 문화를 만들려는 노력은 훨씬 치열하고 공개적입니다.

또한 혁신에 너그럽고 이성적으로 받아들여진다는 점이 우리와 비교됩니다. 최근 한국 사회도 변화에 대한 두려움에서 벗어나 투명성과 도덕성이 점점 확산돼 가는 것은 다행스러운 일입니다.

당신의
회사는
누구인가?

우리는 종종 "당신은 누구인가?"라는 질문을 주고받습니다. 그러면 이름, 직업, 취미, 기호, 철학 등의 소개로 이어집니다. 스스로를 잘 아는 사람일수록 망설임 없이 이야기할 것입니다. 특히 사업 경륜이 있고 살아온 세월이 길수록 그럴 겁니다.

그렇다면 회사에도 똑같은 질문을 해 보겠습니다. "○○회사, 당신은 누구인가?" 회사도 사람처럼 법으로 주어진 권리와 의무의 주체입니다. 따라서 당연히 회사도 존재 이유와 주체의 본질이 있습니다. 이를테면 무엇으로 이익 추구를 할 것인지, 어떤 가치를 추구할 것인지, 이해 관계자들은 누구인지, 그들과 어떤 가치를 주고받을 것인지, 가치의 우선순위는 무엇인지 등을 묻고 있는 것이죠. 회사에서 말하는 경영 이념, 방침, 비전, 목표, 사훈 등을 이런 질문들로 정리할 수 있을 겁니다.

물론 철학적이고 추상적인 개념이라 어휘 선택에 어려움이 있을 수도 있지만 평소에 생각을 정리해 둘 필요가 있습니다. 특히 업의 정체성을 정의할 때는 단어 선택에 공을 들이는 것이 좋습니다. 내가 창업했고 내가 경영하는 회사의 본질을 분명히 알아야 그다음 스텝으로 넘어가 여러 가지 전략을 도출할 수 있습니다. 그래야 투자자도 설득하고, 직원들의 사기도 북돋을 수 있습니다. 막연히 '매출을 올리자', '수익을 내자' 따위의 목표로는 사람이 모이지 않습니다. 비전이나 영혼이 드러나지 않기 때문이죠.

사장은 회사의 본질을 설명할 수 있어야 한다

"머리가 좋은 사람과 장사에 재능이 있는 사람은 너무 많다. 그러나 성공한 사람들에게 공통점이 있다면 높은 뜻을 갖고 있다는 것이다. 그것은 어느 시대나 똑같다. 뜻이 없으면 목숨을 걸고 함께 깃발을 들겠다는 동지들이 모여들지 않는다."

소프트뱅크 손정의 사장이 니혼게이자이신문 인터뷰에서 한 말입니다. 언어는 생각의 출구입니다. 언어를 통해 사장의 좋은 의도, 열정을 밖으로 끄집어내야 합니다. 사장의 생각이 아무리 훌륭해도 입 밖으로 나와 간판에 걸려 있지 않으면 지나가는 사람들이 알 수 없습니다.

흔히 사장들은 '회사의 본질'을 정의하는 일을 중요하게 생각하지 않습니다. 이를 문서 작업, 형식적인 작업 정도로 생각하는 경향이 있어 직원들이 대충 알아서 정리하도록 두기도 합니다. 하지만 이 일만큼은 온전히 사장의 몫입니다. 다른 사람은 다 몰라도 사장은 회사의 본질을 명확히 설명할 수 있어야 합니다. 회사의 존재 이유, 경영의 목적을 분명히 정의 내려야 합니다.

지금 당장 눈을 감고 외발 서기를 해 보십시오. 아마 넘어지지 않고 1분을 버티기가 힘들 겁니다. 그다음 눈을 뜨고 해 보십시오. 확연한 차이가 느껴질 겁니다. 그만큼 바라보는 시선이 중요합니다. 회사에서 시선은 '목적'입니다. 경영을 설계하기 전 가장먼저 해야 할 일은 회사의 본질을 정의하는 것입니다. 다시 한 번물어보겠습니다.

"○○회사, 당신은 누구인가요?"

성공하는
조직의
특징

성공하는 조직은 무엇이 다를까요? 실리콘밸리의 살아 있는 신화, 가장 철학적인 혁신가로 불리는 벤 호로위츠는 저서 《최강의 조직》에서 탁월한 성과를 이뤄 낸 역사적인 롤 모델을 예로 들며 조직 성공의 비밀을 설명했습니다. 문화적 다원주의를 바탕으로 몽골 제국을 건설한 '칭기즈 칸', 역사상 유일하게 성공한 노예 혁명을 이끈 아이티 건국의 아버지 '투생 루베르튀르', 700년간 일본 사회의 정체성을 지배했던 '무사도', 갱단 두목 출신의 사회 운동가 '샤카 상고르'입니다.

악조건 속에서 그들이 독보적이고 단단한 문화를 설계하고 위대한 조직을 이끈 비결의 핵심은 바로 지속 가능한 조직 문화입니다. 여기서 말하는 문화란 '아무도 보는 눈이 없을 때 직원들이 행동하는 방식'을 말합니다. 한두 번의 결정이 아니라 장기간에 걸쳐 축적된 행동들이 모여 저절로 만들어지는 행동 방식이죠. 사장이 굳이 말하지 않아도 직원들이 알아서 하는 분위기를 말합니다.

사훈이 왜 필요합니까?

벤 호로위츠가 제일 먼저 강조한 것이 있습니다. 바로 사장 자신에게 충실한 문화를 설계하는 것이죠. 문화는 반드시 리더의 개인적인 성향과 전략에 부합해야 합니다. 사장 자신의 진짜 모습과 그 정체성을 조직 문화와 연결해야 합니다. 사장의 실제 행동과 회사 문화가 다르면 목표를 달성하기 힘듭니다. 사장 본인의 평소 주장과 회사에서 보이는 습관이나 행동이 맞아떨어져야 언행을 일치시키기 쉽습니다.

컨설팅을 위해 회사를 방문하다 보면 이름뿐인 사훈이 아무렇게나 걸려 있는 경우가 많습니다. 심지어는 바로 옆에 걸려 있어도 "회사 경영 이념이 뭐지요?"라고 물으면 대답 못 하는 임원도 허다합니다. 왜일까요? 그 임원에게 사훈이 중요하지 않기 때문입니다. 사장에게 설명을 들어 본 적도 없습니다.

아예 사훈이나 경영 이념이 없는 경우도 있습니다. 왜 없냐고

물으면 "그게 왜 필요합니까?"라고 되묻습니다. 경영 이념 없이도 잘하고 있고, 머릿속에 있는 것만으로 충분하다고 생각하기 때문이죠. 이것이 지금 대다수 사장이 기업 문화를 바라보는 태도입니다.

그러나 잘 알고 있어도 표현이 잘 안 되는 경우도 있고, 실제로 정체성을 확보하지 못하는 경우도 있습니다. 아무도 사훈의 뜻을 모르고 심지어 사장조차 모른다면 이는 한낱 장식품에 불과하겠지요. 회사에 대한 사장의 의지와 생각을 함축하는 '한마디'를 담을 그릇이 꼭 필요합니다. 이것이 기업 문화 설계의 출발점입니다.

벤 호로위츠가 말하는 기업 문화 설계의 지침이 다 옳다고도 할 수 없으며 일괄 적용하기도 곤란합니다. 조직의 특성에 따라 선택적으로 적용해야겠지요. 세상에 완벽한 조직 문화는 없습니다. 지금보다 더 나은 조직으로 가기 위한 리더의 노력이 바로 이상적인 조직 문화의 시작입니다.

기업 문화는
사장으로부터
시작된다

결론부터 말하면 완벽한 문화는 없습니다. 또 훌륭한 문화가 반드시 위대한 회사를 만들어 주지도 않습니다. 아무리 문화가 훌륭해도 뛰어난 제품 없이는 실패합니다. 하지만 훌륭한 문화는 직원들을 하나로 묶어 주는 강력한 접착제 역할이 될 수 있습니다. 그리고 매일 소소한 결정을 내릴 때마다 길잡이가 되고 이런 결정들이 쌓여 목적의식으로 자리 잡아 갑니다.

기업 문화의 시작은 사장에게 달려 있습니다. 사장이 무엇이 가장 가치 있는지를 결정하면 그다음은 직원들이 그 덕목을 실천하도록 돕는 거죠. 그리고 시간이 흐르면서 문화가 모호해지거나 효과가 부진하다면 과감히 바꾸고 보완할 줄도 알아야 합니다.

기업 문화 설계를 위한 아홉 가지 조언

기업 문화 설계의 목표는 지금보다 더 나아지는 데 있습니다. 위대한 가치를 실현하겠다는 사명을 벽에 걸어 놓기만 하고 모범을 보이지 않거나 실천하지 않으면 이는 종잇조각에 불과합니다.

첫 번째, 누구에게든 회사의 첫인상을 잘 남겨야 합니다.

신입 직원이 출근하면 첫인상을 잘 남겨야 합니다. 출근 첫날은 누구나 오랫동안 기억에 남고 깊은 인상을 받습니다. 다른 어떤 날보다 출근 첫날의 오리엔테이션에서 가장 많이 배웁니다. 그러니 뜻하지 않은 첫인상을 주지 않도록 주의해야 합니다.

동물의 세계도 마찬가지입니다. 알을 깨고 나온 오리가 첫눈에 본 암탉을 어미로 생각하고 살아가듯이 조직 문화에 대한 첫인상도 이와 다르지 않습니다. 페이스북 설립자 마크 저커버그는 직원이 1만 명이 넘지만 아직도 신입 사원을 개인적으로 환영하는 자리를 마련한다고 합니다. 짧지만 첫인상과 자신의 비전을 공유하려는 노력이죠.

두 번째, 복장으로도 문화를 보여 줄 수 있습니다.

복장은 조직 전체의 행동을 견인하는 중요하면서도 보이지 않는 강력한 힘입니다. 다양한 직군과 분야를 아우르는 큰 조직이나 개인적인 역량을 주로 발휘하는 창조적 업무에서는 좀 더 신중하고 다양한 선택지로 접근할 필요가 있습니다.

전 직원이 유니폼을 입으면 조직의 통일성과 단합에 큰 힘을 발휘할 수 있지만 한편으로 창조성을 막는 효과도 있습니다. 어떤 식이든 복장의 통일은 조직을 단시간에 하나로 묶고 문화를 선명하게 하는 효과가 있습니다. 그런 이유로 온 세상이 자유를 표방하고 있음에도 아직까지 일부 회사들이 유니폼을 고집하고 있지요.

세 번째, 단순하고 파격적인 규칙을 세워야 합니다.

"우리에게 이것이 왜 필요합니까?"라고 되묻게 되는 충격적인 규칙을 제시하십시오. 혁신을 꾀하거나 새로운 문화를 도입할 때 어설프게 건드리면 이도 저도 되지 않습니다. 그래서 충격 요법이 필요합니다. 이때 규칙은 단순명료해야 기억하기 쉽습니다.

최근 미국 트럼프 대통령의 정부효율부를 이끄는 일론 머스크가 미국 인사관리처를 통해 2025년 2월 22일 연방 공무원들에게 "지난주에 달성한 성과에 대해 대략 5개 항목으로 오는 24일 오후 11시 59분까지 제출하라"는 이메일을 보냈습니다. 답을 하지 않으면 사직으로 간주할 것이라고도 예고했습니다. 규칙이 복잡하거나 장황하면 사람들은 기억하지 못합니다. 혹은 아예 기억하려 들지 않습니다. 반면 파격과 단순함은 가장 확실하게 기억과 연결합니다.

네 번째, 가끔은 외부 용병을 활용합니다.

2024년 11월 취임한 현대자동차 글로벌사업 책임자 호세 무뇨스 사장은 닛산에서 15년간 경력을 쌓은 후 2019년 현대자동차 사장 겸 글로벌 최고 운영 책임자(COO)로 합류했으며, 북미 현대자동차와 제네시스 사장 겸 CEO를 겸임한 바 있습니다. 스페인 출신으로 핵공학 박사 학위와 경영학 석사 학위를 취득한 엔지니어 출신 경영자입니다. 이외에도 많은 기업이 과거 단순 거수기 역할에 불과했던 사외이사 구성을 산업 이해도가 높고 글로벌 역량 갖춘 인사로 구조 개편을 서두르고 있는 모습입니다.

여러분이 바라는 문화가 현재 문화와 너무 다르다면 외부의 도움을 받을 필요가 있습니다. 본인도 제대로 알지 못하면서 억지로 끌고 가려고 애쓰지 마십시오. 차라리 그 문화에서 잔뼈가 굵은 베테랑을 데려오는 게 낫습니다. 역사학자 아놀드 토인비가 즐겨 말한 메기 효과를 노리는 거지요. 강력한 모델로 전체 분위기를 바꾸는 겁니다.

다섯 번째, 백 마디 말보다 직접 행동으로 보여야 합니다.

말보다 행동이 더 확실하게 의미를 전달합니다. 머리에 각인하고 싶은 메시지가 있다면 백 마디 말보다 일벌백계 등 행동으로 보여 주는 거지요. 《손자병법》의 손무가 본보기로 후궁들을 참수한 것이나 제갈공명이 눈물을 머금고 마속을 벤 것처럼 때로는 가혹하게, 그리고 극적이어야 합니다.

사장도 예외가 될 수 없습니다. 스스로 실천하지 못할 덕목은 아예 선택하지 말아야 합니다. 자신은 마음대로 행동하면서 '내 말을 따르라'는 식의 태도로는 절대 성공할 수 없습니다. 가령 근검절약을 사내 문화의 최우선 원칙으로 세웠으나 정작 사장 본인은 술값과 식사비를 흥청망청 쓰고 다닌다면 직원들이 이 문화를 과연 얼마나 수긍하고 따를까요?

여섯 번째, 규칙의 우선순위를 명확히 해야 합니다.

회사에는 여러 상황이 존재합니다. 가령 매출은 많은데 이익이 적은 경우, 이익은 많은데 윤리적인 문제가 있는 경우에는 어떤 선택을 해야 할까요?

경영을 하다 보면 이런저런 사안이 복잡하게 얽혀 판단이 어려운 경우가 있습니다. 그래서 자세하게 우선순위를 정하고 규칙을 제시할 필요가 있습니다. 매출, 이익, 윤리, 관계, 미래 등 어떤 것을 우선으로 삼을지 분명히 디테일을 정해 둬야 합니다. 리더들이 범하는 치명적인 실수 중 하나는 큰 원칙 하나만 세우면 다른 규칙들은 직원들이 알아서 잘 지킬 것이라는 안일한 긍정입니다.

일곱 번째, 부서마다 다른 문화를 적용해야 합니다.

가령 기술 부문과 영업 부문의 문화를 다르게 형성해야 합니다. 기술자들에게는 낮이든 밤이든 원할 때면 언제라도 작업에 집중할 수 있는 편안한 환경을 조성해 주는 것이 중요합니다. 늦은 출근, 편안한 복장, 야근, 밤샘 근무 등의 문화적 특징이 있습니다.

반면 영업 조직은 경쟁적이고 저돌적입니다. 수수료, 판매 경진

대회, 판매왕 등을 비롯한 인센티브 지향적인 문화를 형성합니다. 영업의 문화는 과정이 중요하지 않으며 오직 결과로만 말합니다. 이렇듯 모든 부서를 하나로 묶어 동일한 문화를 적용할 수는 없습니다. 특정 기능만 우선하거나 하나의 문화를 일괄 적용하게 되면 일부 기능이 약화될 수 있습니다.

여덟 번째, 직원은 능력 기반으로 채용해야 합니다.

어떤 사람을 채용하는가에 따라 조직 문화가 다르게 구축됩니다. 최근 많이 적용되는 직무능력표준(NCS)처럼 '무엇을 할 수 있는지'를 묻고 직원을 채용해야 합니다. 자기소개서와 면접은 지원자가 마음만 먹으면 거짓으로 꾸며 내기가 그리 어렵지 않습니다.

따라서 지원자가 과거에 어떤 일을 수행했고, 지금 무엇을 할 수 있는지를 중심적으로 살펴본다면 실질적인 능력을 알 수 있습니다. 디자인이나 프로그래밍 업종에서는 과제를 주고 해결하는 방식으로 채용을 진행하는 기업도 많습니다. 간단한 능력은 면접 중 즉석에서 직접 테스트해 보는 것도 하나의 방법입니다.

아홉 번째, 편향의 오류를 조심해야 합니다.

문화는 동전의 양면과도 같습니다. 강점으로 작용하던 것이 어느 순간부터는 약점이 될 수도 있고, 성공 요인이 그다음에는 실패 요인으로 작용하기도 합니다. 예컨대 '안 되면 되게 하라'는 군대 구호가 있습니다. 이것은 강인한 군인 정신을 대변하는 멋진 구호입니다.

그러나 이는 어디까지나 군대라는 특수한 조직에서만 통용되는 행동 양식입니다. 자칫 일반 사회에서는 폭력적으로 받아들여질 수도 있습니다. 제대 후 사회생활에서도 그런 정신을 계속 이어 간다면 생존 적응 측면에서는 탁월하겠지만 자칫 성과에만 몰입해 도덕성 결핍의 함정에 빠질 위험이 있습니다.

그 결과 무게 중심은 모든 과정을 전부 결과에 묻어 버리게 할 수도 있습니다. 기업은 구성원들의 일상적인 작은 행동들로 이뤄진 유기체입니다. 따라서 이런 사소한 행동들이 쌓여 기업의 문화를 형성합니다. 하지만 특정 기업이 성공한 근원적인 이유가 정말 회사의 문화 때문인지 다른 요인 때문인지를 명확히 규명하기는 쉽지 않습니다. 결과 편향의 함정입니다.

사회적으로 크게 성공했음에도 형편없거나 보잘것없는 기업 문화를 가진 기업들이 많은 이유도 그 때문입니다. 특히 외부 환경적 요인으로 기업 손익의 부침이 극심할 때 히트 상품 하나로 부실한 문화적 환경을 일거에 묻어 버리기도 합니다. 하지만 성장에 걸맞은 문화 시스템 개편이 제때 이뤄지지 않으면 그 기업은 결코 오래가지 못합니다. 또한 관찰자 입장에서 성공이라는 결과만 보고 기업 문화를 추론하면 생존자 편향의 오류에 빠질 수 있습니다. 즉 나쁜 기업 문화를 성공 요인으로 착각하고 방치할 수 있다는 거지요.

조직 문화가 바뀌는 티핑 포인트

그렇다면 구성원 몇 퍼센트가 바뀌면 조직 전체가 바뀔 수 있을까요? 펜실베이니아대학교 아넨버그 스쿨에서 온라인 커뮤니티를 연구하는 데이먼 센톨라는 새로운 변화를 실천하는 사람들이 25퍼센트를 넘는 순간 전체 그룹이 빠르게 새로운 규범을 받아들인다는 사실을 발견했습니다. 즉 변화를 원하는 사람들이 소수여도 전체 조직의 체질 개선이 가능하다는 뜻이죠.

작은 변화나 유행이 일정 임계점에 도달하면 급격하게 퍼지거나 변하는 순간을 '티핑 포인트(Tipping point)'라고 합니다. 미국 시카고대학교의 교수인 그로진스가 1957년 '화이트 플라이트(White flight)' 연구에서 처음 사용한 용어죠.

《아웃라이어》의 저자 말콤 글래드웰은 사람을 전문가로 만드는 것은 연습 시간이며 1만 시간(하루 3시간일 때 10년)이 그 질적 차이를 만드는 지점이라고 했습니다. 그는 신작《티핑 포인트의 설계자들》에서 '매직 서드(전체 집단의 문화나 생각을 바꾸는 비율)' 임계량은 25퍼센트에서 33퍼센트 사이에 있는 어느 지점으로 보고, 이 지점에 도달하면 모든 것이 바뀐다는 것입니다. 예컨대 미국에서 한 동네가 완전히 흑인 동네가 되는 임계량은 30퍼센트로 알려져 있습니다. 흑인 가구가 30퍼센트가 되면 모든 백인이 떠난다는 것이죠.

사장이 직원에게
요구해야 할
보고의 규칙

최근 현대백화점은 사내 보고 문화 개선을 위해 2만여 개의 실물 결재판을 폐기하기로 했습니다. 대신 온라인과 모바일로 간편 보고 시스템을 마련하고 기존에 쓰던 양식 대신 여섯 줄 정도로 핵심만 적어 보고합니다. 최근 늘어난 MZ 세대 직원들의 아이디어를 적극 적용하기 위해 사내 소통 방식을 변화해 나가는 과정에서 결정된 조치입니다.

보고는 사람으로 치면 혈액 순환과도 같습니다. 보고받는 사장뿐만 아니라 보고하는 직원 모두에게 중요한 소통 수단입니다. 회사의 흥망성쇠는 결국 이 보고라는 혈액 순환으로 결정됩니다. 혈액의 흐름이 좋으면 생기가 있지만 흐름이 나쁘면 동맥 경화나

고혈압으로 이어져 결국 사망에 이릅니다. 이런 의미에서 현대백화점의 사례는 막힌 혈관을 과감하게 뚫어 보자는 획기적인 조치로 주목할 만합니다.

사장이 직원들에게 요구해야 할 보고의 규칙은 '요점', '스피드', '숫자'입니다. 사장은 이 세 가지 보고의 규칙 메커니즘을 확실히 이해하고 있어야 조직의 소통을 전향적으로 리드할 수 있습니다.

보고의 세 가지 핵심

보고의 첫 번째 규칙은 요점 정리입니다.

제가 대표 이사로 있을 때 제 책상에는 각종 보고서가 넘쳐났습니다. 직원이 1,800명이고 팀장이 50여 명 되다 보니 취향과 성격에 따라 보고서의 형식도 간략하게 쓰는 사람, PPT로 하는 사람, 한 장으로 정리하는 사람, 길게 쓰는 사람 등 각양각색이었지요. 게다가 사업이 한창 번창하고 있다 보니 회사 업무 외에도 투자를 요청하는 청탁성 외부 사업까지 들여다봐야 했습니다.

그때 저는 직원들에게 특별한 양식이나 규정된 틀을 요구하지 않았습니다. 당시 우리 회사는 신생 회사였고 여러 회사에서 모인 전문가 집단이었기에 각자의 스타일을 존중했습니다. 하지만 직원들의 브리핑 후 제가 요구하는 것은 늘 한결같았습니다.

"알겠는데, 요점이 뭡니까?"

요점 정리의 요체는 생략입니다. 군더더기를 과감히 버리고 중요한 것만 남깁니다. 개조식으로 간략하면서도 상식적인 어휘와 문장으로 작성해야 합니다. 분량은 1쪽에서 3쪽 이내로 하되 분량이 많거나 전문적 내용의 기획은 요약본과 상세 자료로 나눠 구성합니다. 이때 인터넷 화면, 복사 자료 등 부대 자료는 원본 데이터를 그대로 쓰도록 합니다. 자료를 다듬는 시간을 과감히 생략하고 속도를 내는 것이죠.

골프나 테니스 등을 처음 배울 때 코치는 단순 동작을 수없이 반복시킵니다. 그러다가 한 동작이 익숙해지면 다음 동작으로 넘어갑니다. 단계별 학습이 끝나면 최종적으로 전체 동작을 연결합니다. 이때 그동안 배운 단순 동작 중 많은 부분이 생략됩니다. 실제로 프로 선수들의 스윙은 간결하고 자연스럽고 유연하지만 알고 보면 그 단순함 속에 많은 것이 생략돼 있습니다.

기획의 생략도 이와 같아야 합니다. 1,000쪽이나 되는 방대한 보고서도 단 1쪽으로 요약할 수 있어야 하고, 그걸 펼치면 다시 1,000쪽이 돼야 합니다. 상대에 따라, 상황에 따라, 타이밍에 따라 생략도 가능하고 확장도 가능해야 합니다. 그러므로 보고가 간단할수록 보고자의 전문성과 디테일은 깊어야 합니다.

그래서 아마추어 기획자의 간단 기획은 '누락'이지만 프로 전문 기획자의 간단 기획은 '생략'이 되는 것입니다. 프로 보고자의 생략에는 보이지 않지만 엄청난 디테일이 숨어 있다고 보는 겁니다. 실제로 그리되어야 합니다. 사장은 이런 전문성을 직원들에게 끊임없이 요구해야 합니다.

보고의 두 번째 규칙은 스피드입니다.

아무리 핵심 정리가 잘 돼도 더 중요한 것이 속도입니다. 속도를 위해서라면 극단적으로 보고서가 다소 어설퍼도, 꼭 서류 형식이 아니어도 상관없습니다.

지금으로부터 약 800년 전 몽골 대제국을 건설한 칭기즈 칸은 정복지가 늘어날 때마다 파발마로 정보를 전달했습니다. 약 40킬로미터마다 역을 만들고 그 사이를 말들이 달리게 한 '역참제'를 말합니다. 수천 개의 역이 점점이 흩어져 있기 때문에 전달 경로는 가장 빠른 길을 찾아 변경될 수 있었습니다. 재미있는 것은 최종 수신자가 이동 중일 때 그 속도, 방향, 경로에 따라 전달 경로가 바뀐다는 점입니다. 그런 스피드 덕분에 칭기즈 칸은 역사상 가장 넓은 땅을 확보했습니다.

경영에서 스피드가 강조되다 보면 아무래도 보고서의 형식이나 내용이 사장의 마음에 들지 않을 수 있습니다. 그러나 참아야 합니다. 내용에 집중하십시오. 그렇지 않으면 표지 한 장을 멋있게 만들기 위해 반나절을 허비하는 어이없는 일이 발생할 수도 있습니다. 뭐가 더 중요한지를 생각하십시오.

시기별로 볼 때 사업 초기에는 형식보다 속도가 더 중요합니다. 이때는 아이디어나 메모 수준의 기획서로 빠르고 간단하게 소통해야 합니다. 사업 초반이다 보니 얼마나 구상할 게 많고 신중하게 판단할 것이 많겠습니까? 괜히 익숙하지도 않은 문서 작성에 매달려 귀한 시간을 소비하지 마세요. 투자 유치처럼 꼭 필요한 경우가 발생하면 전문가에게 위임하고 요점만 설명하면 됩니다.

기업이 어느 정도 성장해서 안정기에 접어들면 통상 기획 전문가 집단이 내부에 형성됩니다. 조직은 시간이 흐르면 점차 형식에 치우쳐 관료화될 가능성이 있습니다. 고로 이때는 보고서 없이 메모나 구두로 선(先)보고를 하고 내외부 전문 집단이 이를 보완하거나 구체화하며 후(後)디테일과 형식을 잡으면 됩니다. 공격적 프로젝트에 이런 방법이 유용합니다. 일단 내놓은 다음 서류를 추가 수정 보완하고 개선해 나가는 과감한 시도라 할 수 있습니다. 이때의 목적도 스피드입니다.

보고의 세 번째 규칙은 숫자입니다.

담당 이사가 "이번 프로젝트는 상당한 성공을 거두고 있습니다"라고만 보고한다면 잘못된 보고입니다. 구체적으로 어느 정도 성과를 냈는지 알 수 없습니다. "고객 수가 2만 명에서 2만 5,000명으로 늘어났고, 매출은 130억 원으로 전년 동기 대비 30퍼센트 증가했으며 내년까지 80퍼센트 성장은 무난할 것으로 전망합니다"라고 보고하는 게 맞습니다.

회사는 실적으로 움직이는 조직입니다. 회사의 모든 언어는 구체적이고 숫자로 표현해야 합니다. 모든 판단과 의사 결정은 숫자를 기반으로 이루어지기 때문이죠. 따라서 사장은 물론 직원 모두 이런 숫자로 소통하는 '언어'에 익숙해야 합니다.

이런 구체성은 정량적 보고에만 국한하지 않습니다. 비계량적인 정성적 보고에도 적용됩니다. 예컨대 "이번에 저희 팀에 인원이 좀 충원되면 좋겠습니다"보다는 "저희 팀에 디자이너 한 명과 프로그래머 한 명이 필요합니다. 경력은 3년 차 정도가 좋겠습니다"와 같이 직설적이고 구체적인 표현의 습관화입니다. 수식어나 지루한 감정 표현으로 분위기를 조성하는 것은 불필요한 오해나 오차가 발생할 수 있습니다. 그런 분위기 조성은 권고사직 등 특별한 경우에 한정합니다.

불확실하고 급변하는 미래 시장에서 짜여진 틀은 더 이상 성공 방정식이 될 수 없습니다. 아마존 CEO 제프 베조스는 "주어진 시간 안에 최대한 많은 시도를 할 수 있도록 조직을 운영해야 한다"라고 했습니다. 새로운 아이디어는 처음부터 완벽할 수 없습니다. 실패와 시행착오를 통해 성공 경험을 축적해 가야 합니다. 너무 완벽한 기획으로 시작하려고 하다 보면 시간만 흐릅니다.

결론적으로 보고의 핵심은 '요점, 스피드, 숫자'입니다. 그중에서도 가장 중요한 것이 스피드입니다. 그러니 직원들에게 속도를 요구하십시오. 만약 신중하고 싶다면 사장인 당신이 천천히 조정하면 됩니다.

때로는 권위로
때로는 대화로
갈등을 조율한다

평범한 사람이라면 분노를 표출해도 개인적인 감정으로만 그치면 됩니다. 하지만 사장은 다릅니다. 사장이 분노를 잘 다스리지 못하면 자칫 조직의 중요한 의사 결정에 부정적인 영향을 미칠 수 있습니다.

짜증과 분노가 주로 우발적인 감정이라면 갈등은 감정과 논리가 뒤섞여 일어나는 현상이며 분노 없이도 있을 수 있습니다. '갈등(葛藤)'은 '칡(葛)'과 '등나무(藤)'의 합성어입니다. 이 두 식물은 각자 감아 올라가는 방향이 서로 반대입니다. 그래서 칡과 등나무가 한번 엉키면 도저히 풀 수 없는 갈등이 되는 거지요.

사람의 갈등도 서로의 생각과 감정이 달라서 생깁니다. 두 사람

이상이 모이면 반드시 이익이 충돌합니다. 회사에서도 수평 갈등, 상하 갈등, 부서 간의 충돌이 존재합니다. 갈등을 원하는 사람은 없지만 갈등을 피할 수 있는 사람도 없습니다. 갈등은 좋고 나쁨의 문제가 아니라 '다름의 충돌'입니다. 따라서 누구에게나, 어디에서나 일어납니다.

갈등을 해결하는 방법

문제는 '갈등을 어떻게 다룰 것인가' 입니다. 그런데 사람들은 통상 갈등이 생기면 마주하기보다는 피하려 듭니다. 사장도 직원도 피하고 싶은 마음은 똑같습니다. 이런 조직의 갈등은 어떻게 조정하고 풀어 가야 할까요?

첫 번째, 위험을 스스로 감수할 만한 보상을 제시합니다.

사람들은 스스로 선택한 위험은 '안전'으로 받아들이는 경향이 있습니다. 예컨대 번지 점프, 패러글라이딩, 암벽 등반 등의 스포츠는 위험이 높다는 것을 알면서도 개의치 않고 즐깁니다.

반면 강요된 선택이라면 그보다 훨씬 위험도가 낮아도 반발하는 경향이 있습니다. 그러므로 격지 근무, 처음 시도하는 분야의 업무를 지시해야 한다면 여러 가지 좋은 조건이나 인센티브를 걸어 스스로 선택하도록 해야 합니다.

두 번째, 자기 결정권을 보장해 줘야 합니다.

MZ 세대들은 자유분방하고 간섭을 싫어하며 자의식이 강합니다. 젊은 직원이 있다면 최대한 간섭을 줄이고 자기 결정권을 보장하는 것이 좋습니다. 그러면 직장 스트레스도 줄어들고 창의성과 자발적 노력을 유도하는 데 효과적입니다. 성과나 실적이 우려되는 점은 있으나 중간 점검, 직무 평가, 상벌 제도 등 정밀한 성과 관리 시스템을 활용하면 어느 정도 해결될 수 있습니다. 업무를 지시할 때는 청유형이나 질문형이 좋습니다. "하세요" 대신 "해 주시겠어요?" 하는 식이죠. 듣는 이에게 심리적 거부감을 줄일 수 있습니다.

세 번째, 관심을 갖고 정체성을 인정하는 대화를 합니다.

직업, 신념, 종교, 민족, 고향, 성향, 라이프 스타일 등 그 사람을 이루는 중요한 부분을 이해하고 소통에 임해야 합니다. 제 친구 중 무역업을 하는 오 사장은 외국 거래처와 만나 상담할 때 그 회사나 제품은 물론이고 그 나라의 역사와 문화까지 미리 공부해 갑니다. 그래서 식사할 때나 상담 전에 관심을 보이면서 대화를 나누면 훨씬 부드럽고 호의적인 분위기에서 상담이 진행된다고 합니다. 같은 맥락으로 직원들 개개인의 형편, 취미 생활, 좋아하는 음료 등을 미리 알고 대화에 임하면 상대와의 거리를 좁힐 수 있습니다.

네 번째, 칭찬의 말로 인정해 줍니다.

"동호 씨, 당신이 정말 자랑스럽습니다!", "저번 프로젝트를 유심히 봤는데 정말 잘하셨던데요. 존경스럽습니다", "그걸 해내시다니 대단합니다" 등 진심 어린 말로 상대방의 공을 치켜세워 주는 것이 인정의 출발입니다. 특히 직원은 사장에게 그런 칭찬을 들을 때 더욱 신이 납니다. 사람은 남에게 인정을 받으면 더 발전하려는 욕구가 생깁니다.

소통은 갈등을 사전에 예방하고 해소하려는 노력의 일환입니다. 이때 사장은 이 모든 크고 작은 갈등을 풀어 가야 하는 최고 책임자입니다. 사후 해결은 물론 사전 예방까지 설계해야 하는 사람이죠. 따라서 직원들의 심리 상태를 파악하고, 서로의 감정을 중재해야 합니다. 때로는 제도나 권위의 강제로, 때로는 인간적인 대화로 완급을 조절하면서 갈등을 풀어 가는 것이죠.

나쁜 소식도
바로 보고받는
사장이 되라

사업은 장애물을 끝없이 넘어가는 허들 경기 같은 것입니다. 산 넘어 산, 허들 넘어 또 허들이죠. 개중에는 넘어가기 어려운 허들도 있습니다. 넘긴 했는데 시간이 지나고 넘어지는 경우도 있습니다. 회사 일이 그렇습니다. 크고 작은 사건 사고는 항상 있고, 과거의 잘못이 몇 년 후에 드러날 수도 있습니다. 혹은 그동안 이어져 온 관행이 현재 규정에 맞지 않다는 것이 뒤늦게 밝혀진 경우도 있습니다.

사소한 실수나 큰 영향이 없는 사고라면 별문제가 없지만 주로 실무자 선에서 어떻게든 수습해 보려고 시간을 지체하다가 문제가 커집니다. 보통 담당자는 자기 선에서 최대한 빨리 수습해서 없던 일처럼 조용히 넘어가려는 경향이 있기 때문이죠.

사업이 커지면 꼭 뭔가 잘못된 일이 생기거나 돌발적으로 나쁜 소식이 튀어나옵니다. 나쁜 소식은 즉각 보고돼야 합니다. 최소한 24시간을 넘기지 않아야 합니다. 하지만 현장에서는 그게 잘 지켜지지 않습니다. 야간 업무 시간에 발생했거나 담당자가 부재중이라 보고가 늦어지는 사례도 있고, 늦은 시간 상사에게 전화하는 것을 망설일 수도 있습니다. 이런 일은 주로 폐쇄적이거나 권위적인 조직에서 많이 일어납니다. 하지만 분명한 것은 나쁜 소식이 늦게 전달될수록 더 악화되고 왜곡된다는 것입니다.

불편한 이야기도 솔직히 말하는 분위기로 만들려면

문제를 빠르게 발견할 수 있는 조기 경보 문화를 구축하려면 어떻게 해야 할까요? 흔히 회사 경영에서는 "문제점을 지적하려면 해결책도 같이 가져오라"라는 식의 암묵적인 규칙에 익숙합니다. 책임지지 못할 일이라면 괜히 긁어 부스럼 만들지 말라는 식의 문화죠. 특히 사장이 임원, 팀장에게 이런 이야기를 많이 합니다.

이런 태도는 직원에게 주인 의식과 책임감을 부여하는 긍정적인 효과도 있지만 부정적인 측면도 있습니다. 문제를 알고 있다고 누구나 해결할 수는 없습니다. 이는 문제를 발견해도 직접 해결할 수 없다면 거론하지도 말라는 말과 같이 들립니다. 누구나 아는 뻔한 문제조차 묻히는 것이죠.

예컨대 당신이 회사의 문제점을 잘 알고는 있지만 해결할 수 없는 경우가 있습니다. 이런 문제는 주로 힘 있는 부서에서 많이 발견됩니다. 본사의 인사 담당자가 청탁을 받고 임의로 인사를 조정하는 정황을 포착하거나 의심이 들어도 내가 지점 직원이라면 혼자서 그 문제를 해결할 수 없다는 거지요.

그래서 이런 정보는 윗사람에게 편안하게 전달될 수 있어야 합니다. 당연히 그 과정에서 고발한 직원의 위치가 흔들리지 않도록 주의를 기울여야겠지요. 좀 더 어려운 상황은 문제를 발견한 사람이 문제를 일으킨 당사자라는 걸 인지했을 때입니다. 이 역시 스스로 해결할 방법을 찾지 못할 때는 당연히 윗사람에게 그 문제를 솔직히 이실직고하는 분위기가 돼야 합니다.

나쁜 소식을 빨리 알아내는 조직 문화란

직원들의 주인 의식과 권한 위임의 덕목들을 희석시키지 않으면서, 그리고 모든 사람에게 패배감을 안겨 주거나 응석을 모두 받아 주는 문화를 조장하지 않으면서 나쁜 정보를 조기에 알아낼 수 있는 구조는 어떻게 만들까요?

《최강의 조직》의 저자 벤 호로위츠는 누군가가 나쁜 소식을 알려 주면 크게 반색하는 것처럼 보이려고 애썼다고 합니다. "그 일이 우리 회사를 죽이기 전에 알게 됐으니 천만다행입니다" 또는 "일단 이 문제를 해결하고 나면 우리 회사는 훨씬 더 강해질 겁니다. 분명 전화위복이 될 겁니다"라고 말하는 것이죠.

사장은 직원들의 거울입니다. 사장의 태도를 따라 합니다. 고로 당신이 나쁜 소식을 전해도 괜찮다는 반응을 보이면 그들도 그렇게 생각하며 안심하고 문제를 지적할 겁니다. 이를 좀 더 체계적인 기업 문화로 정착시키는 방법을 몇 가지 제시해 보겠습니다.

첫 번째, 책임을 묻기보다 문제 해결에 집중해야 합니다.

문제를 알게 되면 이를 분석해서 원인을 정확히 찾아내야 합니다. 보통 이런 문제의 원인은 십중팔구 의사소통이나 우선순위가 잘못된 경우로 충분히 해결할 수 있는 것들입니다. 이때 직원을 콕 집어 비난하거나 책임을 묻는 데 주력하면 직원은 자신을 방어하기에 급급해져 폐쇄적 분위기로 흘러갑니다. 하지만 문제 해결에 중심을 둔다면 오히려 나쁜 소식을 한시라도 빨리 전달해서 적극적으로 해결하려는 분위기가 형성되겠지요.

두 번째, 평소에도 나쁜 소식을 찾는 노력을 해야 합니다.

일상에서 직원들과 만날 때 나쁜 소식을 드러낼 수 있도록 유도해 보십시오. "업무에 방해가 되는 것은 무엇입니까? 무엇이든 괜찮습니다", "만약 당신이 사장이라면 회사에서 무엇을 바꾸고 싶습니까?" 등을 질문하는 거죠. 자주 묻고 용기를 북돋다 보면 직원들이 머지않아 입을 열 겁니다. 맷집 좋은 사장은 어둠을 피하지 않습니다. 좋은 소식은 맞이하고 나쁜 소식은 맞서십시오.

세 번째, 주저 없이 말할 수 있는 분위기를 만들어야 합니다.

간부들은 고민거리를 사장에게 자주 이야기하는 게 불편할 수 있습니다. 하지만 대책을 생각하느라 골든타임을 놓치는 것보다 실수를 감안하더라도 제때 결정하는 것이 훨씬 낫습니다. 사장에게 고민을 털어놓고, 논의하고, 필요한 지침을 받는 게 당연한 자유로운 소통 분위기를 만들어 보십시오. 보고가 뜸한 부서가 있다면 간혹 사장이 먼저 찾아가거나 연락해서 "잘돼 갑니까? 혹시 문제가 있지 않나요?"라고 찔러 보기라도 하라는 겁니다.

비밀이 많은 회사는 소문도 많습니다. 정보와 결정 사항이 투명하게 공유되지 않으면 '그 소문이 진짜일까?' 하는 호기심이 괴담으로 둔갑할 위험이 있습니다. 고로 사실을 바탕으로 정확하게 커뮤니케이션하는 것이 중요합니다. 사실 대부분의 회사 문제점은 여러 경로를 통해 사장의 머릿속에 이미 정리돼 있거나 알고 있는 것들입니다. 다만 이걸 적시에 직원들과 교환하지 않으니 괴담으로 변질되는 것이죠. 직원들의 입장에서는 소문을 짜 맞추거나 추측하게 되고, 이렇게 만들어진 미완성의 모자이크가 마치 사실처럼 퍼지는 겁니다. 대외비가 아니라면 빠른 시간 내에 직원들과 정보를 공유해야 조직의 일체감을 높이고 헛소문을 잠재우는 데 도움이 됩니다.

최고의
경영 전략,
심플

/　/　/　/　/　/　/　🚶　/　/　/　/　/　/

MIT 슬론 경영대학원 교수 도널드 설과 스탠퍼드대학교의 교수 캐슬린 M. 아이젠하트는 책 《심플, 결정의 조건》에서 이렇게 이야기합니다.

"복잡한 문제는 복잡한 해결책으로 대응하는 것이 아니라 단순한 규칙으로 관리하는 것이다."

경영 환경이 다양하고 복잡해짐에 따라 우리가 처리해야 할 문제들도 점점 더 까다롭고 복잡해지고 있습니다. 그러나 주어진 자원과 시간은 턱없이 부족합니다. 이런 상황에서 사장은 문제의 핵심을 빠르게 짚어 내고 더 나은 판단을 위해 규칙을 단순하게 만들 필요가 있습니다.

스티브 잡스에게 심플은 종교

불필요한 사람이 회의에 참석했을 때, 제품의 기능이나 디자인이 직관적이지 않고 복잡할 때, 두세 마디면 끝날 의견을 겉만 번드르르한 프레젠테이션으로 회의 시간만 늘여 놓았을 때 애플 직원들은 "심플 스틱(Simple Stick)으로 맞았다"라고 말했습니다. 17년간 스티브 잡스의 마케팅 전략가이자 '다르게 생각하라(Think Different)' 광고 캠페인을 기획했던 켄 시걸의 2014년 저서 《미친 듯이 심플》에 나오는 말입니다. 그는 "스티브 잡스에게 '심플'은 종교였다"라고 표현하기도 했습니다.

애플은 조직도 단순하게 운영했습니다. 다국적 포커스그룹이나 분석 시스템에 시간과 돈을 들이는 대신 직접 소통하는 작은 집단만으로 업계를 주도했습니다. 전 세계 애플 임원의 수조차도 100명으로 한정하고 경영 전략을 논의하는 연례회의 '톱 100'을 운영했지요. 100명이 넘으면 오너가 원하는 대로 통솔할 수 없다는 이유 때문입니다.

제품에도 단순함을 적용했습니다. 잡스는 1997년 애플 복귀 당시 20가지가 넘는 제품군을 개인용과 전문가용 데스크톱과 노트북 네 가지로 축소했습니다. 약 20종의 컴퓨터 모델로 수익성 악화를 면치 못한 델과는 달리 애플은 단 네 가지 제품만으로 천문학적 이윤을 달성했습니다.

시스코의 단순한 M&A 원칙

시스코는 M&A 분야에서 '마이다스 손'이라 불리는 큰 회사입니다. 1984년 스탠포드 재학생 두 명이 설립해 오늘날 78조 원(538억 달러)이 넘는 매출을 올리고 있습니다. 시스코가 인수 대상으로 하는 회사는 '직원이 75명 이하이고 75퍼센트 이상 엔지니어로 이뤄진 회사'로 한정합니다. 상대적으로 저렴하고 기존의 시스코와 통합하기 쉽기 때문이죠.

시스코의 기업 인수 원칙은 크게 네 가지로 단순합니다. 먼저 지리적으로 가까워야 합니다. 근접 여부가 중요한 포인트입니다. 두 번째로 시스코와 '같은 비전을 가졌는가'를 살펴봅니다. 세 번째는 빠르게 성장할 수 있는지 입니다. 마지막으로 주주, 직원, 고객, 비즈니스 파트너 등 이해관계자 모두에게 장기적으로 이익인지를 판단합니다.

심플 경영으로 성공한 세계적인 기업들

패스트푸드 맥도날드도 심플 경영의 대표적인 사례입니다. 맥도날드는 메뉴의 다양성을 포기하고 식사 전 과정을 단순화 자동화하고 고객에게 식사에 필요한 일의 일부를 떠맡겼습니다. 그러자 일인당 노동 비용이 일반 커피숍 수준 이하로 떨어졌고, 값을 낮추자 수요가 증가했으며 식당의 구매력도 늘어 간접비가 최소화됐습니다. 이어 가격은 더 낮아지고 수익은 급증했습니다. 지금도 맥도날드 아홉 가지 메뉴를 위한 구매 물품은 총 40가지에 불과합니다.

스웨덴의 잉바르 캄프라드가 설립한 '이케아'도 심플 경영의 좋은 사례입니다. 캄프라드는 1943년 당시 17세의 나이로 이케아를 설립했습니다. 어느 날 탁자를 차 안에 싣지 못해 쩔쩔매고 있을 때 동료가 "다리를 떼어 내"라고 말했는데, 이 아이디어로 고객이 직접 조립하는 DIY 가구를 개발해 대성공을 거뒀습니다. 부품을 최대한 단순하게 설계하고, 고객이 직접 조립하게 하는 방식으로 총비용의 절반 이상을 줄인 것이죠.

규칙을 단순하게 만들려면 무엇을 중심으로 단순화할 것인지 그 우선순위를 먼저 결정해야 합니다. 매출 중심인지, 이익 중심인지, 속도 중심인지, 과정 중심인지 등을 선택하고 집중하는 거지요. 그리고 새로운 규칙은 전광석화처럼 단번에 적용하는 게 좋습니다. 천천히 변화를 주면 과거와 미래가 서로 뒤엉켜 혼란스럽고 직원들의 반발도 커지기 쉬우므로 결과가 좋지 않습니다. 그러니 일도양단하듯 신속하게 적용하십시오.

악법도 법이란 말은
회사에서
통하지 않는다

/   /   /   /   /   /   ♦   /   /   /   /   /   /

"지난해 달력이 왜 잔뜩 쌓여 있죠?"
"아, 그거요? 5년 동안 보관해야 하는 거라서요."
"쓸모없는데 그냥 버리시죠."
"안 됩니다. 규정이라서 지켜야 해요. 감사에 걸립니다."

철 지난 달력이 중요한 서류나 되는 것처럼 창고 가득히 쌓여 있었습니다. 웃지 못 할 코미디 같지만 한 공기업의 컨설팅 사내 투어 중 제가 실제로 경험한 일입니다. 아마 그 회사의 창고에는 지금도 지난해 달력이 쌓여 있을 테지요. 규정을 철저하게 준수한다는 게 때로는 이렇게 엉뚱한 결과를 낳습니다. 일반 중소기업이 이런 경우는 드뭅니다. 아니 없습니다. 있었다면 벌써 망했 겠지요. 대기업, 공기업, 국가 기관 등 관리의 경직성이 높은 곳일 수록 그렇습니다.

규칙의 필요 유무와 상관없이 '지적당하지 않으면 그만'이라는 생각이 이런 결과를 낳습니다. 보통 규정은 표준 규칙으로 잘 만 들어져 있지만 자칫 장롱 규정이 되기도 하죠. 직원들은 어떤 규 정이 있는지도 모르다가 무슨 일이 생기면 불이익을 당할까 봐 걱정하며 해당 항목만 살펴봅니다. 상식적으로 말이 되지 않는 규정이라도 당사자에게 불똥이 튀지 않도록 곧이곧대로 지키는 것이죠. 이런 현상은 사장이 현장 경영을 하지 않고 책상머리 탁 상 경영을 하고 있을 때 주로 일어납니다. 총체적으로는 규정이 왜 존재하는지를 모르는 탓이죠.

현실과 동떨어진 규칙은 과감히 버려라

규정은 조직의 이익을 위해 존재합니다. 그러므로 규정에 문제 가 있으면 고쳐야 하고 때로는 폐기할 수도 있어야 합니다. 특히 중소기업 사장일수록 이런 문제에 봉착하면 민첩하고 단호하게 반응해야 합니다.

황 사장의 사례는 사장이 주도적으로 너무 앞서 나간 경우입니 다. 제가 그 회사의 사장실에 들어서는 순간 상당히 놀랐습니다. 전기 공사 규칙, 법령, 노무, 회계, 각종 계약서, 규정 등과 관련된 문서들이 빼곡했습니다. 마치 문서 보관소를 방불케 했습니다. 직원은 고작 일곱 명인데 시스템과 규정은 완벽했습니다. 하지만 실적은 기대 이하로 간신히 연명하는 상태였습니다.

대기업 출신의 황 사장은 워낙 성격이 치밀하고 꼼꼼해서 모든 서류를 완벽하게 준비한 거지요. 그러다 보니 규칙에 매몰돼 영업에 힘을 쏟지 못했습니다. 회사가 성장한 뒤에 갖춰도 될 과한 규정과 절차, 서류, 결재가 직원들의 업무 수행에 걸림돌이 되고 있었습니다. 지나친 꼼꼼함이 빚어 낸 참사지요. 당장 이 회사에 필요한 것은 규칙이 아니라 매출입니다.

언제부터인가 국제 표준(ISO)이 쏟아져 나오고 '소비자대상', '품질경영대상' 같은 각종 상이 난무하고 있습니다. 회사는 물론이고 금융 기관, 공공 기관 구분할 것 없이 거의 모든 조직의 건물에 들어서면 이런 표준과 상패들을 볼 수 있습니다. 그동안 표준화는 생산의 효율성뿐만 아니라 혁신의 속도를 높이는 데 많은 기여를 했습니다. 특히 기술의 표준화는 대량 생산을 가능케 했고 새로운 아이디어의 발판이 되기도 했지요.

하지만 최근 들어 상황이 처음과는 딴판으로 흘러가고 있습니다. 이런 제도는 금융 기관으로부터 수월하게 융자를 받기 위한 가산점의 수단으로 이용할 뿐 정말 원해서 도입하는 경우는 드물어졌습니다. 당초 의도와 달리 형식적인 인증만 남은 것이죠.

결국 국가가 좋은 의도를 갖고 출발했지만 실상은 시간 낭비와 비용 지출로 이어지고 있습니다. 대부분의 중소기업에 방문해 보면 인증과 관련된 서류는 사무실 구석에 덩그러니 꽂혀 있는데 매년 갱신 비용이 나가고 있습니다. 실제로 인증에 대해 아는 직원은 거의 없습니다.

사내 규정도 현실을 못 따라가는 헛규칙이 허다합니다. 평소에는 장롱 규정으로 아무런 의미가 없다가 문제가 생기면 들추고 옥죄는 수단으로 존재합니다. 이런 규정으로는 자유분방하고 열린 사고의 신세대를 이끌 수 없습니다.

규정은 회사를 위해 존재합니다. 고로, 규정이 현실과 맞지 않으면 고쳐야 하고 문제가 많은 규정은 폐기하고 새로 만들어야 합니다. 이런 결정은 오직 사장만 할 수 있습니다. 이에 대해 페이스북 설립자 마크 저커버그는 "무언가를 개선하기 위한 목적이라면 그것을 깨뜨리는 것도 괜찮다고 생각한다"라고 했습니다. "악법도 법이다"라고 한 소크라테스의 말은 기업 경영에서는 한 귀로 듣고 흘리는 게 좋겠습니다. 특히 중소기업은 그렇습니다.

믿을 만한 사람,
능력 있는 사람
누구와 함께할 것인가?

/ / / / / / ✦ / / / / / /

　회사에는 크게 세 가지 부류의 사람이 있을 수 있습니다. 믿을 만한 사람, 능력 있는 사람, 호감 가는 사람입니다. 이 세 가지를 모두 충족하는 사람은 거의 없습니다. 있다 해도 조직 전체를 이런 사람들로 채울 수 없는 게 현실이죠. 믿을 만한 사람이지만 능력이 떨어질 수 있고, 능력은 출중하지만 신뢰는 떨어지는 경우가 흔합니다.

　믿는 사람, 능력 있는 사람, 좋아하는 사람 중 누구를 선택하는 것이 최선일까요? 회사는 나름대로 선정 기준을 갖고 있지만 이미 조직 내에서 활동해 온 기존 직원들 중 승진, 이동, 요직 배치해야 할 경우 흔히 봉착하는 딜레마지요.

신입 직원을 뽑을 때는 주로 능력 위주로 선발하면 되지만 기존 직원은 같이 근무하면서 능력 검증은 물론 신뢰가 생기고, 호불호도 누적돼 이런 고민이 발생하는 것입니다. 이때 좋아하는 사람을 선택하기보다는 능력자를 중용하고 그를 주시하는 것이 깨어있는 경영자의 덕목입니다. 당연히 내키지 않은 선택이 될 것이고 미안한 마음도 생길 것입니다.

능력 유무로 사람을 선택하는 것이 이성적 기준이라면 좋아하고 싫어하는 호불호의 선택은 감정적 기준이라 할 수 있지요. 믿고 신뢰하는 문제는 이성과 감정이 혼합된 중간쯤 될 것 같습니다. 당연히 비즈니스 세계에서 이성적 판단을 주로 하리라 기대하겠지만 의외로 많은 경우 호불호의 감정적 기준으로 사람을 선택하곤 합니다.

리더의 가장 중요한 일이 이런 세 종류의 사람들을 이성적으로, 균형 감각의 판단으로 각 기능에 맞게 적재적소에 사람을 배치시키는 일입니다. 예컨대 믿을 만한 사람은 창고지기나 수행비서, 금전 출납 등의 일을 맡기고, 믿음은 덜 가지만 능력 있는 사람은 시스템적인 일, 전문 분야에 배치시킵니다. 좋아하고 싫어하는 호불호 판단은 가능한 배제하려고 노력할 테지요.

누구를 이사로 뽑아야 할까?

그런데 이런 명백한 판단 기준의 경우를 넘어 좀 더 중요하고 복잡한 관리 업무를 맡길 때 고민이 생기지요. 예컨대 회사 조직의 핵심인 이사진 구성 같은 경우입니다. 이사는 능력도 있어야 하고 믿을 수도 있어야 합니다. 그런데 능력은 되는데 믿을 수 없는 사람, 믿을 수는 있지만 능력이 떨어지는 사람 둘 중 한 명을 선택해야 한다면 누구를 선택해야 할까요?

이름만 올리는 간단한 문제로 치부되어 얼렁뚱땅 등재했다가 곤욕을 치르는 일이 중소기업에서는 의외로 많이 발생합니다. 특히 조직이 급성장할 경우 지금까지 동고동락하고 같이 일해 온 직원인데 믿음은 가지만 이미 성장해 버린 조직을 감당할 능력이 안 되는 직원을 이사진으로 계속 끌고 갈 것인지 아니면 새로운 유능한 인재를 영입 등재할 것인지의 고민에 봉착합니다.

이때 많은 중소기업의 경우 좋아하는 사람 내지는 믿을 만한 사람을 선택합니다. 업무 차질은 어느 정도 견딜 수 있지만 배신으로 인한 고통은 참을 수 없다는 생각 때문이겠지요. 과연 이게 최선의 선택이 될 수 있을까요? 그동안의 의리와 신뢰에 대한 보답 차원이라면 충분히 이해가 되지만 조직의 미래에는 분명 문제가 생깁니다.

"저렇게 무능한데 어떻게 이사까지 승진했지?"
"창업 멤버잖아, 회장님과 입사 동기래."

끝까지 의리와 신뢰를 고집하는 리더들이 가끔 있습니다. 그래서 결국 젊고 유능한 직원의 걸림돌이 되기도 하고 신뢰만 강조하고 능력은 뒷전인 꼰대 문화가 형성되는 뿌리가 되지요. 신뢰와 의리로 뭉친 '좋아하는 사람들'로 구성된 이런 조직은 각종 인맥과 아부가 판치는 조직으로 흘러 갈 가능성이 높습니다. 신뢰만 지나치게 강조하면 조직의 활력이 떨어지고, 능력을 너무 강조하면 조직이 건조해집니다. 신뢰와 능력은 적당히 배합돼야 합니다. 어떤 때는 신뢰가 필요하고 어떤 때는 능력이 필요한 게 조직입니다.

능력은 부족하지만 믿을 만한 사람을 선택했을 때의 가장 큰 문제는 그가 큰 실수를 범했을 때입니다. 이건 어쩌면 예고된 일입니다. 이때 사장들은 대개 그를 감싸거나 두둔하는 경향이 있습니다. 오랫동안 동고동락해 왔고 신뢰도 쌓였으니 한두 번의 실수는 눈감아 주고 싶은 게 인지상정이겠지요.

특히 정 많은 사장일수록 그렇습니다. 하지만 마음이 아프더라도 하루빨리 조치를 취해야 합니다. 괜히 질질 끌거나 유야무야 하면 조직에 좋지 않은 효과를 부르는데, 생각보다 많은 수의 자영업자, 중소기업 사장이 이런 실수를 답습하고 있습니다.

그렇다면 능력은 있지만 믿음을 저버린 직원은 어떻게 처리해야 할까요? 이때 일어날 수 있는 사고는 가벼운 도덕성의 문제부터 심하게는 배임 횡령까지도 염두에 둬야 합니다. 통상 주의를 주거나 고쳐 보려 하지만 개인의 성격 문제도 있고 '어딜 가든 먹고살 수 있다'는 능력 과신 때문에 잘 개선되지 않습니다. 사안이 심각하거나 반복될 여지가 보인다면 결단해야 합니다. 이런 사람과 헤어질 때는 전략이 중요합니다. 어설프게 접근하면 회사의 약점을 물고 늘어질 수도 있기 때문이죠.

사실 신뢰할 수 없다면 애초부터 채용하지 말아야 하는 게 맞습니다. 하지만 중소기업에서 능력자를 외면하기는 쉽지 않지요. 당장의 매출 때문에 도덕만 고집하기가 어려운 것이 중소기업의 현실입니다. 차선책이 있기는 합니다. 불가피하게 써야 한다면 멀찍이 두고 쓰십시오. 인센티브제나 아웃소싱, 계약직 등의 제도로 회사와 한 발짝 거리를 두고 문제가 생기면 바로 헤어질 수 있도록 설계하는 것입니다.

사장이 알아야 할
채용과 해고의
모든 것

‘성실’은 과정의 미덕으로 학교에서나 통용되는 어린이용 덕담에 불과합니다. 기업은 목표 달성을 못한 자들은 필요 없는 곳입니다. 그럼에도 불구하고 용케도 조직에서는 능력 없이 성실을 간판으로 내걸고 놀고먹는 자들이 있습니다. 기업의 제1 목표는 수익입니다. 실적은 내지 못하고 말 많고 변명이나 하는 자들은 퇴출시켜야 합니다.

직원의 퇴출에 대해 잭 웰치 회장은 이렇게 말했습니다.

"사람을 자르는 것을 좋아하는 사람은 리더가 돼서는 안 된다. 그러나 사람을 자르지도 못하는 사람도 리더가 돼서는 안 된다."

채용과 퇴출은 동일 선상에서 균형 있게 다뤄져야 합니다. 퇴출에는 반드시 지렛대가 필요합니다. 능력 없는 자들은 자진 사퇴하는 법이 드뭅니다. 그들은 자기가 무능하다는 걸 잘 알고 있으며 여기서 그만두면 갈 곳이 없다는 사실도 잘 알고 있습니다. 이에 대해서는 통상 부드러우면서도 치밀한 준비가 필요합니다. 그들의 무능을 적립해 두는 거지요. 특히 중소기업 CEO는 한 사람이 채용되는 즉시 그 사람이 떠날 때를 계산해 둬야 합니다.

영업직 해고는 비교적 쉽습니다. 조직에 대한 충성도보다는 개인의 인센티브에 더 기울어 있고 목표 기준치 등 계량화가 되어 있기 때문에 수치를 제시하고 진퇴를 설득하는 것이 어렵지 않습니다. 그러나 이런 계량적인 평가가 곤란한 후선 관리 부서의 경우는 좀 복잡합니다. 특히 요즘처럼 노조가 발달한 구조에서는 사회적인 비용을 치러야 합니다. CEO는 이런 중요 관리직 직원을 채용할 때는 지위 고하를 막론하고 특히 신중해야 하고, 그를 내보낼 때를 대비한 서류 등 방책을 반드시 준비해 둬야 합니다.

조직은 늘이기는 쉬워도 줄이기는 어렵다

한번 몸집이 불어난 조직은 좀처럼 없애기도 어렵고 축소도 어렵습니다. 그래서 회사는 비정규직으로 완급을 조정해야 합니다. 지금 사회적으로 쟁점이 되는 무조건적 비정규직의 정규직 전환 요구는 기업 경영의 조직 쿠션을 없애라는 것과 같은 말입니다.

이는 기업 경영의 유연성이 줄어들어 조직의 완급 조절 기능을 상실케 하는 것이죠. 따라서 이런 사회적 분위기에서 CEO는 조직의 확대를 더욱 신중히 해야 합니다. 이런 분위기는 결과적으로 노동자를 위한 사회적 요구가 기업의 조직 확대 의욕을 경직화시킴으로써 부메랑이 되어 취업난이 가중되는 악순환의 반복을 예고하고 있는 거지요.

회사 조직도 일종의 유기체와 같아서 라이프 사이클이 존재합니다. 특히 미래 예측이 불확실한 사업에 대해서는 그 조직도 생로병사(生老病死) 차원으로 일몰제를 택하는 것이 바람직합니다. 미리 매출 규모나 존속 기간 등을 설정하여 조직의 축소 폐지를 염두에 두고 설립, 확대하는 방법이죠. 예를 들어 특별한 보직의 경우 입사 서류와 사직서를 동시에 받고 채용할 수도 있고, 일몰제를 적용하는 등 기간의 제한을 둘 필요가 있습니다. 특히 핵심 책임자일 경우 문제가 생기면 단호하게 처리해야 합니다.

또한 공식적으로 생긴 문제는 반드시 공식적으로 정의를 내려줘야 직원들이 승복합니다. 간혹 개인적인 정리(情理)가 있거나 억울한 경우가 있다면 몰래 보살펴 주는 한이 있더라도 말이죠. 하지만 실무상 단호한 처리가 현실적으로 어려운 경우가 많습니다. 공무원 조직이나 대기업은 항상 대타를 기용할 수 있는 인력 풀이 있으니 문제가 없지만 중소기업에서는 내칠 경우 대타 기용에 애를 먹을 수 있기 때문입니다.

해고 과정에서 필요한 다섯 가지 디테일

자발적인 퇴사의 경우는 크게 문제될 게 없지만 구조 조정이나 권고사직일 경우 명확한 기준과 촘촘한 시나리오를 바탕으로 여러 가지 경우의 수를 염두에 두고 실행해야 하는 것이 해고입니다. 몇 가지 주의 사항 및 디테일에 대해 알아보겠습니다.

첫 번째, 해고하는 과정에서 자존심에 상처를 주지 않도록 노력해야 합니다.

모호한 표현을 쓰거나 간접적인 방법으로 불필요한 변명이나 장황한 설명을 하는 것도 금물이죠. 명확한 표현으로 회사의 결정을 전달하고 이 결정이 회사의 최종 결정임을 분명히 해야 합니다. 따라서 담당자 임의로 요청하지도 않는 조언이나 개인적인 약속 같은 것은 하지 않아야 합니다.

또 취소의 여지가 없음도 분명히 해야 합니다. 사무라이 영화에는 항상 할복으로 죽어 가는 자의 목을 쳐 주는 장면이 나옵니다. 고통을 덜어 주기 위함입니다. 어정쩡한 태도로 해고자를 두 번 힘들게 하는 일이 없어야 합니다.

두 번째, 통보자는 해고되는 직원의 고통과 처지를 인간적으로 공감하는 따뜻한 태도를 유지해야 합니다. 나아가 혹시 있을 반발이나 소송에 대비하는 등 사후 리스크도 함께 고려하면서 해고 테이블에 임해야 합니다.

따라서 해고가 합법적으로 처리될 수 있도록 뒷받침하는 근거 서류를 평소에 잘 준비해야 합니다. 실적 부진, 출퇴근 기록, 규정 위반 등 추후 예상되는 반발에 대응할 수 있는 백업 자료입니다.

세 번째, 통보 방식은 기본적으로 관리 책임자가 대면 방식으로 직접 하는 것이 좋겠습니다.

전화나 문자, 메일, 모바일 메신저 등으로 해고하면 부작용이 있습니다. 해고 내용보다 해고 방식에 불쾌해하는 사람들이 발생할 수 있지요.

네 번째, 때와 장소 선택에 신중해야 합니다.

공휴일 전이나 휴가 전날, 출근하자마자 이른 아침 시간 등은 피하는 게 좋습니다. 장소는 개방된 곳보다는 밀폐된 장소를 선택하시는 게 좋습니다.

다섯 번째, 해고자나 퇴직자를 위해 별도의 회식 자리를 마련하지 않는 게 좋습니다.

가끔 마음씨 좋은 사장이나 책임자가 위로한답시고 송별회 자리를 베푸는 경우가 있습니다. 술 마시고 돌발 행동이 나올 수도 있고, 나가는 마당에 언어의 통제가 되지 않아 막말로 남은 직원들을 흔들 소지가 있습니다. 굳이 위로해 주고 싶다면 술 없는 간단한 티타임을 만들어 시간도 짧게, 동석자도 최소화하여 가능하면 일대일이 좋겠습니다. 한마디로 간결하고 단호하게, 건조하고 치밀하게 실행해야 하는 것이 해고 프로세스입니다.

사장의 손은 항상 깨끗해야 한다

그러면 누가 해고자와 테이블에 마주해야 할까요? 반드시 직속 팀장이나 임원이 총대를 메도록 해야 합니다. 해고를 책임질 금부도사 같은 역할이죠. 사장이 직접 금부도사가 되는 일은 가능하면 피하는 게 좋습니다. 여러 가지 회사 상황에 의해 '사장이 할 수 없이 받아들이는 모양새'로 해고하게 됐다는 것이 가장 바람직한 모양새입니다. 사장은 항상 손을 깨끗한 상태로 유지해야 합니다. 무언가 자를 때는 반드시 장갑을 껴야 그 손을 온전히 보전할 수 있습니다.

중소기업에서 사장의 말은 곧 법이라 할 수 있습니다. 한번 뱉은 말은 확정적입니다. 특히 더럽고 치사한 말일수록 오래 기억됩니다. 그러므로 가능하다면 어렵고 곤란하고 치사한 말은 되도록 부하가 대신하도록 하는 게 좋습니다.

이런 맥락에서 직원 정리를 위해 칼을 휘두르거나 피를 볼 일이 있다면 가능하면 사장이 직접 나서지 않는 것이죠. 단, 결정적이거나 어쩔 수 없는 경우에만 나서야 합니다. 좋지 않은 일로 자주 나서게 되면 권위도 떨어지고 덕망도 상처를 입게 되어 인재가 떠납니다.

이제는
자수성가가 아닌
타수성가의 시대

돈, 기술, 영업력, 사람 등 모든 사업 요소가 완벽하게 갖춰져서 출발하는 경우는 거의 없습니다. 기술은 있는데 돈이 없거나, 영업력은 있는데 돈이 없거나, 돈은 있는데 마땅한 투자처가 없어 고민하지요. 이런 의미에서 세상은 참으로 공평한 것 같습니다.

창업 단계를 지나서도 이런 현상은 계속됩니다. 전문가도 필요하고, 돈도 필요하고, 상대방의 능력이나 기술도 필요합니다. 이토록 어려운 상황에도 과거 창업자들 대부분 홀로서기를 기본 모토로 자수성가(自手成家)를 추구해 왔습니다. 그러나 이제는 단일 기술로 승부를 내기에는 세상이 너무 복잡하고 기술 난이도가 높아졌습니다. 과거의 자수성가 사례는 전설이 되어 가고 있습니다.

더 빨리 성공하고 싶다면 동업은 선택이 아닌 필수

이제는 타수성가(他手成家)의 시대입니다. 남과 같이 일하고 남의 능력과 힘을 빌려서 성공을 이루는 협업의 시대가 됐습니다. 깊이 있는 기술력의 융합 발전을 통해 매출을 늘리고 성공하기 위해서는 제휴, 타협, 동업이 필수입니다. 특히 현대와 같은 복잡계에서는 두뇌와 정보, 기능, 기술, 능력, 타이밍을 합하고 조합하는 것이 성공 확률을 높입니다.

물론 영혼의 자유를 즐기려는 자에게 이런 동업은 별로 탐탁찮은 선택일 수는 있겠지요. 또한 친구는 물론 형제간에도 동업은 하지 말라는 것이 보통의 정서입니다. 그러나 사업가 입장에서 좀 더 빨리, 좀 더 크게, 좀 더 오래 장수하는 기업을 갖고 싶다면, 그리고 목표에 도달하는 시기를 계산해 본다면 당연히 동업은 선택이 아니라 필수입니다.

실제로 제휴와 동업의 사례는 주변에 흔하게 널려 있습니다. 애플은 스티브 잡스와 스티브 워즈니악이 공동 창업했고, 휴렛팩커드는 윌리엄 휴렛(연구 개발)과 데이비드 팩커드(경영 전반)가 함께 설립했습니다. 삼성의 이병철 회장은 정현용, 박정원과 정미사업을 시작했고, 그 후 구인회(LG그룹), 조홍제(효성그룹), 이양구(동양그룹)와 동업했습니다. 네이버는 김범수, 이해진 의장이, 삼천리그룹은 유성연, 이장균, 삼화페인트는 김복규(영업, 생산)와 윤희중(회계, 경영)이 공동 창업했습니다.

그러고 보면 대기업이든 중소기업이든 대부분은 동업의 산물이라 해도 과언이 아닙니다. 최근에도 전통적 경쟁 관계였던 삼성전자와 현대자동차, SK온, LG디스플레이, 네이버 등이 반도체, 배터리, 인공 지능 등 각각의 영역에서 적극적으로 전략적 제휴를 맺고 있습니다.

중소기업이나 소상공인에서도 협업이나 공동 창업에 적극적입니다. 창업진흥원이 2024년 12월 발간한 〈2022년 기준 창업기업실태조사〉에 따르면 창업 기업 수는 482만 9,665개로 이 중 14.5%는 '팀 창업' 형태(평균 2.2명)로 창업했습니다.

성공적인 동업 전략 다섯 가지

이런 동업과 제휴 관계가 끝까지 유지되는 경우는 거의 없습니다. 반드시 다툼과 이별이 있습니다. 이것이 동업의 속성이고, 동업이라는 좋은 성공 전략에서 해결해야 할 핵심 과제이기도 합니다. 그래서 동업 전략을 실행할 때는 나름의 룰이 필요하지요. 말하자면 만남과 헤어짐의 룰입니다.

《삼국지》에서 유비가 관우, 장비와 평생을 같이하는 도원결의 동업 방식은 더 이상 존재할 수 없을 정도로 지금의 사회 구조는 훨씬 복잡하고 건조합니다. 따라서 의리나 정서로 속마음을 감추고 포장하기보다는 언젠가는 끝이 나는 하나의 프로젝트 단위로 동업을 이해하고 풀어 나가는 것이 차라리 마음 편합니다. 동업은 성공으로 가는 지름길이지만 마치 장미꽃과도 같아서 자칫 넝

쿨 가시에 상처를 입을 수도 있습니다. 그 가시에 찔리지 않기 위한 몇 가지 방법을 열거해 봅니다.

첫 번째, 반드시 문서로 작성해야 합니다.

구두 약속은 곧 잊힙니다. 동양 정서상 서먹서먹할 수는 있겠지만 공증까지 받아 두는 게 좋습니다. 문서의 내용은 반드시 헤어지는 것을 전제로 작성해야 합니다. 부부 이혼율도 급증하고 있는 마당에 비즈니스 결합이 영원할 것이라고 믿는다면 환상이겠지요. '상호 신뢰', '우리 사이에 무슨' 따위를 내세우며 문서화하기를 꺼린다면 후일 큰 낭패를 불러올 수 있습니다.

두 번째, 역할 분담과 서열을 분명히 해야 합니다.

예컨대 지분을 나누더라도 완전 동률의 50대50보다는 51대49로 누군가가 우위를 갖도록 기울기가 있는 게 좋습니다. 업무 분장의 모호함, 겹치는 문제는 가능한 피하거나 최소화하고 반드시 협의해서 풀도록 합니다.

그리고 투자인지 공동 경영인지도 명확해야 합니다. 완벽하게 믿고 경영을 맡길 것인지, 공동 대표(또는 각자 대표)로 할 것인지, 감시자(회계 또는 감사, 부사장 등)를 두고 견제하면서 투톱 체제로 할 것인지를 분명히 선택해야 합니다. 아울러 지분이나 서열에 따라 이익의 성과 배분 방식도 미리 정해 둘 필요가 있습니다.

세 번째, 의사소통을 자주 해야 합니다.

아무리 바빠도 정기적인 미팅이 필요합니다. 결합 초기에는 그토록 믿음직했던 동업자라도 시간이 흐르면서 주변 사람의 평가와 조언이 보태져 되레 문제가 되는 경우가 많이 생깁니다. 주위에서 꼬드기고 입방아를 찧기 시작하면 처음에는 터무니없다고 무시하다가도 나중에는 아니 땐 굴뚝에 연기 나느냐는 식으로 의심이 싹트는 게 인간의 속성입니다. 의혹이나 찜찜한 구석이 생기면 가능한 한 빨리 풀어야 합니다. 특히 회사가 성장한 후 초창기 동업자들 사이에서 분란이 생기는 가장 큰 이유는 각자 인맥이 생기고 상호 간 반목과 이익의 충돌이 생기기 때문입니다.

네 번째, 룰이 깨지는 상황이 발생하면 지체 없이 쿨하게 헤어지도록 구조화해야 합니다.

모든 만남에서 헤어지는 일이 가장 어렵습니다. 동업 역시 감정이 정상적이고 이성적 상황이 유지될 때 헤어지는 게 좋습니다. 비즈니스에서 평생 동지란 없습니다. 그런데도 제휴와 동업을 잘하는 자, 나아가 즐기는 자가 성공합니다. 필요로 동업하고 이별을 반복하는 것이 사업입니다. 또 이런 걸 자주 하다 보면 협상 능력도 늘고, 상대방이 원하는 것을 파악하는 능력도 길러집니다. 더 이상 도원결의의 환상은 기대하지 않는 게 좋습니다.

가장 이상적인 동업 전략은 필요할 때 동업했다가, 상호이익이 더 이상 생기지 않을 때 헤어지는 것입니다. 일몰제도 괜찮은 하나의 선택지입니다. 헤어질 날짜, 조건을 미리 정해 놓았다가 조건이 성립되거나 특별히 상호 간에 적극적인 재결합 의지를 언급하지 않으면 헤어지는 것으로 간주하는 것이죠.

이제 이야기의 결론을 맺어야겠습니다. 제가 다소 건조하게 몇 가지 주의 사항을 나열했지만 사업에서 동업은 괜찮은 선택이라고 할 수 있습니다. 다만 조금 불편할 뿐입니다. '불편한 필요'랄까요. 성공의 속도를 높이기 위해서도 필요하고, 난관을 헤쳐 나가는 데도 필요하며, 집단 지성을 발휘하는 데도 필요합니다. 특히 지금과 같은 복합 위기 때는 더욱 필요합니다. 일례로 단독으로도 충분히 잘할 수 있고 동업과는 전혀 어울릴 것 같지 않던 삼성전자와 현대자동차의 2025년 기술협력 움직임에 주목해 보십시오.

동업은 연애가 아닙니다. 좋아서가 아니라 이익이 되기 때문에 만나는 겁니다. 다소의 불편함과 인내와 공존의식이 필요하겠지요. 비즈니스에서 완벽한 우호관계는 없습니다.

인기 드라마 〈폭삭 속았수다〉에 이런 대사가 나옵니다.

"유채꽃이 혼자 피나, 꼭 떼로 피지, 혼자였으면 골백번 꺾였어. 원래 사람 하나 살리는 데도 온 고을을 다 부려야 하는 거였어. 같이 가라, 같이 가. 같이 가면 백 리 될 길 십 리 된다."

항상
죽음을
생각하며…

"메멘토 모리(Memento Mori)."

옛날 로마에서는 원정에서 승리를 거두고 돌아오는 장군이 시가행진을 할 때 노예가 이 말을 외치게 했다고 합니다. 라틴어로 죽음을 기억하라는 뜻인데, "전쟁에서 승리했다고 너무 우쭐대지 마라. 오늘은 개선장군이지만 너도 언젠가는 죽는다. 그러니 겸손하게 행동하라"라는 의미를 담고 있습니다.

기업 경영에서 가장 큰 위협은 위기가 찾아왔을 때입니다. 경쟁에서 참담히 패배하거나 파산 직전으로 내몰리는 시기죠. 당신이 사무라이라면 죽음이 임박한 상황에서 어떻게 대응해야 가장 효과적일까요?

사무라이 정신을 담은 유명한 고서 《하가쿠레》에는 "반드시 죽는다는 생각을 새기며 하루를 시작하라. 미리 죽어 두라"라고 말하고 있습니다. 미리 죽어 두라는 것은 최악의 상황을 상상하고 받아들이라는 뜻이죠. 당신이 이미 죽은 사람이라면 누구도 당신을 죽일 수 없습니다. 최악의 결과를 받아들이고 나면 어차피 잃을 것이 없기 때문에 무서울 것도 없습니다.

회사의 몰락을 미리 생각한다면 상황을 좀 더 담담하고 냉철하게 처리할 수 있지 않을까요? 쉬 내키지는 않겠지만 회사가 파산했다고 상상해 보겠습니다.

우리 회사는 직원들이 일하기 좋은 직장이었을까?

고객들은 우리 회사와 거래하면서 어떤 기분이었을까?

우리 회사와의 거래로 사람들의 삶이 더 좋아졌을까, 아니면 더 나빠졌을까?

나는 우리 회사 제품과 품질에 자부심을 느꼈던가?

죽음을 받아들인 사람들

옥스퍼드대학교 출신의 미래학자이자 숙명여자대학교 서용구 교수의 책상 위에는 항상 은색의 해골이 놓여 있습니다. 그는 매일 죽음을 곁에 두고 하루를 생각한다고 합니다. 그는 매일 죽음을 곁에 두면 나머지 일들은 스몰 비즈니스가 된다고 합니다. 오늘 오후에 예정된 100억 원짜리 수주 계약도, 회사의 존망이 달린 소송 판결도 나의 죽음 앞에서는 스몰 비즈니스에 불과하다는 것이죠.

우리 인간이 살면서 가장 확실한 진실이 있다면 그것은 '반드시 죽는다'는 것입니다. 우물쭈물하다가 죽은 버나드 쇼나 미쳐서 살다 깨어서 간 돈키호테도 모두 죽었습니다. 오늘 하루가 힘든 서울역 앞 노숙자도 죽을 것이고 지금 이 책을 쓰고 있는 저도 언젠가 죽음을 맞이할 것입니다.

그런데 죽음이 언제 도래할지는 아무도 모릅니다. 내일일지 모레일지 아니면 10년 후일지 30년 후가 될지 아무도 모릅니다. 죽는 장소도 모릅니다. 심장마비로 오늘 저녁 잠자리에서 죽을지, 내일 길을 걷다가 교통사고를 당할지, 갑자기 비행기가 떨어져 운 나쁘게 파편에 깔려 죽을지 아무도 모를 일입니다. 아이로니컬하게도 그런 날카로운 칼날 위를 걷는 것 같은 긴장감이 한편으로 지금 우리가 살아가는 삶의 동력이 되기도 합니다.

사람들은 살아 있는 그 누구도 가 보지 않은 죽음의 세계를 늘 궁금해 합니다. 자기의 사후가 궁금해 미리 사건을 벌인 이도 있습니다. 1999년에 벌어진 괴짜 음악가 프리드리히 굴다의 이른바 가짜 부고 사건입니다. 본인의 부고 기사를 읽고 싶어서 자신의 죽음을 직접 오스트리아 각 언론사에 팩스로 보낸 후 보도된 기사들을 읽었습니다.

이후 소속사를 통해 본인이 살아 있음을 알린 굴다는 '부활 파티'라는 제목으로 독주회를 열었습니다. 그는 살아 있을 때 그를 비평하던 이들이 그가 죽은 후 어떤 평가를 내릴지 궁금했다고 합니다. 그리고 1년 후 그는 정말로 죽었습니다. 죽음은 누구에게나 궁금한 주제입니다. 누구는 기억되지만 누구는 잊힙니다. 누구는 크게 누구는 작게 다뤄집니다.

다큐멘터리 〈숨〉은 삶과 죽음의 의미를 묻는 영화입니다. 여기에 나오는 전통 장례 명장 1호인 유재철 씨는 지난 30년간 6명의 전직 대통령을 비롯해 약 4,000명의 장례를 치렀습니다. 그는 "죽음을 막연하게 무섭고 두려운 것이라고 외면하면 안 된다. 죽음을 생각할 때 남아 있는 삶의 매 순간이 소중하게 여겨진다"라고 강조합니다.

그렇습니다. 해골을 옆에 둔다는 것은 한편으로 섬뜩할 수도 있지만 죽음을 부인하지 않을 때 우리는 현재를 더욱 소중하고 가치 있게 다룰 수 있습니다. 한 치 앞을 모르고 오만과 비굴을 오가는 삶에서 죽음을 자연스럽게 마주 볼 용기가 있다면 당당한 긴장감과 최악의 경우를 기꺼이 받아들이는 여유를 가질 수 있습니다. 이를 두고 이어령 교수는 죽음은 두려워하는 것이 아니라 맞이하는 것이라고 했습니다.

세상에 수많은 진리가 있다지만 죽음보다 강하고 확실한 메시지는 없습니다. 절망에 빠졌을 때나, 절정의 희열을 만끽할 때나, 성공했을 때나 실패했을 때나 죽음이라는 주제는 항상 우리가 삶을 차분하게 바라보고 통찰하게 해 주는 훌륭한 닻입니다. 죽음보다 허둥댈 일도 없으며 죽음보다 바삐 서두를 일도 없을 것 같습니다. 모든 현실은 죽음 앞에서는 온순한 양이 됩니다.

지금 저의 책상 위에도 작은 해골이 놓여 있습니다. 혹시나 해서 인터넷에 해골을 팔고 있는지 조회해 봤더니 있었습니다. 이전까지는 인터넷에 이런 상품이 팔리고 있는 줄도 몰랐습니다. 늘 죽음을 생각하면서 살아가겠다는 뜻으로 구입했습니다. 그래서 저는 매일 저녁에 죽었다가 매일 아침에 다시 새로운 아침을 맞이합니다.

감사하는 마음으로
견디는 당신이
가장 강한 사장이다

이제 글의 종착지에 다다른 것 같습니다. 이 책을 관통하는 요지는 단 하나, '살아남는 것'입니다. 강원도 홍천군 작은 공장에서 80대 노부부 사업가가 운영하는 '태초솔트'는 소금을 830도로 가열해 녹였다가 만드는 용융(溶融)소금 제조사입니다. 최근 국제미각협회(ITI)에서 은상을 받는 등 주목받는 중소기업이죠. 직업군인으로 58세에 예편한 임상호 대표는 인터뷰에서 이렇게 말합니다.

"실패는 피할 수 없다. 그것도 여러 번 온다. 우리도 10년 이상 죽을 고생을 했고, 도전 25년 차인 지금도 솔직히 쉽진 않다. 하지만 그냥 '하고 싶다'가 아니라 '해야만 한다'라는 열망과 확신이 있다면 된다."

생존에 대한 악착같은 마음 절박함입니다. 성공에 대한 결기, 간절함입니다. 이 세상 모든 것은 살아 있어야 기회가 주어집니다. 끝까지 살아남는 것, 생존이 가장 중요합니다.

"결코, 결코, 결코 포기하지 말라(Never, Never, Never Give up)."

1940년, 독일의 공습에 런던이 초토화되고 있을 때 윈스턴 처칠은 BBC 방송을 통해 이렇게 외쳤습니다.

절망도 하나의 범죄입니다. 사업에서도 망하지 않는 것이 다른 '모든 가치'에 앞섭니다. 회사가 망하면 그 무엇도 할 수 없습니다. 복지, 사회적 기여, 좋은 일 등 모든 것이 회사가 존재하지 않으면 불가능한 일이죠. 살아 있어야 기회가 주어집니다. '태초솔트' 임상호 대표의 말이 가슴깊이 파고듭니다.

"전쟁터에서 3개월 버티면 살아남는다. 창업도 그렇다."

실패에 굴하지 말고 버티십시오. 역경을 제대로 인식하고 끝까지 견디십시오. 지금의 위기 상황을 제대로 보셔야 합니다. 그래야 제대로 대항할 수 있고 최소한 발버둥이라도 칠 수 있습니다.

그러다 보면 저절로 살아남을 겁니다.

　이 세상은 살아남을 의지가 없는 자에게 냉정합니다. 도움의 손길은커녕 눈길도 주지 않습니다. 그러므로 악착같은 손짓과 온몸으로 절규해야 합니다. 먼저 실패를 온전히 받아들이십시오. 그리고 이 실패가 어떻게 생겼는지 요리조리 자세히 들여다보십시오. 그러면 무슨 수라도 생깁니다. 내게 주어진 패가 성공이든 실패든, 내 현재 위치가 정상이든, 바닥이든 중요한 것은 이를 정확하게 아는 것입니다. 그래야 고통을 겪는 과정에서도 희망이 솟아오릅니다. 실패도 희망도 살아 움직이는 생물과 다르지 않습니다.

　희망은 어디에서 오는 걸까요? 모든 희망은 고마운 마음에서 나옵니다. 사랑이 내뿜어지는 것이라면 감사는 받아들이는 것입니다. 사랑과 감사는 들숨과 날숨의 호흡과 같습니다. 호흡은 먼저 받아들여야 내쉴 수 있습니다. 그러므로 사랑하기 전에 감사부터 하십시오. 그리고 주변을 존중하십시오. 너무나 당연한 말 같지만 감사하고 존중하며 사는 것만큼 중요한 일은 없습니다. 곰곰이 생각해 보십시오. 만약 무인도에 혼자 산다면 당신의 존재를 무엇으로 증명할 것이며, 삶의 의미를 어디에서 찾을 수 있을까요? 당신의 주변에 있는 모든 것이 당신의 존재를 돕고 있습니다. 최민자의 수필집 《사이에 대하여》에는 이런 글이 실려 있습니다.

"내 안에는 내가 없다. 존재의 의미도 정체성도 없다. 내 바깥에, 너와 나 사이에, 사람과 사람 사이에 있다."

"존재의 세 기본재 뒤에 하나같이 간(間)이 따라붙는 것도 우연이 아니다. 시간(時間), 공간(空間), 그리고 인간(人間). 모든 존재의 비밀은 '사이'에 있다."

그러므로 좋든 싫든 인간은 이웃들과 함께하고 있음에 감사해야 합니다. 당신이 사장이라면 사업할 수 있는 터전이 있고 직원들이 함께하는 것만으로도 감사할 일입니다. 그러니 부디 감사하는 마음으로 사십시오. 바닥으로 추락하는 과정에서는 대개 원망, 미움, 분노가 가득합니다. 일어서느냐, 실패를 지속하느냐를 결정하는 변곡점은 오직 하나, 감사의 마음에 달렸습니다.

화가 박서보는 "예술이란 사람들의 분노와 고통을 빨아들이고 편안함과 행복의 감정만을 남겨야 한다"라고 했습니다. 사업에서도 분노와 고통은 버리고 편안함과 행복한 감정으로 충만해야 큰 성공에 이를 수 있습니다.

괴로워하는 이에게는 모든 날이 불행하지만 마음이 흥겨운 이에게는 하루하루가 잔칫날입니다. 그러니 부디 즐거운 마음으로, 감사하는 마음으로 세상을 바라보십시오.

참고 문헌

문헌

V, 《마피아 경영학》, 황금가지, 1996

가바사와 시온, 《당신의 뇌는 최적화를 원한다》, 쌤앤파커스, 2018

김승호, 《사장학개론》, 스노우폭스북스, 2023

김종래, 《유목민 이야기》, 자우출판사, 2002

남충희, 《7가지 보고의 원칙》, 황금사자, 2011

노무현대통령비서실 보고서 품질향상 연구팀, 《대통령 보고서》, 위즈덤하우스, 2007

니콜로 마키아벨리, 《초판본 군주론》, 더스토리, 2020

다니엘 R.카스트로, 《히든 솔루션》, 유노북스, 2017

데이비드 호킨스, 《호모 스피리투스》, 판미동, 2009

도널드 설, 《심플, 결정의 조건》, 와이즈베리, 2016

로버트 기요사키, 샤론 레흐트, 《부자 아빠 가난한 아빠 1》, 황금가지, 2000

로저 본 외흐, 《헤라클레이토스의 망치》, 21세기북스, 2004

미야모토 무사시, 《오륜서》, 미래의창, 2002

미즈노 남보쿠, 《식은 운명을 좌우한다》, 태일출판사, 1996

박영선, 《내일 죽을 것처럼 오늘을 살아라》, 위즈덤하우스, 2011

박영숙·제롬 글렌, 《세계미래보고서 2018》, 비즈니스북스, 2017

박형서, 《빰에 묻은 보석》, 마음산책, 2021

벤 호로위츠, 《최강의 조직》, 한국경제신문사, 2021

산타페연구소 속임수연구회, 《속임수에 대한 거의 모든 것》, 황소걸음, 2012

서용구·박명현, 《2030 미래에 답이 있다》, 이서원, 2014

송호성, 《독서의 위안》, 화인북스, 2020

스티븐 코비, 《성공하는 사람들의 7가지 습관》, 김영사, 2017

앤서니 T. 디베네뎃, 《유쾌함의 기술》, 다산초당, 2020

앨런 라킨, 《시간을 지배하는 절대법칙》, 디앤씨미디어, 2012

와다 유타카, 《스키장을 여름에 찾게 하라!》, 빈티지하우스, 2023

윤정훈, 《인생을 바꾸는 정리 기술》, 다연, 2019

이근후, 《백 살까지 유쾌하게 나이 드는 법》, 메이븐, 2019

이완수, 《부고의 사회학》, 시간의물레, 2017

이정동, 《축적의 길》, 지식노마드, 2017

이정동, 《축적의 시간》, 지식노마드, 2015

이현정, 《나는 돈이 없어도 경매를 한다》, 거인의정원, 2024

정진홍, 《인문의 숲에서 경영을 만나다》, 21세기북스, 2007

제이 새밋, 《파괴적 혁신》, 한국경제신문사, 2018

조영덕, 《실리콘밸리의 폐기경영》, 플랜비디자인, 2018

존 케네스 갤브레이스, 《불확실성의 시대》, 홍신문화사, 2011

창업진흥원, 《2022년 기준 창업기업실태조사》, 2024

최민자, 《사이에 대하여》, 연암서가, 2021

최성락, 《나는 자기계발서를 읽고 벤츠를 샀다》, 아템포, 2014

최송목, 《나는 전략적으로 살 것이다》, 유노북스, 2021

최송목, 《사장의 세계에 오신 것을 환영합니다》, 유노북스, 2017

최송목, 《사장의 품격》, 유노북스, 2019

최송목, 《실전 사장책》, 메타세쿼, 2023

최송목, 《오십에 읽는 손자병법》, 유노북스, 2024

최은수, 《4차 산업혁명 그 이후 미래의 지배자들》, 비즈니스북스, 2018

최재천, 《숙론》, 김영사, 2024

켄 시걸, 《미친 듯이 심플》, 문학동네, 2014

피코 델라 미란돌라, 《피코 델라 미란돌라》, 경세원, 2009

할 엘로드, 《미라클 모닝》, 한빛비즈, 2016

홍성태, 《그로잉 업》, 북스톤, 2019

홍지안, 《2000년 이후, 한국의 신흥 부자들》, 트러스트북스, 2018

황규자 외 7인, 《지친 무용수를 일으켜주는 무용 심리학》, 한양대학교출판부, 2020

기사&칼럼

SBSbiz, 〈금융위, 깨알글씨·속사포 보험광고 없앤다…이해하기 쉽게 변경 예정〉

T Times, 〈[신수정의 리더십 코칭] 중요한 자리에 사람 쓰는 방법〉

경향신문, 〈공정위 "신용카드 약관 깨알글씨 키워라"〉

국민일보, 〈21세기 자영업자 생태 살펴보니… 4년 넘은 가게 고작 절반뿐〉

금정신문, '사회이슈' 〈내가 돈이 없지 가오가 없나' …진보 논객 진중권 교수 대학교 사직

뉴스1 코리아, 〈[뉴스톡톡]쿠팡은 한국 회사입니까? 미국 회사입니까?〉

뉴스1 코리아, 〈[잘나가는 아마존]①CEO 편지에 담긴 '성공비결'〉

뉴스1 코리아, 〈[조성관의 세계인문여행] 도쿄에서 만나는 세기의 거장들〉

뉴스1, 〈일본 MF 하세베, 분데스리가 308경기 출전…차범근과 타이기록〉

뉴스톱, 〈[팩트체크] 쿠팡은 어느 나라 기업일까?〉

뉴스톱, 〈[팩트체크] 토인비가 말한 '메기 효과'는 사실일까?〉

더벨, 〈숨겨진 지분구조…외자계 기업의 한계?〉

동아비즈니스리뷰, 〈사진 왕국 코닥의 몰락…도대체 무슨 일이?〉

동아비즈니스리뷰, 〈토끼는 굴을 3개 판다〉

동아사이언스, 〈놀라운 바퀴의 생존 비결, 유전자에 있었네〉

동아일보, 〈국내 경영진 91% "올해 경제 전망 부정적"…작년보다 15%P 늘어〉

로이슈, 〈"전국 권리금 있는 상업시설이 절반"…평균 4000만원 수준〉

매일경제, 〈"해외는 지구본 놓고 사업…한국은 국회의원 인맥지도 봐야" [스물스물]〉

매일경제, 〈음지에서 일하며 양지를 지향한다-기업 목숨줄 쥔 '대관의 세계'〉

머니투데이, 〈그룹 부회장서 식당 웨이터까지 파란만장…故 서상록 누구?〉

머니투데이, 〈브레이브걸스 "역주행 전 취업 준비…한국사·바리스타 공부"〉

머니투데이, 〈홈플러스 '1mm 깨알고지' 개인정보 유출 '유죄' 확정〉

미주한국일보, 〈초(超)불확실성 시대에 길을 묻다〉

방송과기술, 〈[노병천의 손자병법 인문학] 세상은 속임수로 가득하다〉

북저널리즘, 〈집단의 변화를 이끌어내는 티핑 포인트는 25%〉

스포츠경향, 〈'4차례 올스타' 내야수 이언 킨슬러, 은퇴 선언〉

스포츠조선, 〈월 매출 1억인데 잔고는 9원…파산 걱정하는 사장에 한혜진 "돈이 제일 무서워"('사장은')〉

스포츠한국, 〈[피플] 카이스트의 괴짜발명왕 '황성재'〉

서울경제, 〈폐업 자영업자 98.6만명 역대 최대…2030 사장님 29만명 망했다〉

아세안익스프레스, 〈회생기업 부실 여신 1,500억 급증, 파산 신청도 '역대 최대'〉

아시아경제, 〈[개헌, 미래를 잇다] "초불확실성 시대 지속, 정치 양극화 해소가 최우선"〉

아시아투데이, 〈경총 "20~40대 직장인 10명 중 7명, 향후 이직 생각 있다"〉

아주경제, 〈손정의 소프트뱅크 사장 니혼게이자이신문 인터뷰 전문〉

엔터미디어, 〈'모범택시', 이러니 법보다 이제훈의 주먹에 더 열광할밖에〉

연합뉴스, 〈78세 바이든, 입맛은 다섯살…하루시작은 운동·취침전엔 보고서〉

영남일보, 〈[3040칼럼] 나는 반딧불〉

잡플래닛, 〈[박용후의 관점] 가르침 대신 동기부여를…회사여, 사다리가 돼라!〉

제주일보, 〈티핑 포인트(Tipping point)〉

조선일보, 〈[김경준의 리더십 탐구] 리더는 연예인이 아니고, 리더십은 장식물이 아니다〉

조선일보, 〈[만물상] '청바지 입은 꼰대'〉

조선일보, 〈[최보식이 만난 사람] "퇴각 결정 머뭇거리면… 더욱 위험에 빠지고 다시 해볼 기회도 없어져"〉

조선일보, 〈'심플 경영'으로 성공한 기업들〉

조선일보, 〈"가게 문 닫을 돈도 없어요"…폐업도 못하는 '좀비 자영업자'〉

중앙선데이, 〈온몸 쓰니 힘찬 선 나와, 손흥민 70m 드리블 골 그리고파〉

중앙선데이, 〈옷은 언어, 삶과 사회에 대한 태도가 패션〉

중앙선데이, 〈사회 바꾸려면? '1만 시간 사내'의 대답〉

중앙일보, 〈[김기현의 철학이 삶을 묻다] 개인의 탄생, 쾌락의 해방〉

중앙일보, 〈[디지털 세상 읽기] 정보기관의 인스타그램〉

중앙일보, 〈[분수대] 대상화〉

중앙일보, 〈[서소문 포럼] 인생 역전과 사적 복수〉

중앙일보, 〈[성호준의 골프 인사이드] 골프에는 패전처리 투수가 없다〉

중앙일보, 〈[이정동의 축적의 시간] 산업 역량 키우려면, 난제에 도전하는 '문샷' 사고 필요〉

중앙일보, 〈개발자님이시여…쏘카·컬리 등 스타트업 6개사 CEO 구애작전〉

중앙일보, 〈88세 캔버스 수행자 박서보 "내 모든 걸 발가벗었다"〉

중앙일보, 〈본인 부고기사 읽고 싶어 죽은 척, 괴짜 음악가의 첼로 협주곡〉

중앙일보, 〈빚독촉 전화만 하루 40통…카페사장은 아침이 무섭다〉

중앙일보, 〈'동굴의 우화'는 계속된다〉

중앙일보, 〈"도전하지만 무리 안한다는 원칙이 복강경 간 절제술 합병증 0.9% 비결"〉

중앙일보, 〈"손잡지 않고 살아남은 생명은 없다"〉

중앙일보, 〈"울퉁불퉁 '치토스 발' 예뻐해 줄래" 16살 발레리노의 점프〉

중앙일보, 〈내가 누군지 알면 승리할 수 있어!〉

중앙일보, 〈선택지 많은 사람처럼〉

중앙일보, 〈세계 미식가 200명이 반했다…"이건 소금이 아니라 약"〉

중앙일보, 〈양궁 3관왕 김우진 "꾸준함은 배신 안한다"〉

중앙일보, 〈어떻게 해야 잘 떠나는 걸까? 유품정리사가 던진 질문〉

중앙일보, 〈트럼프 "북한 개입으로 우크라전 복잡해져…난 김정은과 잘 지내"〉

중앙일보, 〈팝업스토어의 저주…성수동 구두명장 1호, 56년 만에 길을 잃다 [자영업자 울리는 임대 갑질]〉

중앙일보, 〈펠레의 마지막 메시지〉

중앙일보, 〈韓 성장률 4분기 연속 바닥〉

청년의사, 〈바퀴벌레는 결코 죽지 않는다〉

카이스트홍보실, 〈실패의 과학, 2024 KAIST 실패학회 개최〉

컴퍼니타임스, 〈직장인 1005명이 답했다 "2025년 이직 계획은"〉

한겨레, 〈현대차 사장된 전 주한 미국대사는 이 사람〉

한국경제, 〈'골프판 브레이브걸스' 곽보미 우승이 주는 울림〉

한국경제, 〈"더 못 버티겠다"…월 5000명 코로나 파산〉

한국경제, 〈실리콘밸리 큰손, 갱단서 '조직 성공의 비밀'을 배우다〉

한국경제, 〈자기계발·업무 작심삼일 막는 챌린저스〉

한국경제, 〈잘나가는 장사의 神…필살기는 끝없는 탐구〉

한국경제, 〈정지선 '온라인 보고' 실험…현대백화점 결재판 2만개 폐기〉

한국경제, 〈창업 5년 해보고 망하면 재입사…롯데칠성음료, 사내벤처에 파격 조건 내걸어〉

한국경제, 〈코로나 이겨낸 대박집…'장사의 신' 그들은 5가지가 달랐다〉

한국경제, 〈[다산칼럼] 인재 없는 나라에 미래 없다〉

한국경제, 〈[박준동 칼럼] 계엄이 낳은 천문학적 안보 後果〉

한국경제, 〈[천자칼럼] 美 고위급으로 확산하는 전관예우〉

한국경제, 〈[홍순철의 글로벌 북 트렌드] 정글서 자란 소녀가 20여년 만에 원시 마을로 돌아간 이유〉

한국경제, 〈"돈줄 막혀 속수무책"…7重苦 中企 도미노 파산 위기〉

한국경제, 〈"매달 수천만원씩 날리는데…" 파산조차 못 하는 스타트업들〉

한국경제, 〈손흥민은 왜 계속 토트넘에서 뛰는가〉

한국경제, 〈오타니를 보라…인생은 '한방'이 아니라 '축적'〉

한국경제, 〈폐업공제 지급액 1.3조 최다…알바 일자리까지 연쇄 소멸〉

한국일보, 〈대학에 떨어진 10대도, 40대 건설 노동자도 이 노래에 울었다〉

한국일보, 〈밀폐용기 '코멕스' 대표 갑자기 잠적…어음부도, 임금 체불 '일파만파'〉

블로그

blog. naver. com/PostView. nhn?blogId=kwon4853&logNo=222403189244

youngwook. com/221067496529

blog. daum. net/bjkwon/21382

blog. naver. com/gabsoon21/222525124517

blog. naver. com/ssw7967/223586180468

blog. naver. com/xion9/223708630530

brunch. co. kr/@futurejob/136

brunch. co. kr/@pusyap/172

brunch. co. kr/@uxuxlove/142

hwj8888. tistory. com/41

relative-truth. tistory. com/76

사이트

water. nier. go. kr/front/waterEasy/knowledge04_05. jsp

www. seniormaeil. com

ko. abadgar-q. com/wiki/Imperial_Hotel,_Tokyo

ko. wikipedia. org/wiki/%EB%A7%88%ED%81%AC_%EC%A0%80%EC%BB%A4%EB%-
B2%84%EA%B7%B8

ko. wikipedia. org/wiki/%EB%AC%BC

ko. wikipedia. org/wiki/%EC%84%9D%EA%B0%80%EB%AA%A8%EB%8B%88

ko. wikipedia. org/wiki/%EC%9C%84%ED%82%A4%EB%B0%B1%EA%B3%BC:%EB%-
8C%80%EB%AC%B8

ko. wikipedia. org/wiki/%ED%99%A9%EC%84%B1%EC%9E%AC

namu. wiki/w/%EC%9C%A0%EC%9E%AC%EC%84%9D

wol. jw. org/ko

www. jw. org/ko

www. nyculturebeat. com/index. php?mid=Art2&document_srl=3827192